"十三五"普通高等教育本科规划教材
高等院校汽车专业"互联网+"创新规划教材

道路交通事故重建基础

张新海　李　毅　许哲峰　编著

内 容 简 介

道路交通事故重建是一门有重要理论与实用意义并有待深入研究的学科。本书系统地介绍了道路交通事故重建的基础知识,主要包括道路交通事故重建的基本任务、过程及方法,道路交通事故的运动学、动力学、轮胎地面力学、碰撞分析原理,道路交通事故现场调查与测量,道路交通事故过程与序列事件,车辆碰撞中的运动分析,计算机系统辅助道路交通事故重建方法,以及车载电子数据辅助道路交通事故重建的过程与方法。对于纷繁复杂的事故形态,本书未做深入探讨。

本书可作为交通管理工程专业的本科生教材,还可供道路交通安全执法人员、道路交通事故调查与处理人员、交通安全管理和车辆保险等方面的人员学习参考。

图书在版编目(CIP)数据

道路交通事故重建基础/张新海,李毅,许哲峰编著. —北京: 北京大学出版社,2019.5
高等院校汽车专业"互联网+"创新规划教材
ISBN 978-7-301-30413-6

Ⅰ. ①道… Ⅱ. ①张… ②李… ③许… Ⅲ. ①公路运输—交通运输事故—处理—高等学校—教材 Ⅳ. ①U491.31

中国版本图书馆 CIP 数据核字(2019)第 051396 号

书　　　名	道路交通事故重建基础 DAOLU JIAOTONG SHIGU CHONGJIAN JICHU
著作责任者	张新海　李　毅　许哲峰　编著
策 划 编 辑	童君鑫
责 任 编 辑	李娉婷
数 字 编 辑	刘　蓉
标 准 书 号	ISBN 978-7-301-30413-6
出 版 发 行	北京大学出版社
地　　　址	北京市海淀区成府路 205 号　100871
网　　　址	http://www.pup.cn　新浪微博:@北京大学出版社
电 子 信 箱	pup_6@163.com
电　　　话	邮购部 010-62752015　发行部 010-62750672　编辑部 010-62750667
印 刷 者	天津中印联印务有限公司
经 销 者	新华书店
	787 毫米×1092 毫米　16 开本　17.75 印张　409 千字 2019 年 5 月第 1 版　2019 年 5 月第 1 次印刷
定　　　价	58.00 元

未经许可,不得以任何方式复制或抄袭本书之部分或全部内容。
版权所有,侵权必究
举报电话: 010-62752024　电子信箱: fd@pup.pku.edu.cn
图书如有印装质量问题,请与出版部联系,电话: 010-62756370

序

进入 21 世纪,我国道路交通事业快速发展,截至 2018 年底,道路通车里程已达 484 万公里,机动车保有量达 3.27 亿辆,驾驶人达 4 亿人,高速公路通车里程达 14 万公里,机动车保有量、驾驶人数量和高速公路里程均位居世界第一。同时,我国的汽车年产销量也已跃升为世界第一,成为名副其实的汽车产销大国。交通要素的急剧膨胀不仅使交通隐患大量增加,也使我国成为世界上交通事故较多、造成人民群众生命财产损失较大的国家。道路交通事故已经成为公共安全的重大威胁,是居民非正常死亡的重要原因之一。因此,深入研究交通安全,客观、全面、科学地调查分析道路交通事故,正确认识交通事故过程,准确认定事故责任,提高交通事故预防的能力和水平,不仅是公安机关交通管理部门的主要工作,也是交通安全执法技术学科专业建设的重要任务。

为推进交通安全执法技术学科发展和交通管理工程专业建设,不断适应新时代、新智慧和新交管专业建设的迫切需要,有效服务于交通安全管理工作,特别是主动适应道路交通事故处理工作的现实需要,广东警官学院张新海教授借鉴欧美专家学者在交通事故调查分析方面的研究成果和先进经验,联合公安部交通管理科学研究所业务专家和广州市公安局交通安全管理专家共同编写了《道路交通事故重建基础》一书,以期为公安交通管理部门科学分析交通事故提供支持和帮助,为交通安全执法技术学科和专业建设提供支撑。

本书不仅介绍了道路交通事故重建的基本理论和基本方法,还介绍了交通事故重建工具软件的使用,以及车载电子数据获取新技术在交通事故分析与重建中的应用,反映了国内外交通事故调查工作的新技术和未来的发展方向。

建设交通强国,交通安全不能缺位。希望此书的出版,能进一步提高交通事故处理民警的专业知识和技能,提升交通事故处理工作科学化水平,推进交通安全执法技术学科发展和交通管理工程专业建设,对提高我国道路交通安全管控水平有所帮助。

李华振
2019 年 3 月 9 日

前　　言

　　20世纪90年代以来，道路交通事故重建理论在欧美等汽车工业发达国家和地区得到了长足的发展，无论是理论研究还是应用研究均取得了显著的成绩，以美国Northwestern University Center for Public Safety（NUCPS）、Institute of Police Technology and Management（IPTM）、University of Michigan Transportation Research Institute（UMTRI）等为代表的高等院校及科研院所，以Department of Transportation（DOT）、Federal Highway Administration（FHWA）、National Highway Traffic Safety Administration（NHTSA）、National Crash Analysis Center等为代表的政府相关职能部门，以及以Transport Research Laboratory（TRL）、Transportation Research Board（TRB）、Insurance Institute for Highway Safety（IIHS）、Society of Automotive Engineers（SAE）、Vehicle Safety Institute（VSI）、Dr. Steffan Datentechnik（DSD）等为代表的相关研究机构和BMW、Mercedes-Benz、Volvo、Audi、GM、Toyota等世界著名汽车厂商等，对道路交通事故重建工作做了大量的理论探索、实验研究及仿真软件的研究和开发。这方面研究具有高投入、大团队、需要大量实验验证、研发周期长等特点。国内对道路交通事故重建的研究与欧美等发达国家和地区相比有较大的差距，许多方面的研究还处于初级阶段。近年来，国内以吉林大学、清华大学、长安大学、上海交通大学、湖南大学、哈尔滨工业大学、中国人民解放军陆军军医大学、西华大学、江苏大学等为代表的高等院校，不断重视道路交通事故重建工作的研究，做了许多十分有益的探索和尝试，但研究现状与欧美等汽车工业发达国家和地区相比仍有较大差距，还有很长的路要走。

　　为推进道路交通事故重建理论研究和应用研究，学习推广道路交通事故重建的知识和技能，有效服务于道路交通事故处理工作及道路交通安全理论和技术的应用研究，编者借鉴欧美的研究思想和研究成果，结合我国道路交通安全管理的需要编写了本书，以供开设该课程的高等院校和道路交通事故处理实战部门的民警学习参考。

　　本书共分7章。第1章道路交通事故重建概述，讲解道路交通事故重建的概念、任务、过程及方法，由广东警官学院张新海教授撰写；第2章道路交通事故重建的理论基础，讲解分析道路交通事故的运动学原理、动力学原理、碰撞分析原理、轮胎地面力学等，由广东警官学院张新海教授撰写；第3章道路交通事故现场调查与测量，讲解道路交通事故重建工作中，事故现场测量的工具和要素，现场的固定、记录、编码及测量，由广东警官学院张新海教授（3.5节）和广州市公安局许哲峰同志共同撰写；第4章道路交通事故过程与序列事件，讲解道路交通事故的发生机理及事故过程中的序列事件，由广东警官学院张新海教授撰写；第5章车辆碰撞中的运动分析，讲解道路交通事故车辆碰撞分析的方法与步骤，由广东警官学院张新海教授撰写；第6章计算机系统辅助道路交通事故重建，讲解计算机系统辅助道路交通事故重建概述，以及利用PC-Crash重建事故过程的方法，由广东警官学院张新海教授撰写；第7章车载电子数据辅助道路交通事故重建，讲解车载电子数据概况，以安全气囊控制模块为例介绍车载电子数据的记录原理、EDR/CDR 的工作原理及数据读取与重建的方法，由广东警官学院张新海教授（7.1 节、7.6 节）和公安部交通管理科学研究所李毅博士（7.2—7.5 节）共同撰写。

为了方便学生理解和教师教学，我们以"互联网＋"教材的模式通过书中二维码链接了教学动画、视频等资源，读者可以通过手机"扫一扫"功能，扫描书中二维码，进行相应知识点的拓展学习。

由于编者以全新的思路撰写本书，又试图反映该领域的新技术及新发展，不当之处在所难免，恳请读者给予指正。

张新海

2018 年 12 月

【资源索引】

目　　录

第1章　道路交通事故重建概述 ……… 1
1.1　道路交通事故重建的基本概念 …… 2
1.1.1　基本概念 ……………… 2
1.1.2　道路交通事故重建 ……… 3
1.1.3　道路交通事故重建的意义 …… 4
1.2　道路交通事故重建的任务 ………… 5
1.2.1　道路交通事故重建的目标 …… 5
1.2.2　道路交通事故重建的结果 …… 6
1.2.3　影响道路交通事故重建的因素 ……………………… 6
1.3　道路交通事故重建的过程 ………… 8
1.3.1　道路交通事故重建的条件 …… 8
1.3.2　道路交通事故重建的程序 …… 9
1.4　道路交通事故重建的方法 ………… 11
1.4.1　道路交通事故重建方法的分类 ……………………… 11
1.4.2　道路交通事故重建技术及发展 ……………………… 13
思考题 ……………………………… 18

第2章　道路交通事故重建的理论基础 ………………………… 19
2.1　运动学原理 ……………………… 20
2.1.1　基本概念 ……………… 20
2.1.2　矢量合成定理 ………… 21
2.1.3　质点直线运动 ………… 22
2.1.4　质点圆周运动 ………… 23
2.1.5　质点抛物线运动 ……… 24
2.1.6　刚体的定轴转动 ……… 25
2.1.7　刚体的平面运动 ……… 26
2.2　动力学原理 ……………………… 28
2.2.1　牛顿三大定律 ………… 28
2.2.2　动量定理 ……………… 29
2.2.3　动量守恒定律 ………… 30
2.2.4　力的平移定理 ………… 31
2.2.5　动量矩定理与转动方程 …… 32
2.3　碰撞分析原理 …………………… 34
2.3.1　碰撞过程与基本假设 … 34
2.3.2　碰撞过程中的弹性恢复系数 ……………………… 35
2.3.3　有效碰撞速度 ………… 36
2.4　轮胎地面力学 …………………… 38
2.4.1　轮胎的结构与标志 …… 38
2.4.2　轮胎的纵向力学特性 … 41
2.4.3　轮胎的侧向力学特性 … 45
2.4.4　单个轮胎与路面间的滑动摩擦系数 ……………… 47
2.4.5　侧滑时轮胎与路面间的横向附着系数 ϕ' 及附着圆 …… 49
2.4.6　非同步制动时整车的等效附着系数 ϕ_e ………… 50
2.5　汽车的行驶原理 ………………… 51
2.5.1　汽车行驶的驱动力与行驶阻力 ……………………… 51
2.5.2　汽车行驶方程及驱动条件 ……………………… 53
2.6　汽车的制动过程 ………………… 53
2.6.1　汽车的制动过程所需时间 ……………………… 54
2.6.2　汽车的制动距离 ……… 54
2.7　汽车单方事故分析 ……………… 55
2.7.1　汽车发生侧滑事故分析 …… 55
2.7.2　汽车发生侧翻事故分析 …… 57
2.7.3　事故车辆质心轨迹半径的确定 ……………………… 57
2.7.4　汽车发生倾覆事故分析 …… 58
2.7.5　汽车发生坠崖事故分析 …… 60
2.8　汽车碰撞事故分析 ……………… 60
2.8.1　汽车一维碰撞分析 …… 61
2.8.2　汽车二维碰撞分析 …… 65
2.9　汽车刮擦事故分析 ……………… 70
2.9.1　车体刮擦痕迹中行驶方向的判定 …………………… 71

2.9.2　车辆刮擦事故行驶速度的
　　　　　分析 …………………… 71
　思考题 ………………………………… 78

第3章　道路交通事故现场调查与
　　　　测量 ……………………… 79

3.1　道路交通事故现场调查概述 ……… 80
　　3.1.1　道路交通事故现场调查 …… 80
　　3.1.2　道路交通事故现场调查
　　　　　的原则 ………………………… 80
　　3.1.3　道路交通事故现场调查
　　　　　的方法 ………………………… 81
　　3.1.4　交通事故现场调查的
　　　　　内容 …………………………… 81
3.2　道路交通事故现场调查的
　　　仪器 …………………………………… 83
　　3.2.1　现场执法记录仪器 ………… 84
　　3.2.2　现场勘查工具 ……………… 84
　　3.2.3　现场照相仪器 ……………… 85
　　3.2.4　现场绘图仪器 ……………… 85
　　3.2.5　数据测量仪器 ……………… 87
3.3　道路交通事故现场记录 …………… 87
　　3.3.1　道路交通事故现场记录的
　　　　　概念 …………………………… 87
　　3.3.2　道路交通事故现场勘查
　　　　　笔录 …………………………… 88
　　3.3.3　现场照相 …………………… 89
　　3.3.4　绘制现场图 ………………… 94
3.4　现场痕迹的发现与测量 ………… 112
　　3.4.1　路口内机动车相撞事故的
　　　　　现场痕迹调查重点 ………… 112
　　3.4.2　路口内机动车与非机动车
　　　　　碰撞事故的现场痕迹调查
　　　　　重点 ………………………… 115
　　3.4.3　相向行驶车辆间交通事故的
　　　　　现场痕迹调查重点 ………… 118
　　3.4.4　机动车同向行驶尾撞事故的
　　　　　现场痕迹调查重点 ………… 121
　　3.4.5　机动车同向行驶刮擦事故的
　　　　　现场痕迹调查重点 ………… 124
　　3.4.6　需确定机动车驾乘关系的交通
　　　　　事故的现场调查重点 ……… 126

　　3.4.7　交通肇事逃逸事故的现场
　　　　　调查重点 …………………… 128
3.5　车体变形测量 ……………………… 130
　　3.5.1　交通事故车体变形的
　　　　　测量方法 …………………… 131
　　3.5.2　交通事故车体变形的
　　　　　编码方法 …………………… 134
3.6　现场其他证据材料的搜集 ……… 137
　　3.6.1　现场事故车辆及人员有关
　　　　　证据的搜集 ………………… 138
　　3.6.2　现场痕迹物证的提取 …… 139
　　3.6.3　现场视频监控资料的
　　　　　搜集 ………………………… 140
　思考题 ……………………………… 141

第4章　道路交通事故过程与
　　　　序列事件 ……………………… 142

4.1　驾驶中的信息处理 ……………… 143
　　4.1.1　驾驶中的信息 …………… 143
　　4.1.2　驾驶中的信息的特点 …… 144
　　4.1.3　信息处理过程 …………… 144
　　4.1.4　驾驶信息来源 …………… 145
　　4.1.5　获取信息的要点 ………… 145
4.2　驾驶人的感知与反应 …………… 146
　　4.2.1　感知基本知识 …………… 147
　　4.2.2　反应基本知识 …………… 149
　　4.2.3　交通事故原因 …………… 150
4.3　道路交通事故发生机理 ………… 150
　　4.3.1　瑟利模型 ………………… 151
　　4.3.2　瑟利模型理论与交通事故
　　　　　预防 ………………………… 153
4.4　道路交通事故过程中的
　　　序列事件 …………………………… 154
　思考题 ……………………………… 156

第5章　车辆碰撞中的运动分析 …… 157

5.1　碰撞过程分析基础 ……………… 158
　　5.1.1　碰撞分析原理 …………… 158
　　5.1.2　两类碰撞 ………………… 159
　　5.1.3　碰撞对车辆状态的改变 … 160
5.2　车辆碰撞过程的受力与
　　　运动分析 …………………………… 161

5.2.1 车辆碰撞过程中的运动 … 161
5.2.2 车辆碰撞后的损坏 ……… 163
5.3 车辆碰撞的分析方法与步骤 … 165
 5.3.1 碰撞的分析方法 ……… 165
 5.3.2 碰撞分析的过程与步骤 … 169
 5.3.3 应用举例 ……………… 170
思考题 …………………………… 174

第6章 计算机系统辅助道路交通事故重建 ……………… 175

6.1 计算机系统辅助道路交通事故重建概述 ……………… 176
 6.1.1 国外道路交通事故重建技术研究现状 …………… 176
 6.1.2 我国道路交通事故重建技术研究现状 …………… 178
6.2 PC-Crash 与道路交通事故重建 … 179
 6.2.1 PC-Crash 的发展历程 … 179
 6.2.2 PC-Crash 的特点 …… 181
 6.2.3 PC-Crash 运行的环境要求 ……………… 185
6.3 PC-Crash 运行环境的设定 … 185
6.4 PC-Crash 重建道路交通事故的基本步骤 ……………… 188
6.5 汽车与两轮车碰撞事故重建 … 203
 6.5.1 汽车与两轮车碰撞事故概述 ………………… 203
 6.5.2 运用 PC-Crash 重建汽车与两轮车碰撞事故 …… 205
6.6 汽车与行人碰撞事故重建 … 208
 6.6.1 概述 ………………… 208
 6.6.2 汽车与行人碰撞事故的过程 ………………… 211
 6.6.3 汽车与行人碰撞事故过程分析 ……………… 212
 6.6.4 PC-Crash 约束方法 … 214
 6.6.5 汽车与行人碰撞事故的重建 ………………… 218
6.7 道路交通事故重建中参数的不确定性与敏感性 ……… 225
 6.7.1 道路交通事故重建中参数的不确定性概述 …… 226

6.7.2 事故重建参数对重建结果的敏感性 …………… 228
思考题 ………………………… 229

第7章 车载电子数据辅助道路交通事故重建 ……………… 230

7.1 车载电子数据 …………… 231
 7.1.1 安全气囊系统的组成与工作原理 …………… 231
 7.1.2 安全气囊系统碰撞数据记录 ………………… 235
7.2 事件数据记录器概述 …… 239
 7.2.1 事件数据记录器的定义 … 239
 7.2.2 事件数据记录器的发展历史 ………………… 240
 7.2.3 事件数据记录器记录的数据的作用 …………… 242
 7.2.4 美国CFR第49篇第563部分法规 ………………… 242
7.3 事件数据记录器记录的数据 … 244
 7.3.1 通用类数据项 ……… 244
 7.3.2 可选类数据项 ……… 246
 7.3.3 记录要求 …………… 247
7.4 事件数据记录器记录的数据的读取 ……………………… 249
 7.4.1 读取工具 …………… 249
 7.4.2 读取方法 …………… 251
7.5 事件数据记录器数据分析 … 260
 7.5.1 分析流程 …………… 260
 7.5.2 数据完整性 ………… 261
 7.5.3 Delta-v …………… 261
 7.5.4 碰撞前的速度 ……… 262
 7.5.5 PDOF ……………… 262
 7.5.6 未锁定数据与事故的关联性 ………………… 263
 7.5.7 案例及应用 ………… 263
7.6 事件数据记录器数据辅助道路交通事故重建 ………… 268
思考题 ………………………… 273

参考文献 …………………… 274

第1章
道路交通事故重建概述

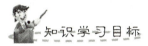知识学习目标

通过本章的学习，明确道路交通事故重建工作在道路交通事故处理、汽车安全设计、行人与乘客安全保护、车辆保险等方面的重要意义，准确把握道路交通事故重建的概念，系统了解道路交通事故重建的过程、任务和方法，了解道路交通事故重建方法的发展趋势。

能力培养目标

通过对道路交通事故重建概念的学习，掌握道路交通事故重建的过程，明确道路交通事故重建成效的影响因素，把握道路交通事故重建方法的发展趋势。

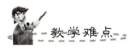教学重点

1. 道路交通事故重建的概念和意义；
2. 道路交通事故重建的过程；
3. 道路交通事故重建方法的分类。

教学难点

道路交通事故重建条件的把握，道路交通事故重建的方法。

1.1 道路交通事故重建的基本概念

在道路交通事故的处理过程中，需要诸多技能，如交通事故痕迹物证的搜集与提取、现场照相、现场录像、现场绘图、现场勘查笔录制作、车辆检验、尸体检验及事故分析与重建。其中，道路交通事故重建技能由于所需的专业素质较高，要求的业务能力较强，使用的工具方法综合复杂，学习掌握难度较大等因素，已成为制约当前道路交通事故处理水平提高的瓶颈因素。如果不能掌握道路交通事故重建的技能，不仅会影响道路交通事故处理工作的科学与公正，还会影响执法工作的效率，更使道路交通事故处理执法工作的权威性受到挑战。为了更好地理解道路交通事故重建工作，本节先从一些基本概念讲起。

1.1.1 基本概念

计算机图形图像技术在道路交通事故重建中应用较为普遍，要准确理解道路交通事故重建的内涵，首先需要正确把握一些重要的概念和术语。这些概念和术语在很多时候看上去很相似，但它们的内涵及涉及的核心技术却有很大的差异。

1. 动画（Animation）

【交通事故动画】

动画是使某物动起来之意，是事件的一个可视化的、基于用户定义的参数集。例如，道路交通事故调查人员以一定的速度沿指定轨迹使汽车向前行驶100m，该过程中调查人员对交通事故过程中的关键位置、时刻、速度、车辆姿态进行标记和设定，按照一定的顺序呈现。动画制作的软件很多，目前较为流行的主要有3D Max、VR Tool等。

在交通事故分析中，车辆从一个位置运动到另一个位置，从一种姿态转变到另一种姿态，该动画过程常通过使用样条函数来完成，而不是通过运动分析或碰撞计算来实现，不考虑车辆在运动中是否遵循运动学、动力学定律和碰撞原理。

2. 仿真（Simulation）

【交通仿真】

仿真是指利用模型复现实际系统中发生的本质过程，并通过对系统模型的实验来研究设计方案的可行性或可靠性，又称模拟。仿真常通过计算机动画来完成。这里所指的模型包括物理模型和数学模型，静态模型和动态模型，连续模型和离散模型。当所研究的系统造价昂贵、实验的危险性较大或需要很长的时间才能了解系统参数变化所引起的后果时，仿真是一种特别有效的研究手段。仿真的重要工具是计算机专门软件及集成的系统。仿真与数值计算、求解方法的区别在于，它首先是一种实验技术，同时也是一种计算方法。仿真的过程包括建立仿真模型和进行仿真实验两个主要步骤。

仿真经常用于科学表达未实现或未发生的现象，或加速呈现已经发生的过程，主要阐明系统的工作原理、形成机理或演变过程，通常并不要求仿真过程与事物的发展变化在时间上的一致性。仿真过程通常仅考虑系统变化中的关键要素，有时还需要引入一些假设。

3. 重建（Reconstruction）

重建（英文解释是 The process of putting something back into the state it was in before）即根据已掌握的客观且准确的事实，对以往存在的事物和现象，由具备专门技能的专业人员，依据事件演变的自然规律，对事件和现象所做的模拟与推演。

重建只能是对已经发生的事件或过程进行模拟。重建的结果应能够对已经掌握的证据信息相互印证，并且必须遵循系统或事件变化应遵循的客观规律。

对于道路交通事故处理工作而言，专家借助先进的工具软件，只需要分析调查已经发生过的道路交通事故，分析的结果也必须能够与道路交通事故现场采集的痕迹物证相互印证，并且重建车辆发生道路交通事故的过程还必须遵循运动学、动力学、碰撞力学及材料科学的基本原理。

1.1.2　道路交通事故重建

道路交通事故重建在欧美等汽车工业发达国家及地区已经发展成为一门新兴的学科。美国 Northwestern University 的 J. Stannard Baker 教授于 1975 年在 *Traffic Accident Investigation Manual* 中阐述了 Crash Reconstruction 的相关内容，并于 1990 年编辑出版 *Traffic Accident Reconstruction Manual* 作为美国警察培训道路交通事故分析业务的重要教学资料。美国汽车工程师学会（SAE）于 1983 年发表了由 Charles Y. Warner、Gregory C. Smith、Michael B. James 等人撰写的 *Friction Applications in Accident Reconstruction* 论文，开启了对道路交通事故重建工作的系统研究。1985 年，美国国家公路交通安全管理局（NHTSA）为规范道路交通事故重建工作，成立了交通事故重建资格认证委员会（ACTAR），对从事道路交通事故重建的工作人员进行培训和资格认定；在加利福尼亚蒂梅丘拉还建立了交通事故重建研究的协作平台——Accident Reconstruction Communications Network。

【道路交通事故重建】

【道路交通事故重建经典资源】

欧洲作为世界汽车工业的发源地，对道路交通事故重建工作的研究一点不输给美国。1981 年，Heinz Burg 教授编辑出版的 *Handbuch Verkehrsunfallrekonstruktion*，是欧洲开展道路交通事故重建的重要参考；1991 年，Heinz Burg 教授倡导成立的 European Association for Accident Research and Analysis，是欧洲开展道路交通事故分析与重建的协作平台。目前，该平台已发展成为遍布全球的研究道路交通事故分析与重建的非政府组织，大大推动了道路交通事故重建的专业发展。

道路交通事故重建是具有交通安全管理专业和资质的人员，根据道路交通事故调查获得的证据材料（事故现场散落物、附着物、肇事车辆及其损坏的情况、车辆停止位置及状态、人员伤害情况和各种形式的痕迹、当事人和目击者的陈述、监控录像、行车记录仪记录的数据等），利用专业知识和技能，对道路交通事故发生过程做出分析与推演，并对道路交通事故发生过程进行呈现的过程。随着计算机图形技术的发展，现代道路交通事故重建结果常通过计算机二维图形或三维图形来展示。

道路交通事故重建是一项专业性与技术性很强的工作。一个合格的道路交通事故重建人员必须具备交通工程、车辆工程、交通行为科学、软件工程、交通安全法律法规等多方面的知识和素质。一个没有道路交通事故处理经验、缺乏专业背景知识的人员，无论其计算机水平多高，仿真结果再生动精彩，所得的结论在法庭调查中也都是很难令人信服的。

作为一门新兴的交叉学科，道路交通事故重建涉及众多子学科，通常需要具备以下专业知识。

(1) 碰撞力学。
(2) 运动学。
(3) 生物力学。
(4) 材料力学。
(5) 交通行为科学。
(6) 汽车工程，特别是转向系统、制动系统及车辆动力学。
(7) 计算机模拟仿真技术。
(8) 数字摄影和数码影像技术。
(9) 道路交通设施。
(10) 侦查学。
(11) 证据科学。

【道路交通事故法庭调查】

需要说明的是，由于道路交通事故发生过程非常复杂，人们所能搜集到的证据材料是有限的，道路交通事故证据材料在形成过程中还经常受到环境因素的影响，因此一起道路交通事故的重建工作是无止境的，在有限的条件下，重建的结果往往很难做到与所有的证据材料相吻合。例如，汽车碰撞行人后，行人手中拿的手机、头上戴的眼镜、脚上穿的鞋子、口袋里装的钢笔等都可能在碰撞时飞出，事故重建的结果很难做到碰撞后这些物证都能与现场勘查的结果相吻合。

还需要强调说明的是，道路交通事故重建不研究道路交通事故为什么会发生，也不探寻道路交通事故发生的其他深层原因，仅研究道路交通事故发生的过程和事故过程中的一些现象。

1.1.3　道路交通事故重建的意义

重建道路交通事故不仅可以有效地帮助道路交通事故处理人员科学、公正地处理交通事故，提高交通执法的权威性，还可以为改善交通工具和道路的设计水平提供科学的建议，并为提高驾驶培训质量和交通参与者的交通安全素质提供重要支持。

(1) 对于汽车安全设计而言，通过道路交通事故重建能够发现车辆结构设计上的缺陷，从而改进车辆的设计水平，提高汽车的安全性。通过不同汽车安全装置重建结果对比，可评价汽车安全装置的有效性，为汽车新技术的研究和推广提供重要依据。

(2) 对于车辆保险部门而言，通过道路交通事故重建可以判定事故是真实的还是虚假的，从而减少不法分子的骗保行为，净化汽车应用后市场。

(3) 对于医疗卫生部门而言，道路交通事故重建可以发现不同事故形态驾驶人和乘员通常的受伤部位和损伤机理，从而为救助预案的制订提供依据，为提高救援的水平提供参考。

(4) 对于公安机关交通管理部门，通过道路交通事故重建可以准确了解事故发生的过程，正确分析道路交通事故成因，科学认定交通事故责任，提高交通民警处理道路交通事故执法办案的科学性与公正性，提高交通事故认定的质量，提升执法办案部门的权威性。同时，每一起道路交通事故重建的结果都是一个典型生动的交通安全宣传教育材料，能够帮助不同的交通参与者正确参与交通、科学使用交通工具，有效预防道路交通事故的发生。

（5）对于道路设计及管理部门，通过道路交通事故重建可以发现道路在设计、养护或安全设施设置等方面存在的问题，提高道路的管理水平，减少交通隐患。

1.2 道路交通事故重建的任务

道路交通事故重建的主要任务是充分利用道路交通事故现场获得的证据信息，尽可能清晰地描述事故的发生过程，说明车辆损坏与碰撞速度的力学关系，解释人体损伤的形成与机理，以及某些事故技术故障方面的原因，以便为交通参与者的安全交通行为，以及车辆、道路及管理设施安全设计的改进提供科学依据。

道路交通事故重建的基本目的在于研究一个具体事故的特殊性，从空间和时间上确定事故每一阶段的过程，并对其进行评价。

1.2.1 道路交通事故重建的目标

尽可能详细地描述交通事故过程的系列事件及有关细节是交通事故重建的重要目标。在交通事故现场获取的证据是有限的，交通事故重建不可能解释每一个事故要素的所有系列事件和每一个细节，由此不难理解交通事故重建工作的复杂性。一般地，通过重建需要明确的交通事故的事项如下。

（1）车辆碰撞点的位置和停止位置。
（2）车辆或行人的行走方向。
（3）车辆碰撞时的行驶速度。
（4）车辆的车头方向或行人的面部朝向。
（5）车辆的加速度或减速度。
（6）车辆翻转时的横摆角速度、俯仰角速度、侧倾角速度。
（7）车上乘员的受伤机理。

道路交通事故车辆碰撞的演变过程十分复杂，且时间非常短（一般在200ms以内），车辆发生第一次碰撞接触的时刻与位置通常可以通过各种痕迹物证的分析确定，但随着防抱死制动系统（Anti-lock Braking System，ABS）、电子稳定程序（Electronic Stability Program，ESP）系统在汽车上的广泛应用，有些时候无法利用现场痕迹来直接确定，此时通过道路交通事故重建可以帮助确定第一碰撞点的位置和车辆的行驶状态。另外，有时还需要研究车辆发生二次碰撞时的位置与行驶状态。

准确描述车上乘员的受伤机理通常也需要通过重建道路交通事故来实现。通过重建事故过程可以发现在事故过程中车内乘员是如何运动的，与车内哪些部位相接触，这些部位可以产生多大的作用力，造成车内乘员何种程度的伤情等。例如，事故发生时安全带和安全气囊对驾驶人造成的损伤,由于两者的工作原理、设备尺寸形状、接触部位均不相同,对车内乘员造成的伤害特征就有很大不同。

除了上述内容之外,确定谁是车辆的驾驶人对道路交通事故处理工作也是十分重要的。事故报警人通常不一定知道谁是驾驶人,也无法提供驾驶人的准确信息,无证或酒后的驾驶人通常也会为了逃避事故责任而撒谎。在事故重建过程中通过分析乘员的伤情和受伤部位,以及分析事故过程中车辆是如何到达停止位置而停下来的,通常会得到十分有用的信息,以帮助确定谁是驾驶人。

1.2.2 道路交通事故重建的结果

警察的现场勘查报告和当事人及目击证人的陈述通常都是非常可靠的证据材料,重建道路交通事故有时好像没有必要。但是,如果事故发生时没有目击者,或现场遗留的证据材料不能够很好地解释事故的发生过程,则重建道路交通事故就显得十分必要。不仅如此,当警察赶到事故现场时,当事人和目击证人对事故的描述经常有些出入,有时两个目击证人陈述的事故过程甚至完全不同,这也是经常发生的情况。由于目击证人观察事故的角度不同,所观察到的事故发生的阶段不同,再加上自身视力、辨色力、心情及心理等因素的综合作用,观察结果不同也就不奇怪了。在此情况下,重建道路交通事故,明确交通事故过程,判断哪个目击证人的陈述更接近事故真实情形就显得十分必要。

需要说明的是,道路交通事故重建结果与其他对事故事实的判定一样,仅是一种结论,该结论准确与否主要取决于重建时所依据的证据材料和事故重建人员的素质、经验和能力。有时重建结果仅需要证明"有"或"无"及"是"或"否"这样简单的问题,此时交通事故重建工作所依据的证据信息不是很多,证据质量的要求也不是很高;有时事故重建的结果需要说明的问题比较复杂,甚至需要用于在法庭上回答律师提出的一系列问题。

道路交通事故重建的结果作为事故卷宗的一部分,在欧美经常以书面报告的形式呈现。报告中需要说明重建过程所依据的原理和所使用的证据清单,所使用的解算原理必须是公理或被证明是正确的结论,并需对重建结果的准确性和可靠性做出评价。事故重建报告可能包括现场图、Google Earth 地形图、计算机模拟、计算机动画、事故重建照片和实车碰撞照片或视频,通过这些材料可以更加全面地辅助证明重建结论的正确性。

1.2.3 影响道路交通事故重建的因素

并不是每一起道路交通事故都是可以重建的,因为重建过程还受到许多条件的限制。其影响因素大致包括以下四个方面。

1. 道路交通事故可用证据的数量和质量

道路交通事故可用证据的数量和质量是道路交通事故重建中最重要的因素。有可靠的证据信息,这些证据能有效证明事故过程的基本事实,事故重建人员只需依据这些证据做出最简单的推论即可。如果缺乏足够的交通事故证据信息,有限的证据材料证明力又不高,没有可靠的证据支持,道路交通事故重建最终就会成为一种猜测。

2. 道路交通事故重建人员的能力

影响道路交通事故重建效果的另一个重要因素是重建人员的素质和能力。相同的证据材料及关于碰撞的信息，有些人可能根据这些证据材料得出可靠和完整的重建结果，而有些人依据同样的材料可能得出错误的或没有多少价值的结论。道路交通事故重建人员应具有的素质和能力主要包括以下三个方面。

（1）对交通事故现场证据的理解力

一个优秀的事故重建人员无论是通过交通事故现场，还是通过交通事故现场照片，均能对交通事故有一个清晰的认识，依据自己的专业知识和经验对交通事故过程有大致的了解。

（2）专业知识结构

正确理解车辆碰撞事故过程需要事故重建人员具有良好的专业背景和知识结构，特别是物理学、动力学、心理学、光学和数学方面的知识。这些知识可以帮助事故重建人员正确把握驾驶人操控车辆的行为，以及车辆发生碰撞后的运动和事故演变过程。

（3）能够辨别事实、调查结论及第三方意见重要区别的潜质

事故重建人员在重建过程中经常会遇到一些非常关键，而自己又缺乏这方面专业知识的问题，如果能够找到此方面的专家，则重建人员就可以向具备该专业知识的专家寻求帮助。因此，若要很好地重建交通事故，需要各方面的专业人员，形成一个工作团队或专家小组，每个人仅负责整个事故分析中其中某一方面的专业知识。一个优秀的事故重建人员必须能够区别不同专家的意见对交通事故重建结果的影响。

3. 重建事项的多少

在实践中，事故过程中需要重建事项的多少，通常决定了重建的程度。执法办案部门往往需要通过重建知道事故发生时车辆的速度、碰撞时车辆处于什么位置、哪一方越过了车道中心线、尾灯是开还是关、ABS是否起作用等某些特定的问题。通过这些结论确定哪一方在行驶中违反了交通法规应受到处罚，并且承担事故责任。当研究小组需要寻找碰撞事故的原因和线索时，需要对整个事故过程做全面和彻底的重建。

因此，道路交通事故重建的首要问题是明确需要重建的事项，重建人员要尽快确定哪些问题是需要解决的，哪些问题又是必须回答的。这样不仅可以节省时间和精力，还可以减少不必要的数据收集和无关的研究与讨论工作。

4. 时间和费用

时间和费用在一定程度上也会影响交通事故的重建。如果在重建过程中需要做特殊的道路试验、车辆拆卸、较多的图纸分析和复杂的三维计算机模拟，这将会花费很高的费用。如果所解决的是一个枝节的问题，例如，汽车碰撞前尾灯是开还是关，此时可以不重建交通事故，而通过其他方法予以解决。此外，交通事故处理执法办案也都是有时效性的，如果在规定的时间内不能够完成重建任务，则所涉及的问题就必须被简化，有时重建工作也必须放弃。

1.3　道路交通事故重建的过程

重建道路交通事故是一个极为复杂的过程，事故重建人员需要了解事故的各方面证据材料，包括事故现场痕迹、散落物、事故车辆、道路条件、驾驶人与乘员、天气条件、驾驶人操纵状况时的心理及交通管理法律法规等诸多方面的事项，涉及因素非常多。因此，道路交通事故重建过程都是在一定的证据条件下完成的，要重建出与事故发生时各方面要素的变化完全一致的事故过程几乎是不可能的。当然对于事故处理和事故预防工作，这也是没有必要的。

1.3.1　道路交通事故重建的条件

进行道路交通事故重建必须具备一定的条件，脱离客观和可靠的证据材料而进行的事故重建工作只能是对事故过程的猜测，是没有说服力和意义的。一般地，要重建一起事故过程还需要具备一些基本条件，这些条件通常都是经过现场勘查能够获得的。例如，肇事车辆肇事前后的状态、运动方向、运动距离及最终停止位置等；肇事车辆碰撞类型、损坏部位及程度等；路面痕迹、道路状况、装载情况；受害人损伤情况、驾驶人操作情况等。这些信息资料的客观性、完整性和真实性都将影响交通事故重建的成效。

【基本信息】

一般地，事故重建人员对事故信息掌握得越全面、对事故过程的认识越深刻，重建的速度就会越快，重建的质量也会越好。重建道路交通事故需要掌握以下基本信息。

（1）事故车辆信息：车辆几何参数（图1.1）、车辆的质量参数、装载情况、安全装备工作情况、安全带使用情况、安全气囊工作情况、制动协调时间、车体痕迹、车辆变形，以及轮胎、制动、转向、灯光、视野等信息。图1.1中，字母a、b、c、d、e、f、g代表车辆沿水平方向的外廓尺寸，数字1、2、3、4、5、6、7、8表示车辆指示部位至水平地面的高度。

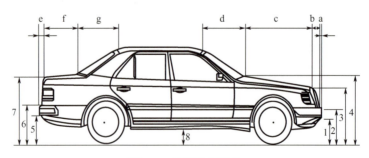

图1.1　车辆几何参数

（2）事故现场信息：事故现场轮胎地面痕迹、刮擦痕迹、散落物、车头方向、车辆仪表读数及伤者位置等。

（3）道路条件信息：道路的几何尺寸参数、附着系数、坡度、弯道半径、超高、路面状况、天气情况、冲突点、碰撞点等。

(4) 交通管理信息：交通标志、标线、信号灯、护栏、隔离带等道路安全设施与管理设施。

(5) 乘员信息：驾驶人与乘员在事故中的反应，碰撞前后驾驶人与乘员所处的位置、受伤部位、伤情检查报告等。

(6) 检验鉴定信息：道路、驾驶人、车辆的某些技术状况与性能等。

(7) 证人陈述：事故当事人、乘员及目击证人对事故过程的描述等。

(8) 监控信息：道路及周边电子警察等监控设施记录的事故过程信息。

(9) 车载电子信息：事故车辆安装的各种电子装置记录的车辆运行状态的数据信息，通常包括车辆安装的发动机及底盘控制单元、车载蓝牙、车载导航、车载 WiFi 及多媒体系统等工作时记录的信息，以及车辆在工作时存储于云端的信息。

1.3.2 道路交通事故重建的程序

道路交通事故重建并非通过对已搜集的事故信息进行想象，从而推测事故发生的过程，而是对现场信息搜集水平不高的交通事故做出本质上的解释，这是道路交通事故重建工作的基本出发点。

事故重建的具体过程随着重建目的、重建内容、重建要求、重建条件的不同而有所差异。但是，事故重建有一些确定的规则与程序。

1. 明确重建结果所要解决的问题

对于道路交通事故重建人员来说，在任何情况下都必须明确通过事故重建所要解决的问题。对于一个确定的交通事故案件，由于需要重建的任务不同，需要的证据材料、重建的方法、所需要消耗的时间、甚至是重建的精度与所需要的费用都可能不同。因此，重建工作一开始，务必明确目标和任务。

2. 审查证据材料

在明确重建任务之后，就必须明确完成该项工作究竟需要什么样的材料才能实现，并把那些与任务或需要研究的问题无关的材料放在一边，经过仔细研究与审查确定哪些证据材料与重建任务是密切相关的，哪些是存有疑问需要进一步研究的，哪些又是与重建任务不相关的证据材料（图 1.2）。例如，当重建任务是需要明确事故车辆哪一方违反路权规定时，那些乘员损伤的证据材料就不需要考虑。这样可以大大减少材料分析研究的数量，提高工作的效率。

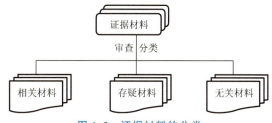

图 1.2 证据材料的分类

3. 根据任务需要搜集其他所需材料

证据材料审查之后，已有的材料可能是不充分的，要重建事故过程还需要补充一些非常重要和关键的数据。例如，事故发生路段路面的附着系数，往往事故卷宗材料里面是缺失的，需要重建人员查阅手册、借助以往办案的经验，或实地现场试验以获得数据。如果需要补充的材料可以获得，则重建过程就可以继续执行；否则，重建工作可能需要终止。

4. 绘制碰撞后车辆运动态势图

多数情况下，绘制一张碰撞后车辆运动态势图是非常必要的，甚至是必不可少的。例如，如果问题是需要明确车辆碰撞时的位置及车头方向，则绘制碰撞后车辆运动态势图通常是非常有效的方法。但并非所有的重建工作都需要绘制碰撞后车辆运动态势图，如对于汽车尾灯是开还是关的重建问题。图1.3所示为某起事故的碰撞后车辆运动态势图。

【车辆运动态势图】

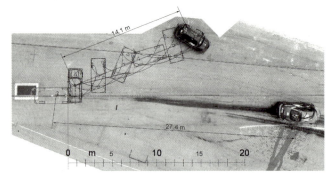

图1.3　某起事故的碰撞后车辆运动态势图

5. 检查之前的工作成效

随着重建工作的深入，问题逐渐清晰，道路交通事故重建人员的头脑中就会形成事故过程的初步结果。此时，需要回过头来对以前的工作进行进一步的审查与整理，需要比对各个痕迹是否能够相互吻合。例如，轮胎地面痕迹与轮胎的磨损，汽车碰撞后两台车碰撞的部位、变形的大小与方向是否能够对应起来。由此来理解车辆碰撞过程中的运动速度、行驶方向与作用力大小，理解碰撞前后汽车的运行轨迹。如果痕迹能够相互印证，则说明重建结果是可信的，可以通过轮胎拖印、侧滑印等进行必要的计算，对重建的相关结果进行量化。

6. 对理论或假设进行验证

如果通过检查之前的工作成效后，事故过程的一些问题还没有得到很好的解决，就需要运用动力学理论对碰撞前车辆的位置、行驶速度、加速度和行驶方向等进行检验和验证。重建人员经常会相信证人和现场勘查的证据，但这些第一手材料有时也会存在问题，需要进行进一步验证。

7. 审查重建报告的结果是否令人满意

碰撞的结果可能与重建报告得出的结论相符。重建报告中的其他结果，如碰撞时接触部位的高度，有时对于重建任务来说并非重要事项，但是这些结果也必须得到令人满意的解释，否则，会降低重建结论的可信度。例如，在需要对车辆停止位置进行确认的事故重建中，尽管车体表面的刮擦痕迹对于停止位置的寻找来说并非重要因素，但是重建结果也必须对该刮擦痕迹的形成做出充分的解释，因为在重建过程中人们不可以忽略这些明显的痕迹。

8. 检验得出的结论

通过不同的方法得出几乎相同的结论（图1.4），并且它们能够相互印证，则可以提高重建结果的可信度。不同的人，运用相同或不同的方法，重建的结果不同，则基本能够说明重建结果是不可信的。这也是事故重建初学人员经常遇到的问题。

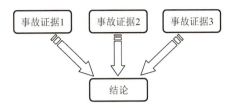

图 1.4　用不同方法重建事故

9. 用图表和表格对结论进行说明和解释

用示意图解释事故过程中车辆运动的序列事件和车辆的运行姿态，用曲线和图表显示速度、加速度、位移等相关运动参数的变化，如图 1.5 所示，可以直观、方便地展示事故过程的诸多信息。特别是随着事故重建技术和计算机图形技术的发展，一些专门的工具软件可以帮助人们生成二维或三维的重建结果，更加形象、直观、全面地展示交通事故的重建结果。尽管这些工作对于完成任务来讲并不是绝对必要的，但这种方法越来越受到人们的欢迎，并逐渐成为事故重建内容的重要组成部分。

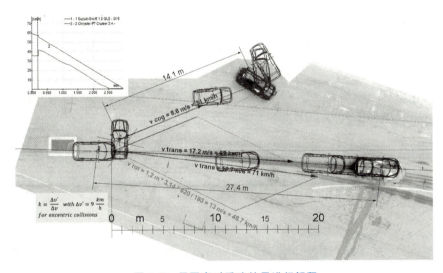

图 1.5　用图表对重建结果进行解释

1.4　道路交通事故重建的方法

1.4.1　道路交通事故重建方法的分类

道路交通事故重建根据事故要素、事故形态、分析原理等不同有多种分类方法。下面简单介绍几种常用的事故重建的分类方法。

（1）根据事故序列事件分析方向的不同，事故重建可以分为前推算法与后推算法。交通事故的发生是一个过程。事故的演变过程一般均包括感知险情、发现危险、评估危险性、决策行动、避险失败、碰撞发生、造成损伤等几个阶段。这样根据事故发生的条件对事故过程进行分析计算的方法称为前推算法，该方法"以因求果"，其分析过程如图 1.6 所示，其解算过程如图 1.7 所示。

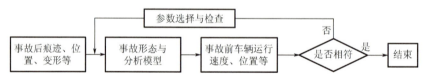

图 1.6　前推算法的分析过程

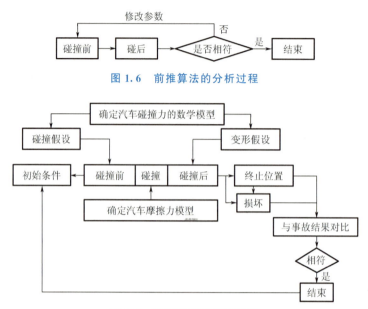

图 1.7　前推算法的解算过程

反之，根据事故发生后果对事故发生前的车辆行驶状态进行分析计算的方法称为后推算法，该方法"以果推因"，其解算过程如图 1.8 所示。

图 1.8　后推算法的解算过程

使用前推算法更符合人们分析事故过程的习惯，车辆轨迹拟合度高，但车辆停止位置存在误差；使用后推算法能使事故车辆停止位置拟合更准确，但车辆运动轨迹存有误差。无论采用哪一种方法，都需要在对整个事故进行定性分析、大概估算出各种参数变化范围的基础上，经过反复验证，才能得出客观合理的结论，在事故分析中，各种参数变化范围预估，对模拟计算的过程十分重要。

（2）根据重建原理的不同，事故重建可以分为基于轨迹的重建和基于变形的重建。基于轨迹的重建即以道路交通事故过程中车辆和行人等在道路上的运行轨迹为依据，利用运动学和动力学原理，对事故发生演变过程进行分析、解算和优化的方法。目前，许多软件（如 SMAC、PC‐Crash）均利用轨迹法对事故过程进行解算和优化。

基于变形的重建即利用车辆变形的部位和变形量的大小及材料的特性对车辆碰撞时的速度、运动状态进行分析解算的方法。例如，事故重建软件 SMAC、Crash、EES‐ARM

即利用事故车辆的变形对有关事故参数进行分析计算。

（3）根据事故形态的不同，事故重建可以分为碰撞事故重建和刮擦事故重建。两车之间的事故形态分为两大类：一类是碰撞事故形态，另一类是刮擦事故形态。两者的根本区别在于两车在接触过程中是否存在某一时刻，双方获得共同的运动速度。碰撞事故形态在两车交换动量的过程中存在某一时刻，使两车变形达到最大，获得相同的运动速度；而刮擦事故形态在事故发生时，双方相互作用的过程中，不存在两车获得共同运动速度的瞬间，也就是说这种事故形态不属于碰撞事故形态，也就不能运用碰撞的相关原理来分析计算，需要根据物体相互刮擦运动时的轨迹形成原理进行分析研究。

（4）根据事故双方要素的不同，事故重建可以分为行人与机动车之间的事故重建、行人与非机动车之间的事故重建、机动车与机动车之间的事故重建，以及非机动车与机动车之间的事故重建等。

（5）根据事故重建力学模型的不同，事故重建可以分为基于质点模型的事故重建、基于刚体模型的事故重建、基于多刚体模型的事故重建、基于网格模型的事故重建和基于有限元模型的事故重建（图1.9）。质点模型常用于对车辆进行运动分析，刚体模型多用于分析车辆碰撞过程运动姿态的分析，多刚体模型有助于对行人、两轮车和车辆局部进行受力和运动分析，网格模型便于对事故车辆碰撞过程中做变形分析，有限元模型可以进行更为详细的碰撞力分布与变形分析。

(a) 刚体模型　　(b) 多刚体模型　　(c) 网格模型　　(d) 有限元模型

图1.9　重建的刚体模型、网格模型与有限元模型

交通事故涉及的要素繁多，依据不同的要素属性还可以给出更多的分类。掌握这些分类方法，可以帮助事故重建工作者对事故重建工作有较为系统和全面的了解，指导事故重建工作者选择更高效的方法开展工作。

1.4.2　道路交通事故重建技术及发展

汽车诞生以来，研究交通事故的原因、重建交通事故过程是改善汽车设计、提高汽车安全性能的重要方法，而对交通事故重建技术的研究也是随着汽车工业的发展而不断发展和完善的。到目前为止，交通事故重建技术的发展大致经历了以下五个阶段，并随着新技术、新方法的进步而不断发展。

1. 手工重建阶段

在汽车工业发展的初期，计算机和网络技术还只是一种梦想，事故调查人员重建交通事故的方法主要是在车辆地面力学、运动学、动力学及碰撞理论的指导下，利用手工重建计算与绘图工具（图1.10），对交通事故过程中车辆的位置、行驶速度、发生的位移、碰撞的接触部位等参数，借助计算工具进行手工分析计算，对事故过程进行重建，这是最基本的交通事故重建的方法。

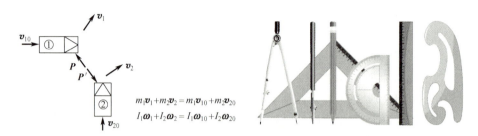

图1.10 手工重建计算与绘图工具

除了利用车辆地面力学、运动学、动力学及碰撞理论等原理分析计算外，手工重建阶段重建人员还利用矢量合成原理，通过手工作图的方法，按照一定比例进行严格绘图。如图1.11所示，动量守恒定律的矢量方程 $m_1\boldsymbol{v}_1+m_2\boldsymbol{v}_2=m_1\boldsymbol{v}_{10}+m_2\boldsymbol{v}_{20}$ 在作图后一定形成一个封闭的四边形，每一个矢量均包含动量的大小和方向。矢量四边形作图完成后，每一条边的长度即代表动量的大小，每一条边所在的方向即代表动量的方向。由此可以计算车辆碰撞前后速度的大小和方向，也可以对事故过程进行分析与重建。

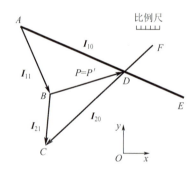

图1.11 手工作图法

2. 计算机辅助重建阶段

从20世纪70年代起，计算机技术得到了迅猛发展，为交通事故重建技术的发展提供了强大的技术支撑。随着道路交通事故发生率逐渐上升，道路交通安全受到了各国交通安全管理部门的重视，国外的道路交通安全研究机构，如美国国家公路交通安全管理局（NHTSA）、欧洲强化汽车安全委员会（EEVC）、日本汽车研究所（JARI）等纷纷开展了道路交通事故重建技术的研究，并开发出基于各种模型的交通事故重建系统。目前，国外相关的道路交通事故重建软件主要有 SMAC、CRASH、PC－Crash、HVE、HVOSM、Virtual Crash、EDCRASH、J2DACS、CARS、WACCAR、CARAT、EES－ARM、IMPAC、TBS、VTS、LS－DYNA、PAM－CRSAH、MADYMO、Phase 4、EDVDS、Cal3D等。其中，比较著名且应用较为广泛的事故重建软件有 PC－Crash、HVE、SMAC、CRASH、MADYMO、PAM－CRSAH、LS－DYNA等。这些软件在车身研究开发、道路交通事故鉴定及碰撞试验标准假人开发等研究工作中发挥了较大作用。

利用计算机软件能够依据事故车辆结构参数、车辆碰撞初速度、车辆行驶方向、碰撞角度、车辆损伤程度、车辆最后停止位置及地面轮胎痕迹，比较精确地模拟出车辆碰撞过程的速度变化曲线、行驶轨迹及损毁结果。在初始条件发生变化时可以快速生成运算结果，大大提高了交通事故重建的效率和计算的精确度。特别是随着计算机图形图像技术的发展，许多重建系统（如 PC‑Crash 等）还可以以二维和三维的形式生成重建结果，生动逼真地展示事故过程。图 1.12 所示为利用 PC‑Crash 以三维的形式重建事故过程。

图 1.12 利用 PC‑Crash 以三维的形式重建事故过程

3. 车辆事件记录仪辅助重建阶段

车辆事件记录仪又称事件数据记录器（Event Data Recorder，EDR），泛指安装在汽车上用于记录汽车使用过程中某些特定事件的装置。这种装置能详细记录车辆在使用中发生的某种特定事件（如碰撞、翻滚、发动机某气缸熄火等）。计算机技术、存储技术和信息技术的不断发展，使汽车行驶中的信息被广泛记录成为可能，并且功能和形式越来越多的车辆事件记录装置在现代汽车上得以广泛使用。在汽车的行驶过程中，车辆事件记录仪实时监测汽车的运行状态，当某些特定事件发生时，车辆事件记录仪触发记录装置将之前一定时间的数据保存并冻结，这些数据比较准确地记录了汽车的运行状态。图 1.13 所示的汽车安全气囊控制模块（Airbag Control Module，ACM），用来记录汽车发生碰撞事件的情况，通常记录发生碰撞时汽车的行驶速度、发动机转速、节气门开度、制动强度、安全带使用情况、加速度或减速度、安全气囊是否起爆等数据。这些数据客观真实，能够很好地帮助交通事故调查人员重建交通事故过程，提高交通事故现场调查数据的客观性与准确性。

事故重建人员利用专门的数据读取装置，如碰撞数据读取仪（Crash Data Retrieval，CDR），来获取汽车发生碰撞时的一系列数据信息（图 1.14），能有效辅助事故重建人员提高事故重建质量和工作的效率。

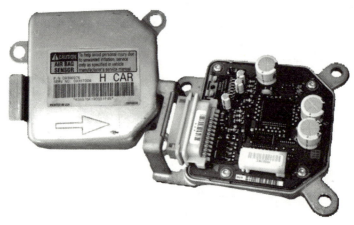

图 1.13　汽车安全气囊控制模块

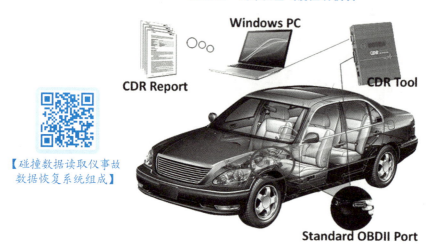

【碰撞数据读取仪事故数据恢复系统组成】

图 1.14　利用碰撞数据读取仪读取安全气囊控制模块数据

4. 视频监控信息辅助重建阶段

视频监控在我国道路交通管理和社会安全管控中得到广泛应用,这些监控设施从某一特定角度记录了事故的发生过程,如图 1.15 所示。不仅如此,许多汽车内部还安装了行车记录仪,同时记录汽车行驶时汽车的前方或后方的交通环境及车内环境的变化。这些手段为人们研究交通事故和分析交通事故提供了重要支持。但是,无论是车内的还是车外的视频监控设施,均仅记录了事件发生时的影像,对车辆行驶时的参数并没有量化,系统仅以每秒 25 帧或 30 帧的拍摄速度记录事件的变化过程,还没有办法给出具体的如车速、方向等数值信息,多数信息如驾驶人操作与反应等只能给出定性的结论。2014 年,中华人民共和国公安部颁布 GA/T 1133—2014《基于视频图像的车辆行驶速度技术鉴定》,对视频图像的科学利用进行了规范。

无论是车内的视频监控装置,还是车外的视频监控装置,其安装使用的初衷均是为了行政部门及公司企业加强对车辆的使用和管理,缺乏车辆运行中定量化的数据管理。尽管视频信息直观形象,一般还能够用于计算车辆行驶速度,但是视频图像信息并不能代替事故重建工作,主要原因如下。

(1) 并非所有的交通事故均具有视频监控信息。
(2) 通过视频监控信息能够计算的信息是有限的。
(3) 视频监控信息仅从某一侧面反映事故过程。
(4) 视频监控信息受气象条件影响严重。
(5) 视频监控信息通常仅拍摄到事故过程的局部。
(6) 非高清视频监控信息影响其使用价值。
(7) 夜晚照明条件不足时影响视频监控信息的效果。
(8) 视频监控信息不能反映驾驶人和车辆反应及技术缺陷。

图 1.15 利用视频监控信息辅助重建交通事故

这些视频监控影像尽管不能取代事故重建工作，但它可以为重建工作提供大量的、客观的、定性的证据信息。事故重建人员利用这些信息，并结合车辆发生事故时的痕迹等其他信息，可以提高事故重建的准确性，检验交通事故重建结果的可靠性。

【视频监控系统摄录的交通事故】

5. 基于数据融合的事故重建阶段

随着"互联网+"战略的深入实施，物联网技术深刻影响着道路交通事业，特别是车联网良好的应用环境和迫切的应用需求，使物联网和大数据技术为交通事故重建工作提供了有力的技术支持。与此同时，由于道路交通安全越来越受到政府和群众的高度关注，医疗卫生、安全生产、交通运输管理、汽车设计及科研院所等单位均投入了大量的精力对道路交通安全进行研究。交通要素数据的采集越来越详细、普遍、准确、及时，形成了庞大的跨部门、跨行业的交通管理数据库这些工作为交通事故调查、分析和重建提供了良好的条件。

现代道路交通的构成要素（人、车、路、环境等）逐渐成为物联网的重要组成部分，如图 1.16 所示。驾驶人、乘员及各类交通参与者通过智能手机、智能眼镜等智能终端和可穿戴设备产生的身份信息、位置、路径、速度等数据信息被搜集与管理。机动车作为车联网的重要节点也不断生成车辆位置、速度、行驶方向、周边车辆信息，以及包括车辆各总成与部件的工作技术状况，甚至驾驶人是否疲劳、是否饮酒、连续驾车时间等信息，这些信息均可以被感知和搜集。道路及交通环境信息可以通过道路交通监控装置和车辆交通监控装置及气象卫星等设施得以感知与搜集。对于一起确定的交通事故的分析与重建，上述信息与计算机仿真软件配合使用，可以更加全面、客观、准确地重建道路交通事故过程，并使重建的效率得以提高，为事故预防提供及时、科学的参考。

图 1.16　道路交通事故调查可利用的大数据

随着车联网技术的不断成熟和数据信息的不断完善，基于云平台和大数据技术的交通事故重建自动化技术将成为可能。将来，道路交通事故重建系统平台可利用交通要素基本信息和事故过程中的动态数据信息自动完成道路交通事故重建工作，并按照执法办案和事故预防的要求生成重建报告。

思 考 题

1. 什么是道路交通事故重建？
2. 道路交通事故重建的任务是什么？
3. 影响道路交通事故重建的因素有哪些？
4. 道路交通事故重建是如何分类的？
5. 道路交通事故重建有哪些方法？
6. 简述道路交通事故重建的过程。

第 2 章 道路交通事故重建的理论基础

知识学习目标

通过本章的学习，掌握道路交通事故重建中常用的理论分析工具，包括轮胎地面力学，汽车行驶原理，汽车发生侧滑、侧翻、倾覆等单方事故形态的分析原理，汽车碰撞事故形态及刮擦事故形态的分析原理。

能力培养目标

利用汽车事故分析的理论工具，能够根据现场调查证据材料，科学分析事故过程，并对相关参数进行计算，为交通事故分析和认定提供依据。

教学重点

1. 汽车轮胎特性与轮胎地面力学；
2. 汽车行驶原理与参数计算；
3. 汽车单方事故形态的分析与计算；
4. 汽车碰撞事故形态的分析与计算。

教学难点

汽车轮胎地面力学，汽车碰撞分析原理，汽车单方事故形态及分析原理，汽车刮擦事故的分析原理。

道路交通事故重建是一门新兴的应用工程学科，涉及的理论知识和专业技能很多。要科学地进行重建，需要具备一系列学科专业知识，包括刚体运动学、刚体动力学、汽车理论、交通工程、材料力学、交通行为学、碰撞力学、刑事技术及摄影与测量等。本章仅介绍交通事故重建中所必需的基本知识。

2.1 运动学原理

运动学研究物体在空间的位置随时间变化的规律，主要研究的内容是物体的运动速度、位移、加速度之间的内在联系等，其中，速度、位移和加速度均为矢量，不仅有大小，还需研究其方向。

2.1.1 基本概念

1. 位移 s

位移用于描述质点的位置变动，用质点由初位置到末位置的有向线段来表示。位移为一矢量，其大小与路径无关，方向由起点指向终点。

2. 速度 v

速度用来衡量运动的快慢。假设行驶的位移为 s，所用的时间为 t，那么其平均速度为

$$\bar{v} = \frac{s}{t} \tag{2-1}$$

平均速度［单位为米/秒（m/s）或千米/小时（km/h）］只能反映位移 s 范围内运动的平均快慢，为了反映某时刻 t 运动的快慢，需要定义 t 时刻的速度为

$$v = \frac{\mathrm{d}s}{\mathrm{d}t} \tag{2-2}$$

式中，$\mathrm{d}t$ 为时间 t 的微小增量（数学上称为微分）；$\mathrm{d}s$ 为与 $\mathrm{d}t$ 相应位移的微小增量；整个 $\frac{\mathrm{d}s}{\mathrm{d}t}$ 又称位移 s 对时间 t 的一阶导数。

3. 加速度 a

加速度用来衡量物体运动速度变化的快慢。假设在 t 时间内，速度由零变化到 v，那么其平均加速度为

$$\bar{a} = \frac{v}{t} \tag{2-3}$$

平均加速度只表示整个 t 时间内速度变化的平均快慢。也可以定义某时刻 t 的瞬时加速度为

$$a = \frac{\mathrm{d}v}{\mathrm{d}t} \tag{2-4}$$

式中，$\mathrm{d}t$ 为时间 t 的微小增量；$\mathrm{d}v$ 为速度 v 的微小增量；$\frac{\mathrm{d}v}{\mathrm{d}t}$ 为速度 v 对时间 t 的一阶导数。

4. 动量 P

动量是物体的质量和速度的乘积，是与物体的质量和速度相关的物理量，用于描述运动物体的作用效果。物体动量为矢量，其方向与速度的方向相同。

$$P = mv \qquad (2-5)$$

5. 冲量 I

冲量是指力的作用对时间的积累效果，冲量等于力和作用时间的乘积。冲量的方向与作用力的方向相同。

$$I = Ft \qquad (2-6)$$

当作用力 F 是变量时，则冲量为

$$I = \int F \mathrm{d}t \qquad (2-7)$$

式中，$\mathrm{d}t$ 是一段无限小的时间。

冲量在作用过程中会导致物体运动的速度发生改变。物理学已经证明，物体所受到的冲量等于其动量的变化量，此即动量定理。

2.1.2 矢量合成定理

当物体做直线运动时，物体的速度、位移和加速度用正号表示向前，负号表示向后，公式中的矢量可以视为标量进行计算，均不会存在什么问题。但是，当物体运动的轨迹不是直线时，我们就必须借助矢量运算法则来进行计算。

物理学上将既有大小又有方向的量称为矢量。矢量加减计算遵循平行四边形法则或三角形法则。在二维平面条件下，速度必须用矢量表示，才能进行合成和分解。例如，甲某横渡珠江（图 2.1），设珠江水面宽度为 $s_\mathrm{r}=400\mathrm{m}$，水流的速度为 $v_\mathrm{e}=1.5\mathrm{m/s}$，甲某从珠江岸边 A 点出发垂直水流方向，游泳的速度为 $v_\mathrm{r}=2.0\mathrm{m/s}$，那么，甲某到达对岸的地点不是 B 点，而是下游的 C 点，B 和 C 之间的距离 $s_\mathrm{e}=300\mathrm{m}$。这是因为它相对河岸的运动速度 $\boldsymbol{v}_\mathrm{a}$ 是由水流速度 $\boldsymbol{v}_\mathrm{e}$ 与相对速度 $\boldsymbol{v}_\mathrm{r}$ 用矢量合成的，其方向为 AC 方向，而不是 AB 方向。

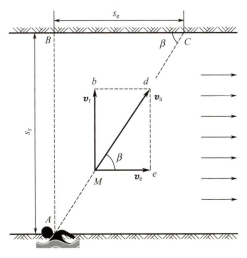

图 2.1 点的合成运动

现在以速度为例，说明矢量的合成法则。它可用带箭头的线段表示：线段的长度表示大小，箭头表示方向。两矢量的加减法需要按平行四边形（或三角形）法则进行，而不是简单地将两个矢量的大小相加减。

矢量 v_1、v_2 的和为

$$R = v_1 + v_2 \tag{2-8}$$

如图 2.2 所示，它可以表示为以 v_1、v_2 为边的平行四边形的对角线。根据余弦定理，合矢量 R 的大小为

$$R = \sqrt{v_1^2 + v_2^2 + 2v_1 v_2 \cos\alpha} \tag{2-9}$$

合矢量 R 的方向可用 β 角表示，根据正弦定理得

$$\sin\beta = \frac{v_2}{R}\sin\alpha \tag{2-10}$$

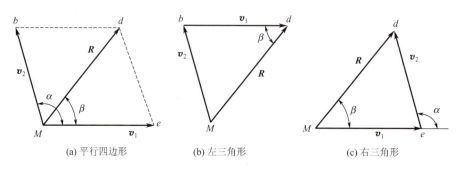

(a) 平行四边形　　(b) 左三角形　　(c) 右三角形

图 2.2　矢量合成法则

可见，只要知道两个分矢量 v_1、v_2 的大小（v_1、v_2）和方向（α 角），就能画出平行四边形［图 2.2(a)］或三角形［图 2.2(b)、图 2.2(c)］，根据式（2-9）和式（2-10）求出合矢量 R 的大小（R）和方向（β 角）。

2.1.3　质点直线运动

质点是为分析研究问题的方便将物体抽象化的结果，是在不考虑物体的外形与尺寸的情况下，将物体简化成质量集中于质心的分析方法。质点的运动过程可分为直线运动和曲线运动。曲线运动还可以分为圆周运动、抛物线运动及高次曲线运动。更为复杂的运动是多种运动的合成。在一定条件下分析汽车运动时，也经常按这样处理。

质点在匀速运动中，加速度 a、速度 v、经过时间 t 和位移 s 之间的内在联系，可以用以下基本公式来表示。

$$v = v_0 + at \quad s = v_0 t + \frac{1}{2}at^2 \quad v^2 - v_0^2 = 2as$$

利用上述公式，根据不同的初始条件，可以推导出质点做直线运动时的计算公式，如表 2-1 所示。

表 2-1 直线运动计算公式

编号	待求量	已知量	计算公式
1	末速度 v	t、a、v_0	$v = v_0 + at$
2		s、a、v_0	$v = \pm \sqrt{v_0^2 + 2as}$
3		s、t、a	$v = \dfrac{s}{t} + \dfrac{1}{2}at$
4	初速度 v_0	t、a、v	$v_0 = v - at$
5		s、a、v	$v_0 = \pm \sqrt{v^2 - 2as}$
6		s、t、a	$v_0 = \dfrac{s}{t} - \dfrac{1}{2}at$
7	位移 s	t、a、v_0	$s = v_0 t + \dfrac{1}{2}at^2$
8		a、v、v_0	$s = \dfrac{v^2 - v_0^2}{2a}$
9		t、v、v_0	$s = \dfrac{v + v_0}{2} t$
10	加速度 a	t、v、v_0	$a = \dfrac{v - v_0}{t}$
11		s、t、v_0	$a = \dfrac{2(s - v_0 t)}{t^2}$
12		s、v、v_0	$a = \dfrac{v^2 - v_0^2}{2s}$
13	时间 t	a、v、v_0	$t = \dfrac{v - v_0}{a}$
14		s、a、v_0	$t = \dfrac{\pm \sqrt{v_0^2 + 2as} - v_0}{a}$
15		s、v、v_0	$t = \dfrac{2s}{v + v_0}$

注：表中公式中的正、负号代表位移、速度、加速度的方向。

对于直线运动，用正、负号就可以完全描述出质点的运动方向；若是曲线运动，则必须用矢量来表示速度的大小和方向。

2.1.4 质点圆周运动

质点沿半径为 r 的圆弧做匀速圆周运动时，速度的方向时刻在发生改变，即速度是改变的，因此，必然存在加速度。质点做圆周运动时一定存在向心力，即外力作用于物体质点上的合力指向做圆周运动的中心。

$$F = \dfrac{mv^2}{r} \tag{2-11}$$

式中，F 为物体做圆周运动的向心力；m 为物体的质量；r 为物体运动的弯道半径；v 为物体做圆周运动的速度。

2.1.5 质点抛物线运动

在交通事故分析中,常常遇到做抛物线运动的物体。例如,车辆碰撞时,撞碎的门、窗、灯罩等玻璃碎片及其他装载物、散落物在车辆发生碰撞后被抛出,落地前的运动均属抛物线运动;甚至整个汽车由于某种原因,冲出道路掉进山沟、驶出桥面等运动,均视为抛物线运动。分析此类事故形态,计算车辆行驶速度时,通常把装载物、玻璃碎片及肇事汽车简化成一个质点,当忽略空气阻力等因素时,可以把该问题简化成质点的抛物线运动,如图2.3所示。

图2.3 质点的抛物线运动

质点在水平方向投影的速度和垂直方向投影的速度分别为

$$v_x = v\cos\theta, \quad v_y = v\sin\theta \tag{2-12}$$

质点由 A 点抛落到抛物线上 B 点时所花费的时间为

$$t = \frac{v\sin\theta}{g} \tag{2-13}$$

$$AB = v\cos\theta \cdot 2t = v\cos\theta \cdot 2\frac{v\sin\theta}{g} = \frac{v^2\sin2\theta}{g} \tag{2-14}$$

式中,v 为质点被抛出的速度;θ 为质点抛出时速度方向与水平方向的夹角;g 为重力加速度。

当 $\theta=0$ 时,质点的运动为平抛运动。平抛运动可以分解成两个运动:一个是水平直线运动;另一个是垂直方向上的匀加速运动。

如图2.4所示,假设某物体 M 从 A 点沿水平线方向,以初速度 v_0 向前抛出落到前方地面上 B 点,下落高度为 h,其运动轨迹 AMB 就是一条抛物线,物体从 A 点落到 B 点的水平距离 d 与初速度 v_0 及高度 h 的关系如下。

$$d = v_0\sqrt{\frac{2h}{g}} \tag{2-15}$$

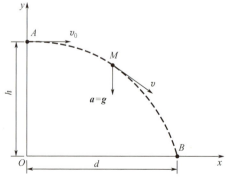

图2.4 质点的平抛运动

或

$$v_0 = d\sqrt{\frac{g}{2h}} \qquad (2-16)$$

2.1.6 刚体的定轴转动

定轴转动简称转动,是指物体上有一根轴线固定不动,其他部分围绕轴线转动。为了描述物体的转动,垂直于转轴取一个截面,如图2.5所示,此截面代表转动的物体,该截面与转轴的交点O代表固定的转轴。然后在截面上取一条直线OM,由它代表截面的运动。假设开始时直线OM位于x轴位置,经过t时间转过θ角到达图2.5所示位置,转过的θ角称为角位移,用角位移除以所花的时间t表示转动的平均快慢,称为平均角速度$\bar{\omega}$,即

$$\bar{\omega} = \frac{\theta}{t} \qquad (2-17)$$

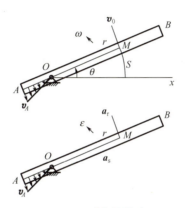

图2.5 刚体的转动

若将时间取为微小增量dt,转过角度也是微小增量$d\theta$,则此时的比值就是瞬时角速度ω,即

$$\omega = \frac{d\theta}{dt} \qquad (2-18)$$

数学上称角速度ω是角位移θ(或角坐标)对时间t的一阶导数。

如果刚体不是做匀速转动,即在转动过程中角速度ω有变化,将角速度ω对时间t取一阶导数,称为角加速度ε。它描述刚体角速度变化的快慢,即

$$\varepsilon = \frac{d\omega}{dt} = \frac{d^2\theta}{dt^2} \qquad (2-19)$$

对比平动和转动中的物理量,不难发现,角加速度ε与加速度a对应,角速度ω与速度v对应,角位移θ与位移s对应。那么匀变速运动的三个基本公式对匀变速转动同样适用,即有

$$\omega = \omega_0 + \varepsilon t \qquad (2-20)$$

$$\theta = \omega t + \frac{1}{2}\varepsilon t^2 \qquad (2-21)$$

$$\omega^2 = \omega_0^2 + 2\varepsilon\theta \qquad (2-22)$$

2.1.7 刚体的平面运动

任何物体的平面运动都可分解为两种较简单、较基本的运动——平动和转动。其中，平动是指该物体在运动过程中始终保持其方位不变，其上各点的轨迹、速度、加速度都一样，只要选择质心为代表，物体的平动即可抽象为质点的运动。

汽车在道路上行驶时，汽车存在向前移动的速度，轮胎也以同样的速度向前移动，但是汽车实际前进的速度是轮胎向前滚动的结果，那么轮胎的转速必然与汽车的移动速度有关。下面分析轮胎的运动过程。

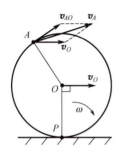

图 2.6 轮胎的平面运动分析

轮胎的运动过程是由两个运动状态合成的：一个是轮胎向前的平动；另一个是轮胎的转动。如图 2.6 所示，轮胎上任何一点相对于地面的速度都是由轮胎的平移速度与该点的线速度的矢量合成的。

1. 平面运动速度分析的合成法

如图 2.6 所示，轮胎的平面运动分解为随轮心 O 的牵连平动和绕轮心 O 的相对转动两部分，那么轮胎上任一点 A 的速度 v_A 也就由牵连平动速度 v_O 与绕轮心 O 相对转动速度 v_{AO} 两部分加起来，即

$$\boldsymbol{v}_A = \boldsymbol{v}_O + \boldsymbol{v}_{AO} \tag{2-23}$$

这一矢量公式建立了平面运动物体上任意两点 A 与 O 速度之间的关系。等式左边 v_A 为合速度，等式右边两项为分速度，其中 v_O 为任一基点 O 的牵连速度，v_{AO} 为 A 点绕 O 点的相对转动速度，有 $v_{AO} = \overline{AO}\omega = r\omega$。

其方向垂直 $\overline{AO}$ 连线，即沿圆周切向，指向 ω 转向一方。根据矢量合成平行四边形或三角形法则，即过 A 点画牵连速度 v_O 的平行线及相对转动速度 v_{AO}，并以这两个分矢量为边作平行四边形，其对角线就是合矢量 v_A。

2. 平面运动速度分析的瞬心法

应用合成法［式(2-23)］计算平面运动物体上任意一点的速度时，利用余弦定理计算求解，不甚方便，需要用矢量合成。实际上物体在做平面运动时，可以视为物体在某一时刻，绕某已确定点 P 做圆周运动，该确定点 P 即物体运动的速度瞬心，其速度为 0。

$$v_P = 0$$

于是有

$$\boldsymbol{v}_A = \boldsymbol{v}_P + \boldsymbol{v}_{AP} = \boldsymbol{v}_{AP} \tag{2-24}$$

这时，任意一点 A 的速度直接等于它绕 P 点相对转动的速度，没有矢量合成问题。现在仍以轮胎为例，如图 2.7 所示，假定轮胎在路面上只滚动不滑动，那么轮胎着地点 P 的速度一定等于零，它就是图示瞬时的速度瞬心 P，此瞬时车轮上各点速度都只有绕 P 点

相对转动的速度，该时刻轮胎上任意一点 A 的运动均视为绕 P 点的转动，A 点的速度为

$$\boldsymbol{v}_A = \boldsymbol{v}_{AP}$$

其大小 $v_{AP} = \overline{AP}\omega$，方向垂直 AP 连线，指向转动一方。又如，B 点的速度为

$$\boldsymbol{v}_B = \boldsymbol{v}_{BP}$$

其大小 $v_{BP} = \overline{BP}\omega$，方向垂直 BP 连线，指向转动一方。再如，轮心 O 的速度为

$$\boldsymbol{v}_O = \boldsymbol{v}_{OP}$$

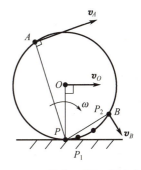

图 2.7 物体平面运动速度分析的瞬心法

其大小为

$$v_{OP} = \overline{OP}\omega = r\omega = v_O \tag{2-25}$$

反过来，已知轮心的速度 v_O，可求出轮胎转动的角速度为

$$\omega = \frac{v_O}{r}$$

可见，知道了任一瞬时速度等于零的 P 点，那么，该瞬时平面运动物体上各点的速度直接等于它们绕 P 点转动的相对速度，各点的速度分布以 P 点为中心，按线性分布，距离 P 点越远，速度越大，故称 P 点为速度瞬心。速度的这种分布与定轴转动速度分布一样，因此速度瞬心又称瞬时转动中心。轮胎在滚动过程中不同时刻着地点位置不同，轮胎速度瞬心的位置也是不断变化的，这是因为速度等于零的 P 点各个瞬时是不同的。例如，如图 2.7 所示，在轮胎只滚动而不滑动的条件下，该瞬时着地点 P 速度为 0，P 是该瞬时的速度瞬心。但到下一瞬时，着地点变为 P_1 点，P_1 点是下一瞬时的速度瞬心，可见每一瞬时都有各自的速度瞬心，而整个平面运动的运动过程，就是连续地绕每一瞬时的速度瞬心做转动的结果。

3. 轮胎角加速度与轮心加速度的关系

如图 2.8 所示，轮胎在固定路面上只滚动而不滑动时，轮胎着地点 P 为速度瞬心，轮胎角速度与轮心速度的关系为

$$\omega = \frac{v_O}{r}$$

两边对时间求导数得到

$$\frac{\mathrm{d}\omega}{\mathrm{d}t} = \left(\frac{\mathrm{d}v_O}{\mathrm{d}t}\right)/r$$

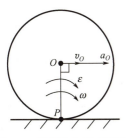

图 2.8 轮胎角加速度分析

根据定义得到

$$\varepsilon = \frac{a_O}{r} \tag{2-26}$$

或

$$a_O = r\varepsilon \tag{2-27}$$

2.2 动力学原理

2.2.1 牛顿三大定律

【牛顿三大定律】

1. 牛顿第一定律

牛顿第一定律（惯性定律）——任何物体都将保持静止或做匀速直线运动状态，直到其他物体所施加的外力迫使它改变原来的状态为止。换句话说，任何物体都有保持原有的运动状态不变的属性。原来静止的汽车，不对它施加新的外力，它将持续保持静止状态。对于原来已经具有一定速度的汽车，会继续保持匀速直线运动状态。在高速公路的直线段，汽车经常处于速度很大的匀速直线运动状态，发动机使后轮产生的向前的驱动力正好与向后的滚动阻力、空气阻力等互相抵消，加上重力与路面反力互相抵消，整个汽车如同不受外力作用一样，保持匀速直线运动状态。当汽车起动加速时，车上乘员向后仰，就是企图保持原来的静止状态的表现；而制动减速时，人往前冲，也是企图保持原来的匀速直线运动状态的表现。特别是当汽车转弯时，站着的人向外侧倾斜，就是因为人的质心要保持原来的直线运动向前，他们的脚却被车厢底板带向弯道的内侧，相对而言，人就倒向外侧。总而言之，如果不受外力作用，任何物体都将保持原有的运动状态，这个属性称为物体的惯性。因此，牛顿第一定律又称惯性定律。当力等于零时（包括不受力作用或者几个力同时作用其合力等于零），加速度就等于零，物体将保持匀速直线运动状态或保持静止状态，这就是第一定律。

2. 牛顿第二定律

牛顿第二定律（动力方程）——物体受力 F 作用而产生的加速度 a，其方向与力的方向相同，其大小与力的大小成正比，即

$$ma = F \qquad (2-28)$$

式中，比例系数 m 为物体的质量，它是物体惯性的度量。因为从式(2-28)可见，同样大小的力作用在物体上，质量越大，加速度 a 越小，运动状态越不易改变，即惯性越大。牛顿三大定律中最核心的是第二定律，它建立了力与运动的关系。

3. 牛顿第三定律

牛顿第三定律（作用与反作用定律）——两物体间的作用力与反作用力，总是大小相等、方向相反、沿同一直线，分别作用在两个不同的物体上。对于牛顿第三定律需要注意两点。一是作用力与反作用力一定要大小相等、方向相反。例如，有一大车 A 与一小车 B 正面相撞（图2.9），结果往往是大车继续向前，只是速度减小一些，但小车却被撞得倒退。这里并不是大车给小车的作用力 F 大使得小车倒退，而是因为小车的质量小，加速度大，容易改变运动状态；同样的道理，大车速度变化不大，不是因为它受到的小车给它的反作用力 F' 小，而是因为大车质量大，加速度小，速度变化就小。二是作用力 F 与反作用力 F' 分别作用在两个不同的物体上。例如，汽车对路面的正压力 N

作用在路面上,其反作用力 N'(常常称为法向反力)作用在汽车轮胎上。当然,汽车内部各零部件之间存在的各种各样的相互作用力也要大小相等、方向相反、相互抵消,不影响汽车整体的运动。

图 2.9　质量悬殊的两车碰撞

2.2.2　动量定理

根据牛顿第二定律及加速度的定义 $a=\dfrac{\mathrm{d}v}{\mathrm{d}t}$,所以

$$ma = m\frac{\mathrm{d}v}{\mathrm{d}t} = \frac{\mathrm{d}}{\mathrm{d}t}(mv)$$

$$\frac{\mathrm{d}}{\mathrm{d}t}(mv) = F$$

此式表示物体动量对时间的一阶导数等于作用在物体上外力的矢量和,称为动量定理的微分形式。将上式改写为 $\mathrm{d}(mv)=F\mathrm{d}t$,对两边积分:

$$\int_0^t \mathrm{d}(mv) = \int_0^t F\mathrm{d}t$$

或

$$mv - mv_0 = P = \int_0^t F\mathrm{d}t \tag{2-29}$$

$mv-mv_0$ 称为时间间隔 t 内动量的变化,它等于作用力 F 在时间间隔 t 内的冲量,即动量定理。

例 2-1　某车型投产前做过碰撞试验,试验车被牵引装置拉着沿轨道加速前进,正面碰撞固定墙壁,如图 2.10 所示。已知碰撞固定墙壁前车速 $v_0=49\mathrm{km/h}$,碰撞后回弹速度 $v=8\mathrm{km/h}$,碰撞时间为 0.1s,试验车质量为 1 850kg。

图 2.10　汽车碰撞固定墙壁

解：以试验车为研究对象，碰撞时水平方向只有固定墙壁作用于车的由冲量 P 代表的法向冲力。以固定墙壁的法向为 x 轴，那么将冲量定理式投影在 x 轴上，得

$$(-mv)-(mv_0)=-P$$

所以

$$P=mv_0+mv=1\,850\times\frac{49+8}{3.6}\text{kg}\cdot(\text{m/s})\approx 29\,292\text{kg}\cdot(\text{m/s})$$

再由

$$P=Ft$$

可得冲力为

$$F=\frac{P}{t}=\frac{29\,292}{0.1}\text{N}=292\,920\text{N}\approx 29\,878\text{kgf}$$

将冲力与车重比较，得

$$\frac{F}{G}=\frac{29\,878}{1\,850}\approx 16.2$$

这就是说，该车正面碰撞墙壁时，冲力要比车重大近 17 倍。

2.2.3 动量守恒定律

【动量守恒定律】

当系统所有外力的合力为 0 时，无论内力如何作用，系统的动量都不会改变。根据牛顿第三定律可知，作用力与反作用力二者大小相等、方向相反、同时存在、同时消失，作用力与反作用力的冲量也总是大小相等、方向相反，系统的总动量不会发生改变，此即动量守恒定律。

$$m\boldsymbol{v}=m\boldsymbol{v}_0=\text{常矢量}$$

在交通事故分析中，如图 2.11 所示，两车任意角度相撞时，相互作用力与反作用力的冲量分别为 $\boldsymbol{P}$ 和 $\boldsymbol{P}'$，它们满足大小相等、方向相反，即

$$\boldsymbol{P}=-\boldsymbol{P}'$$

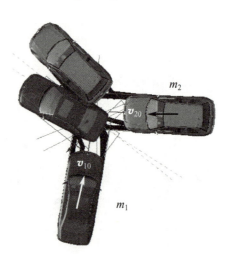

图 2.11 两车任意角度相撞

分别以车 1 和车 2 为研究对象，建立冲量方程

$$m_1 \boldsymbol{v}_1 - m_1 \boldsymbol{v}_{10} = \boldsymbol{P} \tag{2-30}$$

$$m_2 \boldsymbol{v}_2 - m_2 \boldsymbol{v}_{20} = \boldsymbol{P}' \tag{2-31}$$

则有

$$m_1 \boldsymbol{v}_1 + m_2 \boldsymbol{v}_2 = m_1 \boldsymbol{v}_{10} + m_2 \boldsymbol{v}_{20} \tag{2-32}$$

式（2-32）表示，碰撞后两车动量的矢量和等于碰撞前两车动量的矢量和。动量守恒是对两车整体而言的。两车之间的碰撞力，对各车而言是外力，但对两车整体而言是内力。由于内力不影响整体的运动，所以两车整体的动量（即两车动量的矢量和）在碰撞前后保持不变。

2.2.4　力的平移定理

如图 2.12 所示，有一个力 $\boldsymbol{F}$ 作用在点 A，另有一点 B，离力 $\boldsymbol{F}$ 作用线的垂直距离为 h。如果在点 B 加一对平衡力 $\boldsymbol{F}'$ 和 $\boldsymbol{F}''$［图 2.12(b)］，当然并不影响原有力 $\boldsymbol{F}$ 的作用效果。

如果我们使新加的一对平衡力的大小等于原有的那个力，即

$$\boldsymbol{F}' = -\boldsymbol{F}'' = \boldsymbol{F} \tag{2-33}$$

那么这三个力变成一个力 $\boldsymbol{F}'$ 和一个力偶 $(\boldsymbol{F}, \boldsymbol{F}'') = \boldsymbol{M}$［图 2.12(c)］。此时，这个力 $\boldsymbol{F}'$ 与原力 $\boldsymbol{F}$ 相比，虽然大小和方向没有变，但作用点从点 A 换成了点 B，或者说作用线平移了一段距离 h，而力线平移后所附加的力偶，其力偶矩 $\boldsymbol{M}$ 就等于原力 $\boldsymbol{F}$ 对新作用点 B 的力矩 $\boldsymbol{M}_B(\boldsymbol{F})$，即

$$\boldsymbol{M} = \boldsymbol{M}_B(\boldsymbol{F}) \tag{2-34}$$

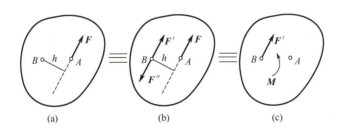

图 2.12　力的等效平移

这样可以得出结论：力的作用线可以平动到任何地方，但需附加一个力偶，此附加力偶之矩等于原力对新作用点之矩。

如图 2.13 所示，车辆偏心碰撞时，碰撞冲力 $\boldsymbol{P}$ 的作用线不通过质心 C，垂直距离为 h。现将 $\boldsymbol{P}$ 的作用线平移通过质心 C，变为作用在点 C 的一个力 $\boldsymbol{P}'$ 及一个附加力偶

$$\boldsymbol{M} = \boldsymbol{M}_C(\boldsymbol{P}) = Ph \tag{2-35}$$

这样就等效于一个力 $\boldsymbol{P}'$ 和一个附加力偶 $\boldsymbol{M}$ 同时作用。经过 Δt 时间间隔，作用在质心 C 的力 $\boldsymbol{P}'$ 使车体平动到 C_1 点，同时附加力偶使车体绕 C_1 点转动一个角度。这样，车体一方面跟随质心平动，同时绕质心相对转动，两者合成就成为车体在平坦路面上的平面运动。

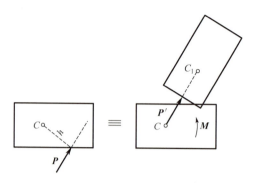

图 2.13 车辆的偏心碰撞

2.2.5 动量矩定理与转动方程

1. 动量矩

动量矩如图 2.14 所示。

与力对点之矩定义式相对照，可以定义动量（mv）对 O 点之矩 $m_O(mv)$ 为

$$m_O(mv) = \pm mvh \tag{2-36}$$

式中，h 为动量（mv）离矩心 O 点的垂直距离；"＋""－"号代表两种转向，通常逆时针转动取"＋"号，顺时针转动取"－"号。

对于一个做定轴转动的物体，如图 2.15 所示，其上任意取一小块质量为 m_i，其速度 v_i 为

$$v_i = r_i \omega$$

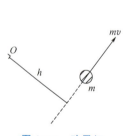

图 2.14 动量矩

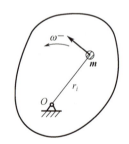

图 2.15 定轴转动物体的动量矩

其方向一定垂直半径 r_i，式中角速度 ω 对于物体上所有点都是一样的。若把此物体分割成许许多多小块，把所有小块对转动轴 O 的动量矩加起来就是此定轴转动物体对转轴 O 的动量矩

$$\sum m_O(m_i v_i) = \sum m_i v_i r_i = \sum m_i r_i \omega r_i = \left(\sum m_i r_i^2\right) \cdot \omega = J_O \omega \tag{2-37}$$

得

$$J_O = \sum m_i r_i^2 \tag{2-38}$$

J_O 称为此物体绕转轴 O 的转动惯量。转动惯量是物体绕某轴转动惯性的度量，它与质量具有同等重要的地位。质量 m 是物体平动惯性的度量，而转动惯量 J_O 是物体绕转轴 O 转

动惯性的度量。

2. 动量矩定理

与动量定理相对应，将动量定理两边同时乘以到 O 点的垂直距离 h，有

$$\frac{\mathrm{d}}{\mathrm{d}t}(m\boldsymbol{v}) \cdot h = \boldsymbol{F}h$$

根据动量矩和力矩的定义，得

$$\frac{\mathrm{d}}{\mathrm{d}t}m_O(m\boldsymbol{v}) = m_O(\boldsymbol{F}) \quad (2-39)$$

【动量矩定理】

也就是说，动量矩对时间的一阶导数等于力对同一点之矩，称为动量矩定理。

3. 定轴转动方程

对于绕定轴转动的物体，将它分成很多小块，每一块应用动量矩定理并求和得

$$\frac{\mathrm{d}}{\mathrm{d}t}\sum m_O(m_i\boldsymbol{v}_i) = \frac{\mathrm{d}}{\mathrm{d}t}(J_O\omega) = J_O\frac{\mathrm{d}\omega}{\mathrm{d}t} = \sum m_O(\boldsymbol{F}_i)$$

注意到角速度 ω 的一阶导数为角加速度 ε，得

$$\frac{\mathrm{d}\omega}{\mathrm{d}t} = \varepsilon$$

所以

$$J_O\varepsilon = \sum m_O(\boldsymbol{F}_i) \quad (2-40)$$

这就是定轴转动的转动方程。它的内容是绕 O 轴的转动惯量 J_O 与转动角加速度 ε 的乘积等于作用在其上的所有外力对转轴 O 的力矩之和。

在交通事故分析中常常要用到转动方程的积分形式。设碰撞前后的角速度分别为 ω_0 和 ω，碰撞时间为 t，外力的碰撞冲量为 $\boldsymbol{P}_i$，那么对式(2-40) 积分，有

$$\int_0^t J_O\mathrm{d}\omega = \sum m_O\left(\int_0^t \boldsymbol{F}_i\mathrm{d}t\right)$$

得

$$J_O\omega - J_O\omega_0 = \sum m_O(\boldsymbol{P}_i) \quad (2-41)$$

式(2-41) 左边为碰撞前后转动物体绕转轴动量矩的变化，式(2-41) 右边为所有外力冲量 $\boldsymbol{P}_i$ 对转轴的冲力矩。也就是说，定轴转动物体在碰撞前后动量矩的变化等于所有外力的冲力矩之和，这是动量矩定理的积分形式，又称冲力矩定理。

例 2-2 某圆柱受转矩 T 作用绕其中心轴加速转动，已知圆柱重为 G，半径为 r，试求圆柱转动角加速度及时间 t 后的角速度。

解：根据转动方程得

$$J_O\varepsilon = \sum m_O(\boldsymbol{F}_i) = T$$

因为

$$J_O = \frac{1}{2}mr^2 = \frac{1}{2}\frac{G}{g}r^2$$

代入得角加速度

$$\varepsilon = \frac{T}{J_O} = \frac{2gT}{Gr^2}$$

角速度

$$\omega = \varepsilon t = \frac{2gTt}{Gr^2}$$

2.3　碰撞分析原理

碰撞是自然界的普遍现象，道路交通事故中的汽车碰撞有其自身的特点，利用碰撞原理对道路交通事故进行分析和计算，是道路交通事故重建的重要内容。

2.3.1　碰撞过程与基本假设

1. 车辆碰撞的过程分析

【车辆的碰撞过程】

在道路交通事故中，车辆碰撞包括三个过程。
(1) 碰撞前过程：从驾驶人察觉危险开始制动到两车刚接触。
(2) 碰撞过程：从两车刚接触到两车开始分离。
(3) 碰撞后过程：从两车刚分离到两车完全停止。

2. 车辆碰撞过程的阶段分析

两车刚开始接触，便在接触面上产生挤压应力与压缩变形。这个压力由小到大，两车的速度差由大到小，逐渐接近，直至两车获得相同的速度，压缩变形达到最大。紧接着由于压缩变形的弹性部分逐渐恢复，两车压紧的程度逐渐放松，两车速度出现相反的差别变化，直至两车分离。车辆碰撞过程分为前后两个阶段，如图 2.16 所示。

(1) 压缩变形阶段：从两车刚接触到压缩变形达到最大，两车速度相等。
(2) 弹性恢复阶段：从变形达到最大，两车速度相等到两车刚刚分离。

有时塑性变形很大而弹性变形很小，可忽略不计，这时只有压缩变形阶段，没有弹性恢复阶段。此时，当压缩变形达到最大，两车具有相同速度时，就是碰撞后过程的开始。

图 2.16　车辆碰撞过程的两个阶段

3. 车辆碰撞的主要特点

车辆碰撞有两个主要特点。
(1) 时间短。包括压缩变形阶段和弹性恢复阶段在内，车辆碰撞仅仅经历 0.1～0.2s，而且物体的刚度越大，经历的时间越短。

(2) 碰撞冲力大。碰撞前后物体的速度变化很大,经历时间又短,加速度特别大,所以碰撞冲力也特别大,它可以等于物体质量的十几倍,甚至几十倍。

4. 车辆碰撞分析的基本假设

针对车辆碰撞的上述特点,对于物体碰撞问题进行研究分析时,有以下两个基本假设。

(1) 在直接碰撞过程中只考虑两物体间的碰撞力,不考虑其他的常见力,如重力、路面反力、摩擦力等。因为与碰撞力相比,这些常见力小到可以忽略不计。当然,在碰撞前过程和碰撞后过程中,碰撞力不存在,其他常见力就不能忽略,它们起主要作用。

(2) 在直接碰撞过程中,物体的位移小到可以忽略不计。因为碰撞时间特别短,速度乘以时间所得位移就很小。根据这一假设,直接碰撞过程开始瞬时与末了瞬时,假定处于同一位置,因此在事故现场图中,道路上的碰撞位置,既是碰撞开始的位置,也是碰撞末了开始滑行的位置。

根据第一个假设,把两车作为整体,碰撞前后一定满足动量守恒定律,因为碰撞过程只考虑碰撞力,而碰撞力对两车整体来说是内力,不影响整体的运动。但是,两车整体的动能不守恒,因为内力使车辆局部发生变形,还要对车体做功。

2.3.2 碰撞过程中的弹性恢复系数

如图 2.17 所示,设有一个钢球垂直下落到某一固定平面上,刚接触时的速度为 v_0,此时的碰撞力为 0,进一步下落时,钢球和固定平面都发生变形,且变形逐渐增大,因此碰撞力也逐渐增大。碰撞力增大的结果是使钢球做减速运动,当钢球的速度为 0 时,即钢球与固定平面具有相同的速度时,变形停止(固定平面速度为 0)。这一时刻的变形包含了塑性变形和弹性变形,其中弹性变形要恢复弹性形变,钢球和固定平面之间的弹力做功使钢球加速向上运动。可见,钢球碰撞前后速度不等的原因是塑性变形吸收能量、弹性变形吸收部分能量以热能的形式散失在空间中。钢球碰撞前后的速度比称为碰撞弹性恢复系数,即

$$k = \left| \frac{v}{v_0} \right| \tag{2-42}$$

可见,$k \in [0,1]$。

碰撞弹性恢复系数 $k \in [0,1]$,分为三种状态。

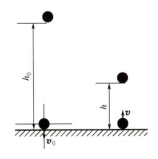

图 2.17 弹性恢复系数的测定

(1) 当 $k=1$ 时，$h=h_0$，$v=v_0$，即小球回弹的高度与碰撞前下落高度相等，碰撞末瞬时的回弹速度与碰撞前瞬时速度相等，这表明压缩变形全部得到了恢复，没有塑性变形存在。这种状态称为完全弹性碰撞。

(2) 当 $k=0$ 时，$h=0$，$v=0$，即小球没有回弹，小球像一团橡皮泥，落下后就塌附在固定平面上一点也没有弹起来，所产生的压缩变形全部是塑性变形。这种状态称为完全塑性碰撞，又称完全非弹性碰撞。

(3) 当 $0<k<1$ 时，$0<h<h_0$，$0<v<v_0$，即小球有某种程度的回弹，压缩变形中有一部分弹性变形，也有一部分塑性变形。这种状态称为弹塑性碰撞，又称非完全弹性碰撞，也可称非完全塑性碰撞。

各种材料的碰撞弹性恢复系数 k 可以通过实验测定。常用材料的碰撞弹性恢复系数如表 2-2 所示。

表 2-2 常用材料的碰撞弹性恢复系数

碰撞的材料	铁对铅	木对胶木	木对木	钢对钢	玻璃对玻璃
碰撞弹性恢复系数	0.14	0.26	0.50	0.56	0.94

需要说明的是，对于交通事故碰撞来说，车辆之间的碰撞弹性恢复系数不是由材料决定的，而是取决于车辆结构。由于汽车的车型不同、构造不同、碰撞的部位不同等，弹性恢复系数也各不相同。因此，车辆之间的碰撞弹性恢复系数不是从碰撞弹性恢复系数表中查出的定值。

2.3.3 有效碰撞速度

【有效碰撞速度】

两辆行驶中的汽车相碰与单辆汽车碰撞固定壁不完全相同，因为碰撞是在行驶过程中完成的，不像单车碰撞固定壁时，碰撞面是不动的。为了使这两者具有可比性，需要找出两车碰撞压缩变形阶段末变形达到最大时的共同速度，因为单车碰撞固定壁，压缩变形达到最大时，速度为 0（和固定壁一样），也是达到共同速度（只不过速度值为0）。

1. 最大压缩变形时的共同速度 v_c

如图 2.18 所示，相向行驶的两车质量分别为 m_1、m_2，当两车变形达到最大时（两车变形量不一定相同），两车速度相等（若不相等，意味着变形还没有达到最大，变形还将继续）。从两车刚接触到压缩变形达到最大，两车速度相等，这就是碰撞的压缩变形阶段。设压缩变形达到最大时的共同速度为 v_c，那么对压缩变形阶段应用动量守恒定律得

$$m_1 v_{10} + m_2 v_{20} = (m_1 + m_2) v_c$$

所以共同速度为

$$v_c = \frac{m_1 v_{10} + m_2 v_{20}}{m_1 + m_2} \tag{2-43}$$

图 2.18　两车碰撞时的共同速度

2. 有效碰撞速度 v_e

从碰撞前的速度 v_{10} 和 v_{20} 变到共同速度 v_c，这一过程对应的正是碰撞的压缩变形阶段，如同单车碰撞固定壁时速度由 v_0 变为 0 那样，代表真正有效的碰撞速度变化。因此，定义 1 车的速度差为

$$v_{10} - v_c = v_{1e} \tag{2-44}$$

式中，v_{1e} 称为 1 车的有效碰撞速度。同理定义 2 车的有效碰撞速度 v_{2e} 为

$$v_{2e} = v_c - v_{20} \tag{2-45}$$

与这一速度对应的是 2 车的压缩变形阶段，也是真正有效的碰撞速度变化。将式(2-43)代入式(2-44)和式(2-45)，分别得到两车的有效碰撞速度为

$$v_{1e} = v_{10} - \frac{m_1 v_{10} + m_2 v_{20}}{m_1 + m_2} = \frac{m_2}{m_1 + m_2}(v_{10} - v_{20}) \tag{2-46}$$

$$v_{2e} = \frac{m_1 v_{10} + m_2 v_{20}}{m_1 + m_2} - v_{20} = \frac{m_1}{m_1 + m_2}(v_{10} - v_{20}) \tag{2-47}$$

这就是以两车碰撞前相对速度 $(v_{10} - v_{20})$ 表示的各车的有效碰撞速度。有效碰撞速度是同一车辆在碰撞压缩变形阶段速度的变化量，而相对速度是两车之间的速度差。两者之间存在一定关系，如图 2.19 所示，即

$$v_{1e} + v_{2e} = v_{10} - v_{20} \tag{2-48}$$

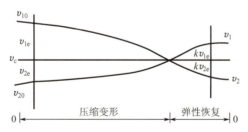

图 2.19　有效碰撞速度

将式(2-46)与式(2-47)相比可见，有效碰撞速度与两车的质量成反比，即

$$\frac{v_{1e}}{v_{2e}} = \frac{m_2}{m_1} \tag{2-49}$$

当两车质量相差悬殊时，小车的有效碰撞速度将接近于两车碰撞前的相对速度。

2.4 轮胎地面力学

轮胎是汽车各种性能的"落脚点",轮胎接地区是汽车作为一个整体唯一接触地面的地方。汽车上所有力、振动、力矩均由接地区传向汽车,使汽车实现加速、减速、爬坡、转弯等运动,汽车各种性能的发挥均与轮胎的性能密切相关。轮胎的基本功能:支撑整车质量;与悬架部件共同作用,衰减路面不平所引起的振动和冲击;传递纵向力,实现汽车的驱动和制动;传递侧向力,以使汽车转向并保持行驶稳定性。因此,研究轮胎特性及其与地面的作用,对重建交通事故过程十分必要。

2.4.1 轮胎的结构与标志

限于篇幅,本节仅介绍轿车子午线轮胎的结构与标志,客车、载货汽车、摩托车等车辆上安装使用的其他轮胎,请参考相关资料。

1. 轮胎的结构

轿车子午线轮胎由以下几部分组成。

(1) 胎面。轿车子午线轮胎的胎面为一个整体橡胶件,不分基部胶和胎面胶。

(2) 胎侧。胎侧胶用以保护胎体的帘布层。由于子午线轮胎胎体的帘布层层数少,其形成的胎侧比较薄,所以要求胎侧胶要厚一些,耐曲挠抗疲劳性能和耐老化性能要好一些。

(3) 冠带层。它附加在带束层上面,故又称带束上层。一般采用1~2层尼龙帘布组成,帘布角为0°(即与轮胎中心周线平行)。冠带层虽然部件小,但它对保持轮胎外缘尺寸稳定、提高速度级别、改善乘坐的舒适性均有明显作用。

(4) 带束层。带束层是轮胎的主要受力构件,一般由两层钢丝帘布组成,但也可以选用多层模数高、变形小的纤维帘布(如芳纶纤维)。帘布角为18°~25°(有的近似与胎体中心周线平行),可根据轮胎适应的车速和本身的扁平度来选择带束层的帘布角。

(5) 胎体帘布层。帘布层是构成胎体的主要构件,一般由1~2层纤维帘布组成胎体,帘布角为90°(与胎体周面中心线垂直或与轮胎断面轮廓线平行)。国内生产的轿车轮胎的帘布材料有聚酯、尼龙66、人造丝等。聚酯帘布性能较优,高模量低收缩(尺寸稳定型)聚酯帘布在一般系列和50、55等低断面系列的轿车子午线轮胎的生产中得到广泛应用。

(6) 气密层。气密层是低浸透性的内衬,置于胎体内侧,与胎体胶成一体,用于无内胎轮胎上。气密层一般由两层气密性好的丁基橡胶或卤化丁基橡胶组成。

(7) 填充胶。填充胶位于胎侧下部,它能使胎侧圆滑地过渡到胎圈,但也可直接用胎侧胶的造型来过渡到腔圈。

(8) 硬胶芯。硬胶芯一般采用大而硬的三角胶芯,它既能提高胎圈区的刚性,也能使胎侧与胎圈更平顺地连接。

(9) 钢丝圈。钢线圈由多根覆胶钢丝缠绕排列成设计形状,如矩形、方形、U形。钢丝根数按设计计算要求决定。

（10）钢丝圈包布。钢丝圈包布用于捆紧钢丝圈，以形成一钢丝束，同时通过钢丝圈包布将三角硬胶芯更好地连接为一体。有时也可用橡胶片来代替钢丝圈包布。

（11）胎圈包布。胎圈包布主要用于保护胎圈，使胎圈免遭轮辋磨损。胎圈包布的设置是为了避免因子午线轮胎胎侧柔软、径向变形大，而在轮辋边缘造成磨损。有时也采用高硬度的耐磨胶（护胶）附加一层带有骨架材料组成的加强层，贴于轮缘与胎圈接触的这一侧。

图 2.20 所示为轿车子午线轮胎的结构（部分结构图中未标出）。

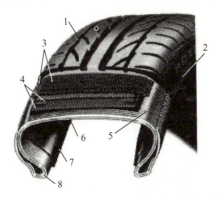

【轮胎的结构】

图 2.20　轿车子午线轮胎的结构

1—胎面；2—胎侧；3—冠带层；4—带束层；5—胎体帘布层；
6—胎体；7—气密层；8—胎圈

2. 轮胎的标志

（1）轮胎的扁平比

轮胎的扁平比又称高宽比，是指轮胎断面高度 H 与轮胎断面宽度 B 之比（即 H/B），如图 2.21 所示。

【轮胎的标志】

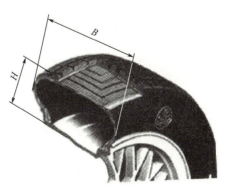

图 2.21　轮胎断面的扁平比

扁平状是轮胎的重要特征，扁平比是轮胎性能的重要标志。扁平比的选择主要由汽车的速度设计级别来决定。由于子午线轮胎的带束层选择以钢丝等材料为帘布，以及帘布排列方式的特殊性，使它的胎冠的诸多性能均有较高扁平比。因此，子午线轮胎的诸多性能均优于普通斜交轮胎,如附着性能、驱动性能、制动性能、操纵稳定性能、低滚阻性能、耐磨性能、高速性能等。

(2) 轮胎胎面标志

现行的 ISO 国际标准规定:对于轿车子午线轮胎的胎面标志采用[断面宽度]/[扁平比][轮胎结构代号][轮辋直径][载荷指数][速度级别][用途代号]等表示。图 2.22 所示的轮胎胎面标志:185/60R14 82H,可以解读为

185——轮胎断面宽度为 185mm。

60——轮胎断面扁平比为 0.60。

R——子午线轮胎代号。

14——轮胎所匹配的轮辋直径为 14in(1in=2.54cm)。

82——载荷指数,轮胎所能承担的最大载荷质量;最大载荷为 475kg。

H——速度级别,表明轮胎能行驶的最高车速;最高车速为 210km/h。

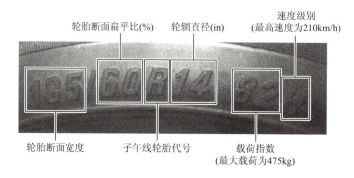

图 2.22 轮胎胎面标志

轮胎的载荷等级与对应的最大载荷质量如表 2-3 所示。轮胎的速度等级与对应的最高速度如表 2-4 所示。

表 2-3 轮胎的载荷等级与对应的最大载荷质量 (GB 9743—2015)

载荷等级	最大载荷质量/kg	载荷等级	最大载荷质量/kg
71	345	80	450
72	355	81	462
73	365	82	475
74	375	83	487
75	387	84	500
76	400	85	515
77	412	86	530
78	425	87	545
79	437	88	560

(续)

载荷等级	最大载荷质量/kg	载荷等级	最大载荷质量/kg
89	580	108	1 000
90	600	109	1 030
91	615	110	1 060
92	630	111	1 090
93	650	112	1 120
94	670	113	1 150
95	690	114	1 180
96	710	115	1 215
97	730	116	1 250
98	750	117	1 285
99	775	118	1 320
100	800	119	1 360
101	825	120	1 400
102	850	121	1 450
103	875	122	1 500
104	900	123	1 550
105	925	124	1 600
106	950	125	1 650
107	975	126	1700

表 2-4 轮胎的速度等级与对应的最高速度

速度等级	最高速度/(km/h)	速度等级	最高速度/(km/h)
L	120	T	190
M	130	U	200
N	140	H	210
P	150	V	240
Q	160	W	270
R	170	Y	300
S	180		

2.4.2 轮胎的纵向力学特性

充气轮胎在平坦、干硬路面上做直线滚动时所受到的与滚动方向相反的阻力称为轮胎的滚动阻力。根据作用机理的不同，轮胎滚动阻力可分解为弹性迟滞阻力、摩擦阻力和轮胎的风扇效应阻力三部分。由于轮胎滚动时，圆弧的胎面在进入地面时将在纵向和横向发生伸展成为一个接触面，在胎面的伸展过程中与地面发生相对滑动而产生一定的摩擦力，由此产生了附加阻力。轮胎在旋转运动时也受到空气的阻力，它就像风扇扇风一样，扇得越快空气阻力越大，导致汽车部分能量的损失，由此也产生了附加阻力。

试验表明，车速为 128～152km/h 时，轮胎耗能的 90%～95% 是由内部弹性迟滞作用引起的，而 2%～10% 则归因于轮胎与地面的摩擦，仅有 1.5%～3.5% 归因于自身旋转运动而引起的空气阻力。由此可见，弹性迟滞阻力是滚动阻力最重要的组成部分。通常所称的滚动阻力指的就是弹性迟滞阻力。

1. 弹性迟滞阻力

【弹性迟滞现象】

轮胎是一个弹性体，但它不具有绝对弹性，在外力的作用下变形，当外力解除后外力对它所做的功不能完全收回。损失的这部分功是被轮胎内部参与变形的各种物质间相互摩擦生热所需要的能量消耗掉了。弹性体的这种能量损失称为弹性迟滞损失。假设轮胎具有绝对弹性，就不会产生迟滞损失，因为外力解除后做功的能量可以被全部收回。假设轮胎是绝对塑性体，则做功的能量全部不能收回，因为这种塑性变形属于永久变形，外力解除后变形没有任何恢复，外力所做的功全部被消耗掉了。假设轮胎是绝对刚性体，在外力作用下它不产生任何变形（位移），也就不存在能量损失。

弹性迟滞阻力的产生机理：充气轮胎在静态压缩作用下会产生变形与回弹，在此变形与回弹的过程中，由于其内部的摩擦作用而引起能量损失，当轮胎在力或力矩的作用下滚动时，轮胎胎面上每一个单元的这种压缩与回弹的过程将周而复始地不断进行。对于这一过程所引起的迟滞阻力，可用图 2.23 所示的轮胎等效系统模型来解释。在该模型中，假定轮胎胎面与轮辋之间都沿径向连接一些线性弹簧和阻尼单元来支撑；同样，也沿胎面切向排列一系列的弹簧和阻尼单元，以此来模拟轮胎。当这些单元进入与地面接触印迹时，其弹簧和阻尼就能充分作用，因而就产生了附加的摩擦效应，称为弹性迟滞阻力。

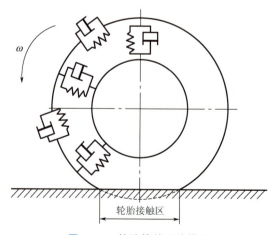

图 2.23 轮胎等效系统模型

当轮胎等效系统模型滚动时，与接地对应的弹簧和阻尼单元便开始做功，并将所做的功转化为热。这时，所产生的弹性迟滞阻力等于消耗的阻尼功与行驶距离之比。将具有相同帘布材料的轮胎进行比较可知，帘布层数越多，轮胎的阻尼就越高，原因是阻尼越高，相邻帘布层间的相对运动所产生的阻尼功越大。斜交线轮胎的帘布层层数多于同规格的子午线轮胎，所以滚动阻力较大。

2. 轮胎的周向变形

对于从动轮，周向变形分为三个阶段。对于同一轮胎单元，第一阶段是开始与地面接触阶段，胎面在垂直方向上逐步进入压缩变形；第二阶段是进入接触中心，压缩变形最大；第三阶段是逐渐脱离接触区域，胎面逐渐恢复（回弹）。对于驱动轮，在垂向载荷和切向力同时作用下引起轮胎相应的变形，驱动转矩使轮胎变形区域的前半部被强制压缩，后半部被强制拉伸，如图 2.24 所示。轮胎的周向变形虽然没垂向变形那么明显，但驱动轮涉及的变形范围比较大，可达三分之一的周向，即从接地中心向前后各扩展 60°之多。

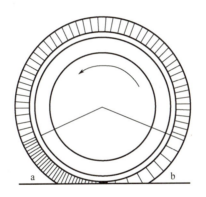

图 2.24 驱动轮传递转矩时的周向变形
a—压缩区；b—伸张区

轮胎的周向变形与路面的性质、轮胎的结构、充气压力及行驶速度等因素有关，它对滚动阻力有很大的影响。

3. 滚动阻力系数

滚动阻力系数是描述轮胎与地面间作用条件的重要参数。轮胎在滚动的过程中与地面接触区域的作用力分布是不均匀的，其合力作用点位于轮胎接地中心的前部，如图 2.25(a) 所示，其与通过轴心作用的地面的重力形成一对力偶，如图 2.25(b) 所示，其作用效果是阻碍轮胎的前进。欲使轮胎前进，则必须在轮胎中心施加一个推力 F_p，该推力 F_p 与地面的切向反作用力 F_z 构成一力偶矩来平衡滚动阻力偶矩

$$T_f = F_p r = F_z a \tag{2-50}$$

则

$$F_p = F_z \frac{a}{r} = fW$$

得滚动阻力系数

$$f = \frac{F_p}{W} \tag{2-51}$$

可见，滚动阻力系数是轮胎在一定的条件下滚动时所需要的推力 F_p 与轮胎载荷 W 之比，亦即单位汽车重力所需的推力。不难看出，若滚动阻力矩不变，轮胎大的汽车，其滚动阻力较小，推车时较省力。

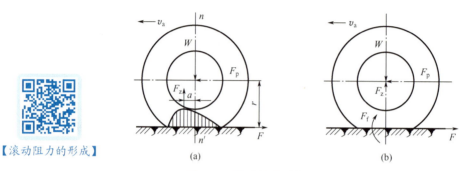

【滚动阻力的形成】

图 2.25　轮胎滚动时与地面间作用力分析

4. 滚动阻力系数的影响因素

从 $f = \frac{F_p}{W}$ 的推导中得知，滚动阻力系数的大小与轮胎半径 r 和前移距 a 的变化有关。

（1）路面性质对滚动阻力系数的影响

滚动阻力系数是通过试验来确定的。表 2-5 给出了 50km/h 车速下的不同性质路面的滚动阻力系数。

表 2-5　50km/h 车速下的不同性质路面的滚动阻力系数

路　　面	滚动阻力系数	路　　面	滚动阻力系数
状态良好的沥青或混凝土	0.010～0.018	压紧土路（干燥）	0.025～0.035
状态一般的沥青或混凝土	0.010～0.020	压紧土路（雨后）	0.050～0.150
碎石	0.020～0.025	干砂	0.100～0.300
良好卵石	0.025～0.030	湿砂	0.060～0.150
坑洼卵石	0.035～0.050	结冰路面	0.015～0.030
泥泞土路（雨季）	0.100～0.250	压紧雪路	0.030～0.050

在松软路面上，轮胎和路面均发生变形，均消耗汽车的一部分能量。虽然轮胎变形量相对于硬路面小些，但两者变形所消耗的能量之和比较大，这就是松软路面滚动阻力系数比硬路面大的原因。

（2）速度对滚动阻力系数的影响

速度对滚动阻力系数的影响如图 2.26 所示。随着速度的增大，滚动阻力系数起初只是稍有增加，而随后逐渐随着速度呈现显著增加的趋势。

速度对于滚动阻力的影响在于轮胎受力压缩后的恢复不充分（意味着轮胎半径 r 减小），而且速度越快恢复越不充分。轮胎恢复不充分必然造成轮胎的周向变形量增大（即地面法向反作用力的前移距 c 增大），导致弹性迟滞损失增大（即滚动阻力系数增大），直至发展到"驻波"的生成。

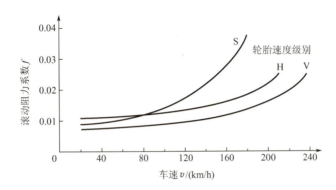

图 2.26　速度对滚动阻力系数的影响

（3）轮胎结构与材料对滚动阻力系数的影响

轮胎按结构的不同分为子午线轮胎和斜交线轮胎两大类。子午线轮胎与斜交线轮胎在结构上的主要区别在于胎体帘布排列方向的不同与帘布层层数的不同；另外，子午线轮胎在胎体与胎冠层之间设有带束层，而斜交线轮胎没有带束层。由于子午线轮胎胎体帘布与中心周线呈 90°平行排列，后层与前层平行重叠，因此胎体具有较高的强度，帘布层的层数得以减少。胎体层数少则使胎侧变得较柔软，弹性较好，在轮胎滚动过程中参与变形的材料较少，因而弹性迟滞损失较小，滚动阻力系数也较小。

（4）充气压力对滚动阻力系数的影响

如果路面、轮胎结构、行驶速度是相对不变的，那么轮胎的充气压力对滚动阻力系数的影响是比较明显的。当充气压力降低时，在硬路面上轮胎变形较大，滚动时弹性迟滞损失有很大增加。反之，当充气压力升高时，在硬路面上轮胎变形较小，滚动阻力系数明显降低。

2.4.3　轮胎的侧向力学特性

轮胎的侧向力学特性主要是指轮胎的侧偏特性。侧偏特性主要是指侧偏力与侧偏角的关系、回正力矩与侧偏角的关系。了解轮胎的侧偏特性是把握汽车操纵稳定性和重建道路交通事故的基础。

1. 轮胎坐标系

轮胎坐标系规定：如图 2.27 所示，垂直于轮胎旋转轴线的轮胎中心平面称为轮胎平面。轮胎平面和地平面的交线与轮胎旋转轴线在地平面上投影线的交点称为轮胎坐标系原点 O。轮胎平面和地平面的交线称为 x 轴，规定原点 O 前方（前进向）为正。过原点 O 的垂直线称为 z 轴，规定原点上方为正。地平面上过原点 O 并与 x 轴互为垂直的直线称为 y 轴，规定面向轮胎前进方向时左向为正。在坐标系图上还标出了相关的作用力、力矩和运动变量。

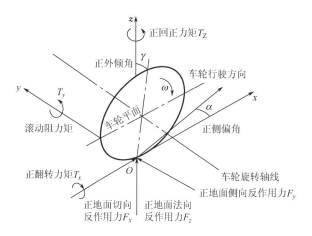

图 2.27 轮胎坐标系与作用于轮胎的力

轮胎六分力即地面切向反作用力 F_x、地面侧向反作用力 F_y、地面法向反作用力 F_z、回正力矩 T_z、翻转力矩 T_x、滚动阻力矩 T_y，以及侧偏角 α、外倾角 γ 等，并规定了它们的正、负方向。其中，侧偏角 α 是指轮胎接地印痕中心（即坐标系原点）位移方向与 x 轴的夹角，以行驶前方为正。地面侧向反作用力 F_y 是指当轮胎外倾角等于零的情况下，产生一定侧偏角时地面作用于轮胎上的侧向反作用力。

2. 轮胎的侧偏现象

【轮胎的侧偏现象】

当汽车受到侧向力作用时，如果地面侧向反作用力 F_y 尚未超过轮胎与地面间的附着极限，轮胎与地面间没有发生滑动。当轮胎具有侧向弹性时，尽管地面侧向反作用力尚未达到轮胎与地面间的附着极限，但是轮胎中心对称平面将发生扭曲，轮胎的行驶方向也将偏离轮胎平面方向，这就是轮胎的侧偏现象。

为了说明轮胎的侧偏现象，对图 2.28 进行分析。当轮胎静止不滚动时：在地面侧向反作用力 F_y 的作用下，由于轮胎具有侧向弹性，轮胎发生侧向变形，胎面接地印痕的中心线 aa 与轮胎平面 cc 不重合，错开了一定距离 Δh，但 aa 仍然平行于 cc，如图 2.28(a) 所示。当轮胎滚动时：胎面接地印痕的中心线 aa 不只是和轮胎平面 cc 错开一定距离，而且不再与轮胎平面 cc 平行而是变为相交。aa 与 cc 的夹角 α 即侧偏角。此时，轮胎就沿着 aa 方向滚动，如图 2.28(b) 所示。

胎面接地印痕中心线 aa 与轮胎平面 cc 错开并相交的过程：胎面中心线上标出的 A_1、A_2、…各点在轮胎向前滚动中在接近地面时已逐渐变为一条斜线，因此它们接地后的对应点的连线并不垂直于轮胎旋转轴线，而是与轮胎平面 cc 有一个夹角 α（即侧偏角）。当轮胎与地面间没有发生侧滑时，轮胎沿着侧偏角 α 的方向滚动。侧偏角 α 数值与地面侧向反作用力 F_y 的大小有关。通常将地面侧向反作用力 F_y 与侧偏角 α 的比值称为轮胎的侧偏刚度。

轮胎发生侧偏的同时地面会产生一个绕 z 轴的力矩 T_z。汽车在做圆周行驶时，T_z 是使转向轮胎恢复到直线行驶位置的主要恢复力矩之一。

道路交通事故重建的理论基础 第2章

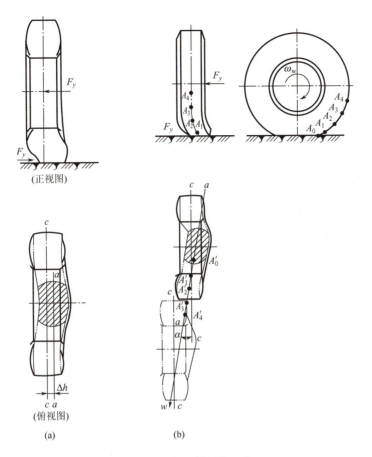

图 2.28 轮胎的侧偏现象

2.4.4 单个轮胎与路面间的滑动摩擦系数

轮胎与路面间的滑动摩擦系数在交通事故调查中常称为路面的附着系数，通常以 ϕ 表示。附着系数表示路面对附在其上的轮胎所能提供的抵抗滑动的能力。与普通物体间的摩擦系数 μ 相比，附着系数有两个特殊性。

1. 附着系数 ϕ 与轮胎的滑动率 ε 有关

如图 2.29 所示，轮胎沿支撑面做纯滚动时，其轮心 C 的速度 v 与轮胎的角速度 ω 的关系为 $v=r\omega$。在轮胎制动过程中，轮胎与路面间又滚又滑，滑动部分所占的比例称为滑动率

$$\varepsilon = \frac{v-r\omega}{v} \tag{2-52}$$

纯滚动时，$\varepsilon=0$；纯滑动时，$\omega=0$，得 $\varepsilon=1=100\%$；又滚又滑时，$0<\varepsilon<1$。

根据试验测试结果，路面附着系数 ϕ 与滑动率 ε 的关系如图 2.30 所示。开始制动前，轮胎做纯滚动，路面附着系数 $\phi_0=f$。开始制动后，随着滑动率的增大，路面附着系数迅

速增加：在滑动率 ε=20% 附近，路面附着系数达到峰值 ϕ_p；此后随着滑动率的增加，路面附着系数反而减少，直到 ε=100%，轮胎被完全抱死而出现纯滑动，此时的滑动附着系数 ϕ_s 也就是普通意义上的滑动摩擦系数 μ'。

图 2.29　轮胎滑动率

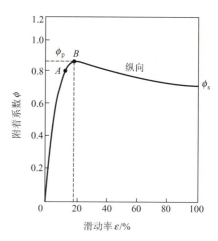

图 2.30　附着系数与滑动率的关系

从图 2.30 中可见，滑动率 ε 较低时的峰值附着系数 ϕ_p 比轮胎被完全抱死时的滑动附着系数 ϕ_s 要高 20% 左右，因此最佳的制动方案是不把轮胎完全抱死，这样才能达到最大的制动效果。这就是现代轿车普遍安装了防抱死装置的主要原因。各种路面的平均附着系数可参考表 2-6。

表 2-6　各种路面的平均附着系数

路面种类	峰值附着系数 ϕ_p	滑动附着系数 ϕ_s
沥青或混凝土（干）	0.80~0.90	0.75
沥青（湿）	0.50~0.70	0.45~0.60
混凝土（湿）	0.80	0.70
砾石	0.60	0.55
土路面（干）	0.68	0.65
土路（湿）	0.55	0.40~0.50
雪（压紧）	0.20	0.15
冰	0.10	0.07

2. 附着系数与滑动速度有关

随着轮胎滑动速度 v 的增加，路面的附着系数逐渐减小。在开始的 $v<48$km/h 阶段，ϕ 减小比较明显，$v>48$km/h 之后才比较缓和。表 2-7 正是分这两个阶段并根据路面干湿不同分别列出滑动附着系数的参考值。表 2-7 中的滑动附着系数与表 2-6 中的滑动附着系数意义完全相同，前者给出一定范围，后者取其平均值，具体计算时，应结合事故现场的实际情况进行选取。

表 2-7 滑动附着系数的参考值

路面状况		路面的干湿			
		干 燥		湿 润	
		48km/h 以下	48km/h 以上	48km/h 以下	48km/h 以上
混凝土路面	新铺装	0.80～1.00	0.70～0.85	0.50～0.80	0.40～0.75
	路面磨耗较小	0.60～0.80	0.60～0.75	0.45～0.70	0.45～0.65
	路面磨耗较大	0.55～0.75	0.50～0.65	0.45～0.65	0.45～0.60
沥青路面	新铺装	0.80～1.00	0.60～0.70	0.50～0.80	0.45～0.75
	路面磨耗较小	0.60～0.80	0.55～0.70	0.45～0.70	0.40～0.65
	路面磨耗较大	0.55～0.75	0.45～0.65	0.45～0.65	0.40～0.60
	焦油过多	0.50～0.60	0.35～0.60	0.30～0.60	0.25～0.55
砂石路面		0.40～0.70	0.40～0.70	0.45～0.75	0.45～0.75
灰渣路面		0.50～0.70	0.50～0.70	0.65～0.75	0.65～0.75
冰路面		0.10～0.25	0.07～0.10	0.05～0.10	0.05～0.10
雪路面		0.30～0.55	0.35～0.55	0.30～0.60	0.30～0.60

2.4.5 侧滑时轮胎与路面间的横向附着系数 ϕ' 及附着圆

当车辆侧向滑动时,轮胎的横向出现滑动而纵向并没有制动时,路面对轮胎的滑动摩擦系数称为横向附着系数 ϕ',它比纵向滑动附着系数 ϕ_s 略大一些,它们之间的关系为

$$\phi' = 0.97\phi_s + 0.08 \tag{2-53}$$

若取 $\phi_s = 1$,那么 $\phi' = 1.05$,两者相差不超过 5%,因此在做近似计算时,可以认为两者相等,即令 $\phi' \approx \phi_s$。在交通事故中,事故车滑移的方向往往既不是轮胎的纵向,也不是横向(侧向),而是某个斜向,如图 2.31 中 v 所指的方向。注意到路面给轮胎的滑动摩擦力 F 的方向必须与滑动速度 v 的方向相反,故也是斜向。滑动摩擦力的大小也只能等于路面所能提供的滑动摩擦力 $F = \phi_s N$,或 $F = \phi' N$,当令 $\phi' \approx \phi_s$ 时,各个斜向所可能提供的滑动摩擦力 F 矢量的尖端组成一个圆,称为附着圆。

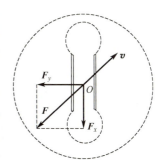

图 2.31 附着圆

如果将合力 F 分解为轮胎纵向的 F_x 和横向的 F_y,那么这两个分力大小都比合力 F 小,特别是当轮胎制动抱死,纵向出现滑动时,$F_x = F$,$F_y = 0$。这就是轮胎制动抱死容易引起侧滑的原因,而防抱死装置不仅能提高轮胎纵向附着系数,而且能提供一定量的横向附着系数,如图 2.32 所示。

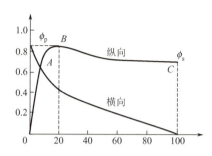

图 2.32　纵向附着系数与横向附着系数

2.4.6　非同步制动时整车的等效附着系数 ϕ_e

以四轮车为例，如图 2.33 所示，假如整车前后轴四个轮胎同步制动，而且各轮胎的附着系数完全一样，整车所受的摩擦力就等于附着系数乘以整车质量，而与前后轴的载重分配无关。但是，实际上并非如此。假如前后轴四个轮胎没有同步制动，也就是有的轮胎有制动有的轮胎没有制动，那么制动轮胎所受到的路面摩擦力仍等于附着系数 ϕ 乘以由车重分配给轮胎的压力，而没有制动轮胎的摩擦力，只有滚动阻力系数 f 乘以轮胎压力，要比有制动时小得多，从而使整车所受的路面摩擦力比同步制动时小得多。为了在非同步制动时能像同步制动那样计算整车的摩擦力，定义整车的等效附着系数 ϕ_e（又称等效摩擦系数）为

$$\phi_e = \frac{整车的摩擦力}{整车的质量} \tag{2-54}$$

经过理论计算，整车的等效附着系数与前后轴附着系数的关系为

$$\phi_e = \frac{\phi_1 - \lambda_x(\phi_1 - \phi_2)}{1 - \lambda_z(\phi_1 - \phi_2)} \tag{2-55}$$

式中，ϕ_1 为前轴附着系数，当左右轮不相等时，取其平均值；ϕ_2 为后轴附着系数，当左右轮不相等时，取其平均值；λ_x 为质心离前轴距离 l_1 与两轴间距离 l 的比值；λ_z 为质心高度 z_C 与两轴间距离 l 的比值。

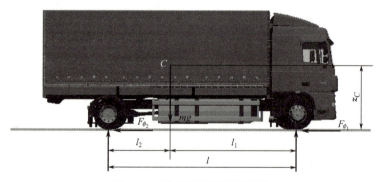

图 2.33　整车的等效附着系数

如果各轮轴附着系数都相同，即

$$\phi_1 = \phi_2 = \phi$$

则得

$$\phi_e = \phi_1 = \phi \tag{2-56}$$

可见，等效附着系数包含同步制动时的附着系数，整车的附着系数应该采用等效附着系数 ϕ_e，同步制动时的 ϕ 是 ϕ_e 的特殊情况。

2.5 汽车的行驶原理

【汽车的行驶原理】

汽车作为道路交通工具在行驶时遵循物体的运动学和动力学规律，但由于汽车在结构和行驶原理上具有特殊性，因此汽车在道路上的运动也具有一定的特殊性。

2.5.1 汽车行驶的驱动力与行驶阻力

汽车在行驶中受到的各种力如图 2.34 所示。其中，道路坡角 α，F_{z1}、F_{z2} 为作用在前后轮上的地面法向反作用力，F_{x1}、F_{x2} 为作用于前后轮上的地面切向反作用力，T_{j1}、T_{j2} 为作用在前后轮上的惯性阻力偶矩，T_{f1}、T_{f2} 为作用在前后轮上的滚动阻力偶矩，F_w 为汽车受到的空气阻力，h_g 为质心高度，h_w 为空气阻力作用线距地面高度。

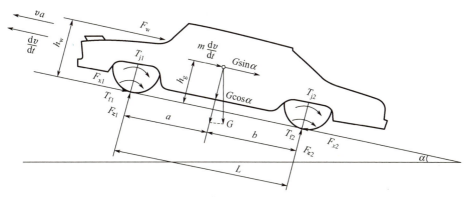

图 2.34 汽车行驶中受到的各种力

1. 汽车的驱动力 F_t

汽车在各种道路条件下能够实现由静止到运动，由低速行驶到高速行驶，必须有外力来驱动汽车加速前进，这个外来的驱动力是通过轮胎与地面之间的附着关系产生的。当发动机输出的转矩，经过离合器、变速器、万向传动轴、主减速器传动到驱动轮，通过轮胎与地面的接触区域产生轮胎地面向后的推力，但是由于路面坚固、质量巨大，轮胎接地部分无法推动路面向后运动，根据作用力与反作用力定律可知，路面便产生一个作用于轮胎的力，此即为驱动汽车的外力，此外力称为汽车的驱动力 F_t。图中 F_t 为地面作用于驱动轮的切向反作用力 F_{x2}。

$$F_t = \frac{T_t}{r} \tag{2-57}$$

式中，T_t 为作用于驱动轮上的转矩（N·m）；r 为轮胎半径（m）。

2. 汽车的行驶阻力 F

汽车在行驶中除了受到驱动力之外，还受到一系列阻碍汽车前进的外力，这些阻碍汽车前进的外力，统称为汽车的行驶阻力。行驶阻力一般包括滚动阻力、空气阻力、坡度阻力和加速阻力四类阻力，即

$$F=F_f+F_w+F_i+F_j \tag{2-58}$$

（1）滚动阻力 F_f

滚动阻力由轮胎滚动时轮胎与路面发生变形而产生的，由式（2-50）可知

$$F_f=F_z f \tag{2-59}$$

式中，F_z 为轮胎载荷（N）或地面法向反力；f 为滚动阻力系数。滚动阻力系数与轮胎结构、轮胎气压、车速和路面性质等有关。

（2）空气阻力 F_w

汽车行驶时受到空气作用力在行驶方向上的分力称为空气阻力。空气阻力由压力阻力与摩擦阻力两部分组成。

压力阻力是空气作用在汽车外表面上的法向压力的合力在行驶方向的分力。摩擦阻力是由于空气的黏性而在车身表面产生的摩擦作用的阻力。影响空气阻力的因素主要有汽车形状、迎风面积和车速。

$$F_w=\frac{1}{2}C_D \rho A v^2 \tag{2-60}$$

式中，C_D 为空气阻力系数；ρ 为空气密度，一般取值为 1.225 8kg/m³；A 为汽车迎风面积；v 为汽车行驶速度。

（3）坡度阻力 F_i

当汽车上坡行驶时，汽车重力沿坡道的分力，从作用效果上看是汽车行驶中的一个阻力，称为汽车坡度阻力；当汽车下坡时，汽车重力沿坡道的分力表现为汽车行驶的动力。

$$F_i=G\sin\alpha \tag{2-61}$$

式中，G 为汽车重力，$G=mg$（N）；α 为坡度角。

道路的坡度 i 以坡高 h 与底长 s 之比来表示，即

$$i=h/s=\tan\alpha$$

《公路工程技术标准》（TJG B01—2014）规定，高速公路平原微丘区最大坡度为3%，山岭重丘区为5%；一般四级路面山岭重丘区最大坡度为9%。当坡度不大时，$\cos\alpha \approx 1$，$\sin\alpha \approx \tan\alpha=i$，则有

$$F_i \approx Gi \tag{2-62}$$

（4）加速阻力 F_j

汽车加速行驶时，需要克服汽车的惯性力，惯性力的方向与加速度方向相反，构成了加速阻力 F_j。汽车质量分为平移质量和旋转质量两部分。加速时不仅平移质量产生惯性力，旋转质量也会产生惯性力偶矩，其方向与加速旋转方向相反。为了分析问题方便，将旋转惯性力偶矩转化为平动惯性力，并以 δ 作为转换系数。因此，汽车加速阻力为

$$F_j=\delta \cdot \frac{G}{g} \cdot \frac{dv}{dt} \tag{2-63}$$

2.5.2 汽车行驶方程及驱动条件

1. 汽车行驶的动力方程

汽车行驶过程中受到驱动力和行驶阻力,两者的关系决定汽车的运动状态。但是,无论在任何状态,汽车受到的驱动力和受到的行驶阻力都是平衡的,即有

$$F_t = F_f + F_w + F_i + F_j \tag{2-64}$$

当汽车驱动力等于滚动阻力、空气阻力和坡度阻力之和时,汽车匀速行驶;当驱动力大于滚动阻力、空气阻力和坡度阻力之和时,汽车才能起步或加速行驶;当驱动力小于滚动阻力、空气阻力和坡度阻力之和时,汽车无法起步或减速行驶。

2. 汽车行驶的驱动条件

当汽车由静止状态需要起步或加速时,汽车驱动力必须不小于滚动阻力、空气阻力和坡度阻力之和,此即为汽车行驶的驱动条件,又称为汽车行驶的充分条件,即

$$F_t \geqslant F_f + F_w + F_i \tag{2-65}$$

3. 汽车行驶的附着条件

地面对轮胎的切向反作用力的极限值称为轮胎与地面的附着力,常以 F_φ 表示。它与驱动轮法向反作用力 F_z 成正比。

$$F_\varphi = F_z \varphi$$

式中,φ 为附着系数。

要想汽车能够正常行驶,汽车通过传动系统产生的驱动力要大于汽车受到的行驶阻力,但满足该条件也不一定保证汽车能够行驶。当汽车在冰雪、泥泞的道路上行驶时,发动机通过传动系统可以产生足够大的驱动力,但由于地面光滑,路面附着条件差,依然不能推动汽车前进。因此,要确保汽车能够行驶,只保证驱动力大于行驶阻力是不够的,还必须确保路面的附着力大于汽车的驱动力,这样才不至于使汽车轮胎打滑,此即为汽车行驶的必要条件,即

$$F_t \leqslant F_\varphi = F_z \varphi \tag{2-66}$$

因此,汽车行驶时必须同时满足驱动条件和附着条件,即为汽车行驶的充分必要条件。

$$F_f + F_w + F_i \leqslant F_t \leqslant F_\varphi \tag{2-67}$$

2.6 汽车的制动过程

交通事故发生的过程中,驾驶人无论是正常操作还是遇到紧急情况,通常都会采取制动措施,汽车的制动过程包括驾驶人反应、制动系统传导、汽车制动等若干个事件,是较为复杂的过程。系统了解汽车遇到险情时的制动过程对于分析和理解交通事故现象,重建交通事故过程是至关重要的。

2.6.1　汽车的制动过程所需时间

汽车的制动过程所需时间可以分为三个阶段，如图 2.35 所示。

第一阶段时间 t_1，称为驾驶人的知觉反应时间。它包括驾驶人发现紧急情况时，开始意识到需要紧急制动，然后控制右脚将其移动到制动踏板上为止所需的时间。该段反应时间与驾驶人的年龄、技术水平、健康状况等许多因素有关。一般驾驶人的反应时间为 0.3～1.0s，反应慢的可达 1.7s，酒后开车可达 2.0s 以上。在道路交通事故分析与重建过程中，通常取 t_1 的平均值为 1.0s。

【汽车的制动过程】

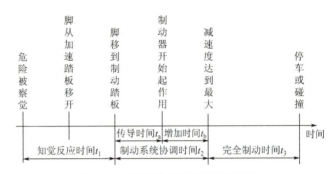

图 2.35　汽车的制动过程所需时间

第二阶段时间 t_2，称为制动系统协调时间。它表示驾驶人踩下制动踏板到制动力达到最大值时所需要的时间。这段时间可以分成两部分：前一段时间 t_a，表示由于制动踏板自由行程的存在，驾驶人的脚踩下制动踏板，但是制动效果并没有立刻产生，制动减速度仍然是 0；后一段时间 t_b，在此期间制动力和制动减速度由 0 逐渐增大，直至达到最大值 a_{max}。因此，第二阶段制动系统协调时间为

$$t_2 = t_a + t_b \tag{2-68}$$

第三阶段时间 t_3，称为持续制动时间。它表示制动力达到最大减速度开始，保持减速度不变，直到汽车停止所经历的时间。根据匀减速公式可知

$$t_3 = \frac{v - v_0}{a} = \frac{v_0}{g\phi} \tag{2-69}$$

因此，汽车总的制动时间为

$$t = t_1 + t_2 + t_3 \tag{2-70}$$

制动时间越短，制动效果越好。不过在一般情况下，它不作为独立的评价指标，只是作为一个辅助的检验标准。

2.6.2　汽车的制动距离

汽车的制动距离是指从驾驶人踩下制动踏板到汽车完全停止这段时间内，汽车所驶过的距离，即 t_2 和 t_3 这两段时间内汽车所驶过的距离。由图 2.36 可知，t_2 可分为 t_a 和 t_b。其中，t_a 时间段内减速度为 0，初速度为 v_0，汽车速度并没有发生变化。t_a 期间，汽车驶过的距离为

$$s_a = v_0 t_a \tag{2-71}$$

t_b期间，车速v_0开始减速到v_b，如图2.37所示，在t_3时间段内，车速逐渐减小，直到汽车停止。

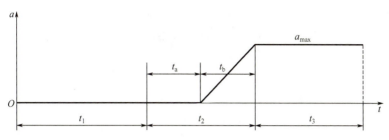

图2.36 汽车制动时的减速度变化规律

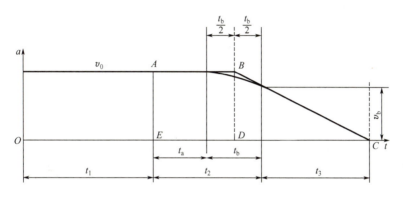

图2.37 汽车制动时的速度变化规律

根据推导可知，汽车在（$t_2 + t_3$）这段时间内总的制动距离为

$$s_a = v_0 \left(t_a + \frac{t_b}{2} \right) + \frac{v_0^2}{2g\varphi} \tag{2-72}$$

2.7 汽车单方事故分析

汽车在行驶中发生单方交通事故形态的情况很多，其中汽车在行驶中发生侧滑、侧翻、倾覆和坠崖的事故形态较为常见。

汽车转弯时，由于侧向力F_y和离心惯性力F_g的共同作用，可能出现汽车发生侧滑和侧翻两种事故情形。

2.7.1 汽车发生侧滑事故分析

如图2.38所示，汽车在外侧没有超高的弯道路面上行驶，设整车重量为G，弯道曲率半径为R，则作用在整车质心C上的离心惯性力为

$$F_g = ma_n = \frac{G}{g} \frac{v^2}{R} \tag{2-73}$$

【汽车侧滑事故过程】

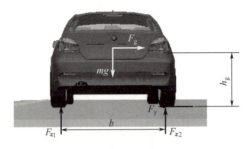

图 2.38 汽车在无外侧超高的路面转弯行驶

随着车速 v 的不断增加，离心惯性力 F_g 迅速增加，当它达到轮胎与路面间横向最大摩擦力（即侧向力）F_y 时，路面上出现侧滑的擦印，此时的车速称为侧滑时的临界速度，用 $v_ϕ$ 表示，于是可根据

$$F_g = F_y$$

$$\frac{G}{g}\frac{v_ϕ^2}{R} = Gϕ'$$

求得侧滑的临界速度为

$$v_ϕ = \sqrt{gϕ'R} \tag{2-74}$$

式中，$ϕ'$ 为整车的横向附着系数。

在工程实际中，根据设计要求在弯道路段路面均有路外超高要求；当汽车在有路外超高要求的路面上行驶时，弯道横断面有外侧超高如图 2.39 所示，道路坡角 $β$ 的正切称为超高的横向坡度 i_y，即

$$i_y = \tan β \tag{2-75}$$

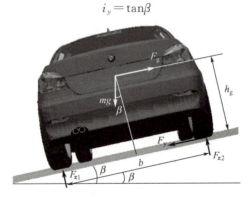

图 2.39 汽车在有路外超高的路面转弯行驶

经推导可得，汽车在有路外超高的路面上（坡度为 i_y）转弯行驶时，汽车发生侧滑的临界车速。具体过程如下：

由于

$$\sum F_z = F_i + F_o - G\cos β - F_g \sin β = 0$$

$$F_g \cos β - G\sin β = (G\cos β + F_g \sin β)ϕ'$$

$$F_g = [(ϕ' + \tan β)/(1 - ϕ'\tan β)]G$$

$$F_g = \frac{G}{g}\frac{v_ϕ^2}{R}$$

则得
$$v_\phi = \sqrt{\frac{\phi' + i_y}{1 - \phi' i_y} gR} \qquad (2-76)$$

2.7.2 汽车发生侧翻事故分析

如图 2.38 所示，当整车质心高度 h 比较大，两轮间距 b 比较小时，随着车速 v 的增加，可能先侧翻，而不是先侧滑。侧翻的临界条件是离心惯性力引起的倾覆力矩 $F_g h$ 等于稳定力矩 $G\dfrac{b}{2}$，即

$$\frac{G}{g}\frac{v_h^2}{R}h = G\frac{b}{2}$$

【汽车侧翻事故过程】

所以侧翻的临界速度 v_h 为
$$v_h = \sqrt{\frac{b}{2h}gR} \qquad (2-77)$$

当汽车在有路外超高的路面上行驶时，弯道横断面有外侧超高，如图 2.39 所示，汽车发生侧翻的临界条件为汽车受到的力绕外侧轮胎的合外力矩为 0。也就是说，外力绕外侧轮胎着地点的顺时针方向力矩等于逆时针方向的力矩，即

$$\sum m_o = \frac{Gb}{2}\cos\beta + Gh_g\sin\beta - F_g h_g \cos\beta + F_g \frac{b}{2}\sin\beta = 0 \qquad (2-78)$$

得
$$F_g = \frac{b + 2h_g i_y}{2h_g - b i_y} G \qquad (2-79)$$

又因，汽车做弯道运动的离心力为
$$F_g = \frac{G}{g}\frac{v^2}{R}$$

则
$$v_h = \sqrt{\frac{b + 2h i_y}{2h - b i_y} gR} \qquad (2-80)$$

从式(2-76) 和式(2-80) 两个计算式中不难看出，路面横断面有外侧超高（$i_y > 0$）时，两个临界速度都增大了，车辆行驶的稳定性提高了。不过若某处路面有反超高（$i_y < 0$），则两个临界速度都减小了，车辆行驶的稳定性降低了。

2.7.3 事故车辆质心轨迹半径的确定

无论是侧滑还是侧翻，临界车速计算时均需要确定事故路段车辆轨迹的曲率半径 R。车辆轨迹是指质心的轨迹，而非某一个轮胎的轨迹。但是在路面上没有质心轨迹，只有各轮的轨迹，如何根据各轮的轨迹求车体质心的轨迹呢？图 2.40 是根据汽车地面轮胎痕迹确定质心轨迹的基本原理。不难发现汽车质心在路面上的投影点位置不仅与汽车的轴距有关，还与轮胎的偏转角有关。在实际工作中，为了简化计算过程，可根据前后轮外侧轮胎的轨迹计算曲率半径的平均值，然后减去汽车轮距的一半，即可得到质心轨迹的曲率半径。

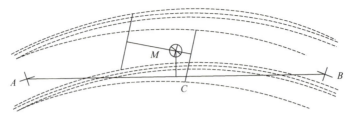

图 2.40　汽车质心轨迹的确定

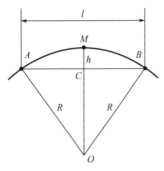

图 2.41　汽车质心轨迹曲率半径的确定

如果能够确定汽车质心的轨迹，如图 2.41 所示，则可以根据如下方法确定质心的轨迹半径。设质心轨迹上 AB 两点的弦长为 l，其中点 M 的矢高为 h，那么由直角三角形 OAC 知

$$R^2 = \left(\frac{l}{2}\right)^2 + (R-h)^2$$

$$R^2 = \frac{l^2}{4} + R^2 - 2Rh + h^2$$

所以

$$R = \frac{l^2}{8h} + \frac{h}{2} \qquad (2-81)$$

需要说明的是，由于制动过程中车辆的速度在不断减小，车辆质心的轨迹并不是严格的圆弧，因此用上述方法估算制动开始时的初速度存在一定的误差。为了提高分析计算精度，应尽量做到以下两点。

（1）弦长选在制动开始的位置。

（2）中间矢高应量取多次，再取平均值。

2.7.4　汽车发生倾覆事故分析

【汽车倾覆事故过程】

如图 2.42 所示，在不考虑空气阻力和汽车滚动阻力力偶矩的情况下，汽车在道路纵向坡角为 α 的道路上坡和下坡。汽车下坡时坡度过大或制动强度过大，发生前翻的临界条件为后轮的地面法向反作用力为 0。同样道理，汽车上坡时由于坡度或加速度过大，发生汽车后翻的临界条件为汽车前轮与地面法向反作用力为 0。据此，可推导出汽车下坡和上坡时的最大减速度或最大加速度。

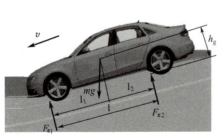

(a) 汽车下坡

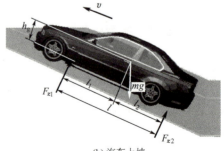

(b) 汽车上坡

图 2.42　汽车倾覆事故

1. 汽车前翻的临界条件

当汽车下坡制动强度较大时,汽车容易发生前翻现象,汽车后轴与路面的作用力 F_{z2} 为

$$F_{z2} = \frac{1}{l}\left(mgl_1\cos\alpha + mgh_g\sin\alpha + mh_g\frac{dv}{dt}\right) \quad (2-82)$$

当汽车不向前倾覆时,有 $F_{z2} \geq 0$,则有

$$\frac{1}{g}\frac{dv}{dt} \geq -\frac{1}{h_g}l_1\cos\alpha - \sin\alpha \quad (2-83)$$

当 α 较小时,$i = \sin\alpha$,则有

$$\frac{1}{g}\frac{dv}{dt} \geq -\frac{1}{h_g}l_1 - i \quad (2-84)$$

由此可知,汽车下坡时,制动减速度在数值上应当小于等于 $\left(\frac{l_1}{h_g} + i\right)g$,也就是说,当汽车质心越高,质心距前轴越小,汽车越容易向前倾覆。

2. 汽车后翻的临界条件

当汽车爬坡加速度较大时,汽车容易发生后翻现象,汽车前轴与路面的作用力 F_{z1} 为

$$F_{z1} = \frac{1}{l}\left(mgl_2\cos\alpha - mgh_g\sin\alpha - mh_g\frac{dv}{dt}\right) \quad (2-85)$$

当汽车不向后倾翻时,有 $F_{z1} \geq 0$,则有

$$\frac{1}{g}\frac{dv}{dt} \leq \frac{l_2}{h_g}\cos\alpha - \sin\alpha \quad (2-86)$$

当 α 较小时,$i = \sin\alpha$,则有

$$\frac{1}{g}\frac{dv}{dt} \leq \frac{l_2}{h_g} - i \quad (2-87)$$

由此可知,汽车上坡时,加速度在数值上应当小于等于 $\left(\frac{l_2}{h_g} - i\right)g$,也就是说,当汽车质心越高,质心距后轴距离越小,汽车加速爬坡时越容易向后倾翻。

3. 汽车纵向稳定性临界条件

由式(2-81)和式(2-86)联立可知,汽车既不发生向前倾覆也不出现向后倾翻的条件为

$$-\frac{1}{h_g}l_1\cos\alpha - \sin\alpha \leq \frac{1}{g}\frac{dv}{dt} \leq \frac{l_2}{h_g}\cos\alpha - \sin\alpha \quad (2-88)$$

整理得

$$-\frac{1}{h_g}l_1\cos\alpha \leq \frac{1}{g}\frac{dv}{dt} + \sin\alpha \leq \frac{l_2}{h_g}\cos\alpha \quad (2-89)$$

对于水平路面,汽车既不发生向前倾覆也不出现向后倾翻的条件为

$$-\frac{l_1}{h_g} \leq \frac{1}{g}\frac{dv}{dt} \leq \frac{l_2}{h_g} \quad (2-90)$$

很显然,汽车的质心高度严重地影响汽车的纵向稳定性。

2.7.5 汽车发生坠崖事故分析

汽车从悬崖上坠落时，最初按抛物轨迹在空中做自由落体运动。然后，着陆或落水后，再滑移一段距离消耗能量。地面的摩擦力做功将汽车的动能消耗掉，最终使汽车停止，如图 2.43 所示。

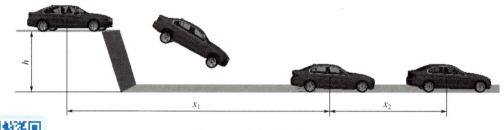

图 2.43 汽车坠崖事故

汽车坠落的初速度 v 的计算过程如下。

因

$$h=\frac{1}{2}gt^2,\quad t=\sqrt{\frac{2h}{g}}$$

又因

$$x_1=vt=v\sqrt{\frac{2h}{g}},\quad x_2=\frac{v^2}{2gf}h=\frac{1}{2}gt^2$$

$$x=x_1+x_2=v\sqrt{\frac{2h}{g}}+\frac{v^2}{2gf}h$$

则

$$v=\sqrt{2gf}\left(\sqrt{h+\frac{x}{f}}-\sqrt{h}\right) \tag{2-91}$$

式中，v 为坠落时的初速度（m/s）；x 为坠落后的移动距离（m）；h 为落下的高度（m）；f 为坠落后车和地面间的滚动阻力系数（制动时为附着系数）；g 为重力加速度，一般取 9.8m/s^2。

2.8 汽车碰撞事故分析

碰撞事故形态是道路交通事故处理中最常见的事故类型。碰撞事故通常包括汽车碰撞固定物（集中负荷与分布负荷）、汽车一维碰撞（迎面正碰与追尾碰撞）、汽车二维碰撞（直角碰撞与任意角度碰撞）等形态。分析重建碰撞事故形态时的重要理论工具是动量守恒定律和角动量守恒定律，有时还需借助一些经验公式辅助。需要说明的是，经验公式的使用可以简化计算，大大提高工作效率。但是，任何经验公式都是在特定的条件下产生的，其适用条件很严格，需要特别注意经验公式的适用条件，防止经验公式滥用而造成解析计算上的错误。

2.8.1 汽车一维碰撞分析

汽车一维碰撞分为两种情形，其一为正面碰撞，碰撞前两车行驶方向相反；其二为追尾碰撞，碰撞前两车行驶方向相同。

1. 汽车正面碰撞分析

汽车正面碰撞是汽车相向行驶，碰撞前后质心的运动始终保持在同一条直线上的碰撞形态，汽车碰撞前有两个速度 v_{10} 和 v_{20}，碰撞后也有两个速度 v_1 和 v_2。无论是已知碰撞前的速度推算碰撞后的速度，还是由碰撞后的速度推算碰撞前的速度，都有两个未知量，但是只有一个一维方向的动量守恒方程，要求解两个未知量，还必须借助其他条件寻找方程，根据将要补充的方程不同，又可分为恢复系数法和经验公式法。

（1）恢复系数法

如图 2.44 所示，两车沿 x 轴一维正面碰撞。为了使推导的公式具有一般性，我们假定碰撞前后两车速度 v_{10}、v_{20}、v_1、v_2 的方向都沿 x 轴正向，应用动量守恒定律，把它投影在 x 轴上得到

$$m_1 v_1 + m_2 v_2 = m_1 v_{10} + m_2 v_{20}$$

根据碰撞弹性恢复系数的定义

$$k = \frac{碰撞后两车速度之差}{碰撞前两车速度之差} = \frac{v_2 - v_1}{v_{10} - v_{20}}$$

以上两式联立求解得到碰撞后两车行驶速度为

$$v_1 = v_{10} - \frac{m_2}{m_1 + m_2}(1+k)(v_{10} - v_{20}) \tag{2-92}$$

$$v_2 = v_{20} + \frac{m_1}{m_1 + m_2}(1+k)(v_{10} - v_{20}) \tag{2-93}$$

同理，若已知碰撞后速度，则可推导计算碰撞前速度为

$$v_{10} = \frac{m_1 v_1 + m_2 v_2}{m_1 + m_2} + \frac{m_2}{m_1 + m_2} \times \frac{v_2 - v_1}{k} \tag{2-94}$$

$$v_{20} = \frac{m_1 v_1 + m_2 v_2}{m_1 + m_2} - \frac{m_1}{m_1 + m_2} \times \frac{v_2 - v_1}{k} \tag{2-95}$$

碰撞弹性恢复系数 $k \to 0$ 时，式(2-94)和式(2-95)不适用。$k=0$，$v_2 = v_1$ 时，碰撞后两车速度相等而不分离。

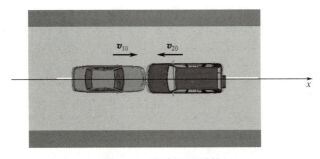

图 2.44 汽车正面碰撞

(2) 经验公式法

利用恢复系数法求解一维碰撞问题,其求解过程十分简洁,但是,车辆间碰撞弹性恢复系数的选择带有很大的主观随意性,即使是经验丰富的事故专家,也要根据事故车辆损坏的情况,才能凭经验选定,具有很大的不确定性。因此,人们试图寻找可操作性更强的方法,交通事故专家通过把事故车辆损坏后留下的塑性变形与碰撞前两车的速度差建立联系,形成一系列的经验公式,以满足交通管理实践的需要。

特别需要说明的是,经验公式是工程师们为了寻找问题的解决办法,在确定条件下经过试验和归纳而形成的简便计算方法,没有经过严格的推导和证明。因此,利用经验公式需要特别注意其适用的条件,本部分的目的是讲明一种分析方法,并未将所有情形进行罗列。

在轿车碰撞事故形态分析中,GB/T 33195—2016《道路交通事故车辆速度鉴定》为人们推荐了一些经验公式,但迄今为止,只有小轿车通过大量的撞墙试验,确定了有效碰撞速度与小轿车塑性变形量关系的试验公式,为

$$v_e = 105.3x \tag{2-96}$$

式中,有效碰撞速度单位为 km/h,将其换算为 m/s 为

$$v_e = 29.25x \tag{2-97}$$

实践证明,尽管小轿车型号繁多,其排量、结构、质量、刚性程度差异较大,但该式基本成立。近年来随着"紧凑型"轿车(整备质量在 1 130~1 540kg)的广泛使用,国外专家还研究验证了"紧凑型"轿车碰撞的经验公式,为

$$v_e = 86x + 4.8 \tag{2-98}$$

式中,有效碰撞速度单位为 km/h,轿车塑性变形量单位为 m。

根据经验公式求得有效碰撞速度后,再将动量守恒定律和有效碰撞速度的计算公式[式(2-99)]联立可求解车辆碰撞前的速度 v_{10} 和 v_{20}。

$$v_{e1} = \frac{m_2}{m_1 + m_2}(v_{10} - v_{20}), \quad v_{e2} = \frac{m_1}{m_1 + m_2}(v_{10} - v_{20}) \tag{2-99}$$

例 2-3 A、B 两车正面相撞后,沿 A 车前进方向滑行,A 车滑行 $S_1 = 1.0$m,B 车滑行 $S_2 = 4.5$m。A 车质量为 1 900kg,车头塑性变形平均深度为 25cm,B 车质量为 1 100kg,车头塑性变形平均深度为 45cm。已知路面附着系数均为 0.5,试求碰撞前两车的速度。

解: 已知两车数据为 $m_1 = 1\,900$kg,$m_2 = 1\,100$kg,$S_1 = 1.0$m,$S_2 = 4.5$m,$x_1 = 25$cm = 0.25m,$x_2 = 45$cm = 0.45m,$\phi_1 = 0.5$,$\phi_2 = 0.5$。

先按滑行距离计算两车碰撞后速度分别为

$$v_1 = 3.6 \times \sqrt{2g\phi_1 S_1} = 3.6 \times \sqrt{2 \times 9.8 \times 0.5 \times 1.0}\,\text{km/h} \approx 11.27\,\text{km/h}$$

$$v_2 = 3.6 \times \sqrt{2g\phi_2 S_2} = 3.6 \times \sqrt{2 \times 9.8 \times 0.5 \times 4.5}\,\text{km/h} \approx 23.9\,\text{km/h}$$

代入动量守恒方程 $m_1 v_{10} + m_2 v_{20} = m_1 v_1 + m_2 v_2$,得

$$1\,900 v_{10} + 1\,100 v_{20} = 1\,900 \times 11.27 + 1\,100 \times 23.9 = 47\,703$$

再由车头塑性变形量 x 计算有效碰撞速度 v_e 和上式联立求解。

已知 A 车和 B 车的塑性变形量 x_1 和 x_2,可以计算两个有效碰撞速度 v_{e1} 和 v_{e2},分别和上式联立,可得两套碰撞前速度 v_{10} 和 v_{20},也就是可得一个范围。注意到 A 车质量

$m_1 > 1\,800\,\text{kg}$,得到

$$v_{e1} = 105.3 x_1 = 105.3 \times 0.25\,\text{km/h} \approx 26.3\,\text{km/h}$$

则有

$$v_{e1} = \frac{m_2}{m_1 + m_2}(v_{10} - v_{20})\,\text{km/s} = 26.3\,\text{km/h}$$

即

$$v_{10} - v_{20} = \frac{1\,900 + 1\,100}{1\,100} \times 26.3\,\text{km/h} \approx 71.7\,\text{km/h}$$

联立动量守恒式,求得碰撞前两车速度分别为

$$v_{10} \approx 42.2\,\text{km/h}$$
$$v_{20} \approx -29.5\,\text{km/h}$$

同理,可由 B 车塑性变形量计算其有效碰撞速度,得

$$v_{e2} = (4.8 + 86 \times 0.45)\,\text{km/h} = 43.5\,\text{km/h}$$

$$v_{e2} = \frac{m_1}{m_1 + m_2}(v_{10} - v_{20}) = 43.5\,\text{km/h}$$

$$v_{10} - v_{20} = \frac{1\,900 + 1\,100}{1\,900} \times 43.5\,\text{km/h} \approx 68.7\,\text{km/h}$$

联立动量守恒式,求得碰撞前两车速度分别为

$$v_{10} \approx 41.1\,\text{km/h}$$
$$v_{20} \approx -27.6\,\text{km/h}$$

综合上述可得两车碰撞前的速度范围为

$$v_{10} = 41 \sim 43\,\text{km/h}$$
$$v_{20} = 27 \sim 30\,\text{km/h}$$

方向与 A 车相反。

2. 汽车追尾碰撞分析

汽车追尾碰撞(图 2.45)是交通事故的常见形态,特别是在高速公路交通事故中占有较高的比例。汽车追尾碰撞与正面碰撞均属于一维碰撞,但由于汽车车头与车尾在结构上的巨大差异,使二者又有较大的差别,其有效碰撞速度与碰撞弹性恢复系数的关系如图 2.46 所示。

【汽车追尾碰撞事故】

图 2.45 汽车追尾碰撞

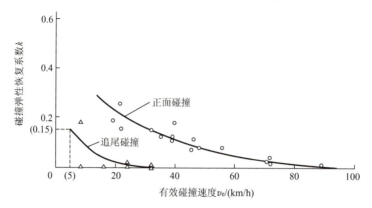

图 2.46 汽车正面碰撞与追尾碰撞中碰撞弹性恢复系数与有效碰撞速度的关系

（1）被追尾汽车尾部刚度较小，碰撞时塑性变形很大，弹性变形可以忽略不计，碰撞弹性恢复系数 $k\rightarrow0$。图 2.46 显示，当有效碰撞速度 $v_e > 20\text{km/h}$ 时，碰撞弹性恢复系数几乎等于零。此时，碰撞压缩变形达到最大值时的共同速度 v_c 也就是碰撞后开始滑行时的初速度 v_1 和 v_2，即

$$v_c = v_1 = v_2 = \frac{m_1 v_{10} + m_2 v_{20}}{m_1 + m_2} \qquad (2-100)$$

（2）两车追尾碰撞时，追尾汽车在碰撞前后一般都有制动拖印，但被追尾车驾驶人往往根本不知道后面有车追尾，通常没有制动印迹，被撞后才开始制动，实际上已经自由滚动了一段距离。

（3）被追尾车尾部的塑性变形平均深度 x_2 与有效碰撞速度 v_{e2} 的关系，经验公式为

$$v_{e2} = 17.9 x_2' + 4.6 \qquad (2-101)$$

其中

$$x_2' = \frac{2m_1}{m_1 + m_2} x_2 \qquad (2-102)$$

式中，m_1 为追尾车质量；m_2 为被追尾车质量；x_2 为被追尾车的变形量（m）；x_2' 为换算后的等效变形量（m）。

例 2-4 在某路段 A、B 两车发生追尾碰撞，追尾车 A 质量为 1 500kg，碰撞后制动拖印长 $S_1 = 8\text{m}$，路面附着系数 $\phi_1 = 0.6$；被追尾车 B 质量为 1 100kg，尾部塑性变形平均深度 $x_2 = 0.5\text{m}$，被撞后没有制动拖印。试计算 A、B 两车碰撞前的行驶速度。

解：已知条件为 $m_1 = 1\,500\text{kg}$，$m_2 = 1\,100\text{kg}$，$S_1 = 8\text{m}$，$\phi_1 = 0.6$，$x_2 = 0.5\text{m}$。因为被追尾车 B 没有制动拖印，则可视为碰撞后两车速度相等，即

$$v_2 = v_1 = 3.6 \times \sqrt{2g\phi_1 S_1} = 3.6 \times \sqrt{2 \times 9.8 \times 0.6 \times 8}\,\text{km/h} \approx 34.9\,\text{km/h}$$

代入动量守恒方程 $m_1 v_{10} + m_2 v_{20} = m_1 v_1 + m_2 v_2$，得

$$1\,500 v_{10} + 1\,100 v_{20} = (1\,500 + 1\,100) \times 34.9 = 90\,740$$

被追尾车等效塑性变形量为

$$x_2' = \frac{2m_1}{m_1 + m_2} x_2 = \frac{2 \times 1\,500}{1\,500 + 1\,100} \times 0.5\,\text{m} \approx 0.577\,\text{m}$$

被追尾车有效碰撞速度为

$$v_{e2}=4.6+17.9x_2'=(4.6+17.9\times 0.577)\text{km/h}\approx 14.93\text{km/h}$$

又因

$$v_{e2}=\frac{m_1}{m_1+m_2}(v_{10}-v_{20})\text{km/h}=14.93\text{km/h}$$

即

$$v_{10}-v_{20}=14.93\times \frac{1\,500+1\,100}{1\,500}\text{km/h}\approx 25.87\text{km/h}$$

与动量守恒式联立求解得

$$v_{10}\approx 45.87\text{km/h}$$

$$v_{20}\approx 20.0\text{km/h}$$

2.8.2 汽车二维碰撞分析

汽车碰撞事故中，多数事故形态属于二维碰撞。二维碰撞事故可以分为对心碰撞和偏心碰撞两大类。在众多两车碰撞事故中，仅有少量的事故属于对心碰撞，即碰撞后车辆滑行过程中车体没有转动，或转动不大，可以不予考虑。绝大部分的两车碰撞事故属于偏心碰撞，即碰撞后车体既有平动又有转动，其分析计算过程较为复杂，常借助计算机来完成。

1. 两车二维对心碰撞

发生碰撞事故的两车之间的碰撞力通过各自的质心时，称为对心碰撞。汽车发生对心碰撞时碰撞力相对于两车质心的转矩为0，碰撞中和碰撞后车体不会发生转动，如图2.47所示。因此，车体只平动不转动是车辆间发生对心碰撞的显著特征。真正的对心碰撞在实践中是极少的。为处理问题的方便，有时对于碰撞中虽有一些转动，但转动不大的碰撞，可忽略转动的影响，按对心碰撞处理。

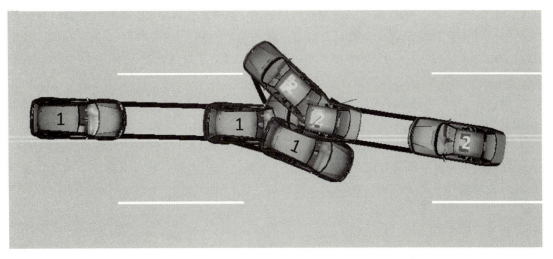

图 2.47 汽车二维对心碰撞事故

在碰撞过程中系统的动量守恒,有

$$m_1\boldsymbol{v}_1 + m_2\boldsymbol{v}_2 = m_1\boldsymbol{v}_{10} + m_2\boldsymbol{v}_{20}$$

把它分别投影在 x、y 轴上,如图 2.48 所示,得 x 轴的投影方程为

$$m_1 v_1 \cos\alpha_1 + m_2 v_2 \cos\alpha_2 = m_1 v_{10} \cos\alpha_{10} + m_2 v_{20} \cos\alpha_{20} \tag{2-103}$$

y 轴的投影方程为

$$m_1 v_1 \sin\alpha_1 + m_2 v_2 \sin\alpha_2 = m_1 v_{10} \sin\alpha_{10} + m_2 v_{20} \sin\alpha_{20} \tag{2-104}$$

联立两个投影方程可以求解两个未知量。如果已知各车速度的方向,再已知碰撞前两车的速度,就可以求碰撞后两车的速度。

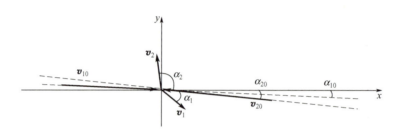

图 2.48 在直角坐标平面内的动量投影分解

在交通事故分析中,通常先按滑移距离计算出碰撞后的速度,然后按上述投影方程式求出碰撞前的速度为

$$v_{10} = \frac{m_1 v_1 \sin(\alpha_{20} - \alpha_1) + m_2 v_2 \sin(\alpha_{20} - \alpha_2)}{m_1 \sin(\alpha_{20} - \alpha_{10})} \tag{2-105}$$

$$v_{20} = \frac{m_1 v_1 \sin(\alpha_{10} - \alpha_1) + m_2 v_2 \sin(\alpha_{10} - \alpha_2)}{m_2 \sin(\alpha_{10} - \alpha_{20})} \tag{2-106}$$

需要说明的是,为了计算的方便,两坐标轴不一定要相互垂直,任意方向的投影方程均是成立的,列出两个方向的投影方程,便可计算碰撞前的行驶速度。

例 2-5 如图 2.49 所示,A 车由西向东行驶到交叉路口与正准备左转弯的 B 车相撞。以 A 车行驶方向为 x 轴向东,以碰撞点为原点,y 轴向北。碰撞前,B 车行驶方向与 x 轴夹角 $\alpha_{20} = 106°$。碰撞后,A 车滑行方向与 x 轴夹角 $\alpha_1 = 46°$,速度大小 $v_A = 7.3 \text{m/s}$;B 车滑行方向与 x 轴夹角 $\alpha_2 = 15°$,速度大小 $v_B = 13.8 \text{m/s}$。已知 A 车质量 $m_A = 1\,600 \text{kg}$,B 车质量 $m_B = 1\,050 \text{kg}$,试求碰撞前两车速度的大小。

解: A、B 两车碰撞没有明显转动,其碰撞形态按对心碰撞处理。根据系统动量守恒定律有

$$m_A \boldsymbol{v}_A + m_B \boldsymbol{v}_B = m_A \boldsymbol{v}_{A0} + m_B \boldsymbol{v}_{B0}$$

在这四个矢量中,只有两个碰撞前速度大小 v_{A0}、v_{B0} 未知,故可求解。分别将动量守恒方程在 x 轴和 y 轴上投影,在 y 轴上投影得

$$m_A v_A \sin\alpha_1 + m_B v_B \sin\alpha_2 = m_A v_{A0} \sin\alpha_{10} + m_B v_{B0} \sin\alpha_{20}$$

代入数据,得

$$1\,600 \times 7.3 \times \sin 46° + 1\,050 \times 13.8 \times \sin 15° = 0 + 1\,050 v_{B0} \sin 106°$$

求得

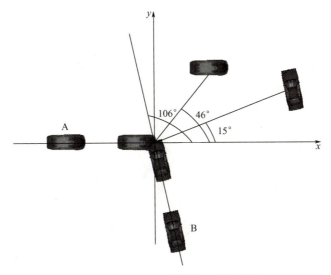

图 2.49　A、B 两车交叉口碰撞事故

$$v_{B0} = \frac{12\,152}{1\,009.3} \text{m/s} \approx 12.0 \text{m/s} \approx 43.3 \text{km/h}$$

再把动量守恒方程投影到 x 轴上，得

$$m_A v_A \cos\alpha_1 + m_B v_B \cos\alpha_2 = m_A v_{A0} \cos\alpha_{10} + m_B v_{B0} \cos\alpha_{20}$$

代入数据，得

$$1\,600 \times 7.3 \times \cos 46° + 1\,050 \times 13.8 \times \cos 15° = 1\,600 v_{A0} \cos 0° + 1\,050 \times 12.0 \times \cos 106°$$

求得

$$v_{A0} = 25\,583/1\,600 \text{m/s} \approx 16.0 \text{m/s} = 57.6 \text{km/h}$$

则 v_{A0}、v_{B0} 即为 A、B 两车碰撞前的速度，其方向按图 2.49 所示。

2. 两车二维偏心碰撞

虽然汽车的二维偏心碰撞在实践中是十分常见的事故形态，但是其解算是十分复杂的：对理论和技能要求很高，手工计算烦琐而复杂，非常困难。工程师们通常尝试在某些条件下使用经验公式，但是这些经验公式对车型、滑转的角度，甚至是车辆滑行的距离等初始条件往往十分敏感，使用不当容易产生较

【汽车二维偏心碰撞事故】

大的误差。对二维偏心碰撞的分析常需要借助计算机辅助计算，或借助专门的交通事故碰撞分析软件来完成。

下面从理论上探讨二维偏心碰撞分析计算原理，通常情况下，两车碰撞点已知，如图 2.50 所示。

简化 A、B 两车，分别以 A 车和 B 车为研究对象，受碰撞力 P_n、P_τ 作用，如图 2.51 所示。

令碰撞后两车速度在法向坐标系的分量分别为 v_{An}、$v_{A\tau}$ 和 v_{Bn}、$v_{B\tau}$，碰撞前两车速度分量分别为 v_{A0n}、$v_{A0\tau}$ 和 v_{B0n}、$v_{B0\tau}$，两车碰撞前后转动角速度分别为 ω_{A0}、ω_{B0} 和 ω_A、ω_B。设两车质量分别为 m_A、m_B，两车绕质心的转动惯量分别为 J_A、J_B，那么，对两车分别应

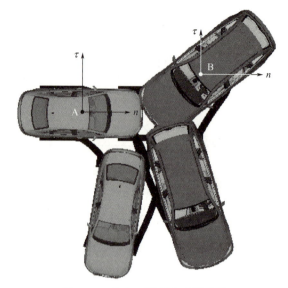

图 2.50 汽车二维偏心碰撞事故

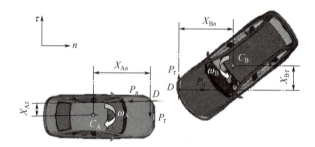

图 2.51 A、B 两车的受力分析

用冲量定理，得

$$m_A(v_{An}-v_{A0n})=-P_n \tag{2-107}$$

$$m_A(v_{A\tau}-v_{A0\tau})=-P_\tau \tag{2-108}$$

$$m_B(v_{Bn}-v_{B0n})=P_n \tag{2-109}$$

$$m_B(v_{B\tau}-v_{B0\tau})=P_\tau \tag{2-110}$$

再分别应用冲力矩定理，得

$$J_A(\omega_A-\omega_{A0})=P_n x_{A\tau}-P_\tau x_{An} \tag{2-111}$$

$$J_B(\omega_B-\omega_{B0})=-P_n x_{B\tau}+P_\tau x_{Bn} \tag{2-112}$$

为了消除碰撞冲力 P_n 和 P_τ，需要引入碰撞点 D 的碰撞弹性恢复系数 k 和切向摩擦系数 μ。定义碰撞点 D 的碰撞弹性恢复系数为

$$k=-\frac{v_{rn}}{v_{r0n}}=-\frac{(v_D)_{An}-(v_D)_{Bn}}{(v_D)_{A0n}-(v_D)_{B0n}} \tag{2-113}$$

式中，v_{rn} 为碰撞后在碰撞点 D 的两车公法线方向的相对速度；v_{r0n} 为碰撞前在碰撞点 D 的两车公法线方向的相对速度。

分别以两车质心为基点，求碰撞点 D 的法向速度之差为

$$v_{rn} = (v_D)_{An} - (v_D)_{Bn} = (v_{An} - \omega_A x_{A\tau}) - (v_{Bn} - \omega_B x_{B\tau})$$

$$v_{r0n} = (v_D)_{A0n} - (v_D)_{B0n} = (v_{A0n} - \omega_{A0} x_{A\tau}) - (v_{B0n} - \omega_{B0} x_{B\tau})$$

所以

$$k(v_{A0n} - \omega_{A0} x_{A\tau}) - k(v_{B0n} - \omega_{B0} x_{B\tau}) = -(v_{An} - \omega_A x_{A\tau}) + (v_{Bn} - \omega_B x_{B\tau}) \quad (2-114)$$

再定义 D 点的切向摩擦系数为

$$\mu = \frac{\text{切向冲力}}{\text{法向冲力}} = \frac{P_\tau}{P_n}$$

得

$$\mu = \frac{m_A(v_{A\tau} - v_{A0\tau})}{m_A(v_{An} - v_{A0n})} = \frac{m_B(v_{B\tau} - v_{B0\tau})}{m_B(v_{Bn} - v_{B0n})}$$

或

$$\mu(v_{A0n} + v_{B0n}) - (v_{A0\tau} + v_{B0\tau}) = \mu(v_{An} + v_{Bn}) - (v_{A\tau} + v_{B\tau}) \quad (2-115)$$

再将式(2-107)~式(2-112) 消去 P_n 和 P_τ，得

$$m_A v_{A0n} + m_B v_{B0n} = m_A v_{An} + m_B v_{Bn} \quad (2-116)$$

$$m_A v_{A0\tau} + m_B v_{B0\tau} = m_A v_{A\tau} + m_B v_{B\tau} \quad (2-117)$$

$$J_A \omega_{A0} + \frac{x_{A\tau}}{2}(m_A v_{A0n} - m_B v_{B0n}) + \frac{x_{An}}{2}(-m_A v_{A0\tau} + m_B v_{B0\tau})$$
$$= J_A \omega_A + \frac{x_{A\tau}}{2}(m_A v_{An} - m_B v_{Bn}) + \frac{x_{An}}{2}(-m_A v_{A\tau} + m_B v_{B\tau}) \quad (2-118)$$

$$J_B \omega_{B0} + \frac{x_{B\tau}}{2}(-m_A v_{A0n} + m_B v_{B0n}) + \frac{x_{Bn}}{2}(m_A v_{A0\tau} - m_B v_{B0\tau})$$
$$= J_B \omega_B + \frac{x_{B\tau}}{2}(-m_A v_{An} + m_B v_{Bn}) + \frac{x_{Bn}}{2}(m_A v_{A\tau} - m_B v_{B\tau}) \quad (2-119)$$

速度分量列阵为

$$\boldsymbol{X}_0 = [v_{A0n}, v_{A0\tau}, v_{B0n}, v_{B0\tau}, \omega_{A0}, \omega_{B0}]^T$$

$$\boldsymbol{X} = [v_{An}, v_{A\tau}, v_{Bn}, v_{B\tau}, \omega_A, \omega_B]^T$$

式(2-114)~式(2-119)可用矩阵表示为

$$\boldsymbol{A}_0 \boldsymbol{X}_0 = \boldsymbol{A} \boldsymbol{X} \quad (2-120)$$

式(2-120)中六阶矩阵 $\boldsymbol{A}_0$ 和 $\boldsymbol{A}$ 为

$$\boldsymbol{A}_0 = \begin{bmatrix} m_A & 0 & m_B & 0 & 0 & 0 \\ 0 & m_A & 0 & m_B & 0 & 0 \\ \dfrac{m_A x_{A\tau}}{2} & -\dfrac{m_A x_{An}}{2} & -\dfrac{m_B x_{A\tau}}{2} & \dfrac{m_B x_{An}}{2} & J_A & 0 \\ -\dfrac{m_A x_{B\tau}}{2} & \dfrac{m_A x_{Bn}}{2} & \dfrac{m_B x_{B\tau}}{2} & -\dfrac{m_B x_{Bn}}{2} & 0 & J_B \\ \mu & -1 & \mu & -1 & 0 & 0 \\ k & 0 & -k & 0 & -k x_{A\tau} & k x_{B\tau} \end{bmatrix} \quad (2-121)$$

$$A = \begin{bmatrix} m_A & 0 & m_B & 0 & 0 & 0 \\ 0 & m_A & 0 & m_B & 0 & 0 \\ \dfrac{m_A x_{A\tau}}{2} & -\dfrac{m_A x_{An}}{2} & -\dfrac{m_B x_{A\tau}}{2} & \dfrac{m_B x_{An}}{2} & J_A & 0 \\ -\dfrac{m_A x_{B\tau}}{2} & \dfrac{m_A x_{Bn}}{2} & \dfrac{m_B x_{B\tau}}{2} & -\dfrac{m_B x_{Bn}}{2} & 0 & J_B \\ \mu & -1 & \mu & -1 & 0 & 0 \\ -1 & 0 & 1 & 0 & x_{A\tau} & -x_{B\tau} \end{bmatrix} \quad (2-122)$$

求解矩阵方程，便可得到 v_{A0n}、$v_{A0\tau}$、v_{B0n}、$v_{B0\tau}$、ω_{A0}、ω_{B0} 的值。

2.9 汽车刮擦事故分析

近年来，随着我国机动车保有量的不断增加，城市道路的车辆密度不断增大，刮擦事故极易发生。在各类事故形态中，车辆刮擦事故（图 2.52）已经占到事故总量的 10%，并有不断上升的趋势。刮擦事故一般发生在超车、会车及发生侧面碰撞后引起行驶方向改变的情况下，因此，车辆间的刮擦事故可以分为同向刮擦事故和逆向刮擦事故。同向刮擦事故是两车在同向行驶过程中由于刮擦作用而导致的事故，经常发生在车辆超车或变更车道的过程中；逆向刮擦事故是两车在相向行驶过程中由于刮擦作用而导致的事故。

【车辆刮擦事故】

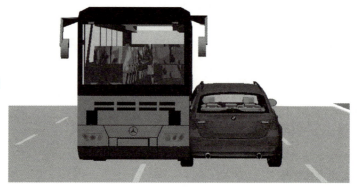

图 2.52 车辆刮擦事故

两车间交通事故根据事故形态的不同，可以分为碰撞事故和刮擦事故。对于碰撞事故的分析计算，2.8 节已经做了详细的阐述。刮擦事故发生时，车辆双方相互作用过程中，不存在两车获得共同运动速度的瞬间，事故中两车的速度变化如图 2.53 所示。车辆间的逆向刮擦不同于正面碰撞，同向刮擦也不同于追尾碰撞，它们属于不同的事故形态，而分析此类事故形态时，尽管两车间也存在相互作用力，但是该作用力与两车碰撞时的作用力相比相差甚远，此时地面空气阻力、滚动阻力、制动力或驱动力在整个系统中的受力分析已不能忽略，系统动量守恒的条件已不再成立；因此，碰撞原理对于刮擦事故的分析是不适用的，需要利用车体间相对运动的原理来计算、分析车辆刮擦过程中刮擦轨迹的形成及特征。

对于交通事故调查而言，要分析的刮擦事故的主要内容：一是车辆刮擦时两车的行驶

道路交通事故重建的理论基础 第2章

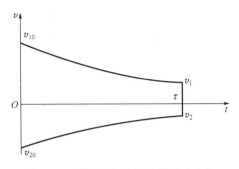

图 2.53 刮擦事故中两车的速度变化

速度,二是车辆刮擦时哪辆车主动刮擦、哪辆车被动刮擦。刮擦的形态根据事故现场车体和地面痕迹较容易判定。

2.9.1 车体刮擦痕迹中行驶方向的判定

当两车发生刮擦事故时,由于车体之间相互挤压而发生变形,造痕体与承痕体之间会形成一定的刮擦痕迹,特别是轮胎在转动过程中在车体表面会形成特殊的弧线痕迹,其特征较为明显。一般来讲,从痕迹刮槽的深浅变化即可确定痕迹的两端,再结合是否有残渣堆积物即可判断出痕起缘和痕止缘的相对位置。确定了痕起缘与痕止缘的相对位置也就确定了痕迹走向,车辆的行驶方向便得以确定。图 2.54 所示为轮辋螺母在车体表面形成的刮擦痕迹。

【刮擦痕迹特征】

图 2.54 轮辋螺母在车体表面形成的刮擦痕迹

2.9.2 车辆刮擦事故行驶速度的分析

当两车发生刮擦时,常常伴有轮胎与车身的刮擦,此时通常会出现两类痕迹:第一类痕迹是轮胎上的凸出点在光滑平整的车身上留下刮擦痕迹,第二类痕迹是车身上的凸出点在胎侧留下的刮擦痕迹。第二类痕迹可能是车身上的凸出物划割胎侧表面形成的,也可能

71

是两车发生侧面碰撞后，车身钣金件变形产生凸起，涂有油漆的凸起点刮擦胎侧表面形成的。

1. 轮胎凸出点与车身刮擦分析

图 2.55 所示为一载货汽车与小汽车发生刮擦事故，载货汽车的轮胎螺栓在两车刮擦过程中在小汽车右前部车身表面形成的刮擦痕迹。图 2.56 所示为载货汽车的轮胎螺栓。

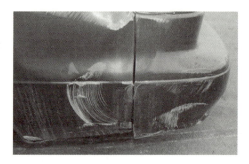

图 2.55　被刮擦的小汽车右前部位

图 2.56　载货汽车的轮胎螺栓

两车在发生刮擦的过程中的相对位置关系如图 2.57 所示。两车在相对运动的过程中，由于车体间相互挤压，在小汽车车身表面留下明显的刮擦痕迹。

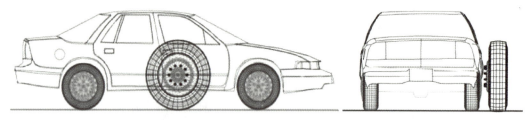

图 2.57　两车在发生刮擦的过程中的相对位置关系

【刮擦部位的相互接触】

（1）为分析问题的简便，不妨设载货汽车行驶速度为 v_t、小汽车速度为 v_c、载货汽车轮胎半径为 R；选取轮胎着地点上方的螺栓为研究对象，对轮胎旋转 360° 后的情况进行分析。

① 当 $v_c=0$，$v_t>0$ 时，载货汽车轮毂螺栓在静止小汽车车身表面形成的刮擦痕迹为一弧线，如图 2.58 所示。

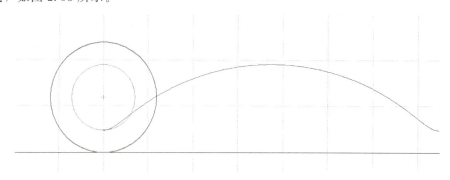

图 2.58　载货汽车轮毂螺栓在静止小汽车车身表面形成的刮擦痕迹

② 当 $v_c=v_t>0$ 时，两车平移速度相同，处于相对静止状态，但轮胎仍在转动，载货汽车轮毂螺栓在相对静止的小汽车车身表面形成的刮擦痕迹为圆弧线，如图 2.59 所示。

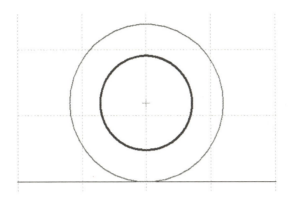

图 2.59　载货汽车轮毂螺栓在相对静止的小汽车车身表面形成的刮擦痕迹

③ 当 $v_t>v_c>0$ 时，也就是说载货汽车超越小汽车时，载货汽车轮毂螺栓在小汽车车身表面形成的痕迹如图 2.60 所示，为一弧线，弧线的曲率与两车相对运动速度的比值（$z=\dfrac{v_t}{v_c}>1$）有关：$z=\dfrac{v_t}{v_c}$ 越大，弧线的曲率越小；$z=\dfrac{v_t}{v_c}$ 越小，弧线的曲率越大。

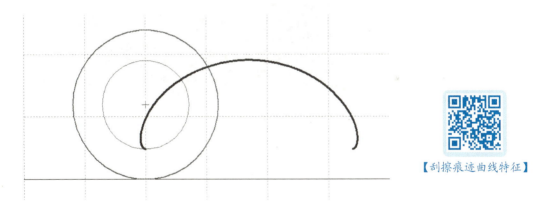

【刮擦痕迹曲线特征】

图 2.60　载货汽车超越小汽车时载货汽车轮毂螺栓在小汽车车身表面形成的刮擦痕迹

④ 当 $v_c>v_t>0$ 时，也就是说小汽车超越载货汽车时，载货汽车轮毂螺栓在小汽车车身表面形成的痕迹如图 2.61 所示，为一花瓣弧线。花瓣的形状与两车相对运动速度的比值（$z=\dfrac{v_t}{v_c}<1$）有关：$z=\dfrac{v_t}{v_c}$ 越大，两车相对运动速度越小，小汽车超越载货汽车时持续时间越长，花瓣越大；$z=\dfrac{v_t}{v_c}$ 越小，小汽车超越载货汽车时速度越快，花瓣越小。

在交通事故调查实践中，可以根据已经获得的小汽车的行驶速度研究刮擦痕迹的曲线特征，确定刮擦车辆的行驶速度。

奥地利 DSD 公司研发的交通事故重建软件 PC-Crash 提供了 Tire Contact Calculation 工具，能够帮助人们分析和计算刮擦车辆的行驶速度，如图 2.62 所示。

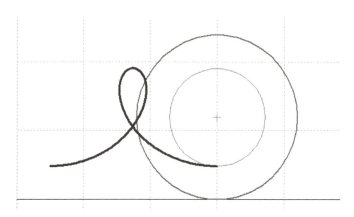

图 2.61 小汽车超越载货汽车时载货汽车轮毂螺栓在小汽车车身表面形成的刮擦痕迹

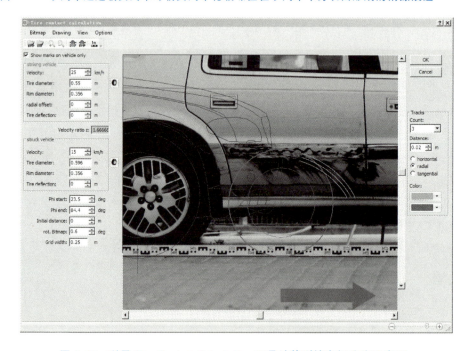

图 2.62 利用 Tire Contact Calculation 工具计算刮擦车辆速度示意图

【Tire Contact Calculation工具】

（2）利用 Tire Contact Calculation 工具计算刮擦车辆速度的基本步骤如下。

① 确定车辆基本参数，特别是轮胎的型号，并输入系统。

② 确定被刮擦车辆的行驶速度。

③ 明确刮擦痕迹的形成原因，确定刮擦痕迹的起始及终止部位与角度。

④ 系统导入被刮擦车辆的侧面图像（菜单中 Bitmap），并调整好位置和角度。

⑤ 导入刮擦车辆的侧面视图（菜单中 Drawing），并调整好与被刮擦车辆的相对位置。

⑥ 设定刮擦点的布置方式（水平、径向与圆周方向）。

⑦ 调整刮擦车辆行驶速度的大小与方向，直至与被刮擦车体刮擦痕迹相吻合。

⑧ 确定刮擦车辆的行驶速度，窗口中系统以箭头的长短和方向分别标明了刮擦与被刮擦车辆行驶速度的大小和方向。

根据 PC‑Crach 的分析，上述载货汽车与小汽车刮擦事故中，刮擦车辆的行驶速度为 25km/h，被刮擦车辆的行驶速度为 15km/h，方向与被刮擦车辆相同，根据车速大小比较可知，刮擦车辆在超越过程中轮胎胎侧凸出部位与被超越车辆右侧车门形成刮擦。

2. 车身凸出点与胎侧刮擦分析

当大客车与载货汽车发生刮擦事故时，经常会出现大客车车身的凸起点刮擦载货汽车轮胎胎侧的现象。为了研究问题的便利，建立一个旋转坐标系 xOy 和一个平移坐标系 XOY。两坐标系的原点均位于载货汽车轮心。旋转坐标系固定在载货汽车轮胎上，x 轴在初始位置时指向载货汽车的运动方向。平移坐标系则固定在载货汽车车身上，X 轴始终指向载货汽车的运动方向。设两车发生刮擦时大客车速度为 v_c，载货汽车速度为 v_t，载货汽车轮胎滚动的角速度为 ω，定义两车相对速度 $v_r = v_t - v_c$。事故中，大客车车身上离地高度为 h 的点 M 在载货汽车轮胎的胎侧留下了擦痕。载货汽车车轮的半径为 R。定义 t 时刻点 M 至轮心的距离为极半径 $\rho(t)$，极半径与 X 轴的夹角为辐角 $\theta(t)$，如图 2.63 所示。

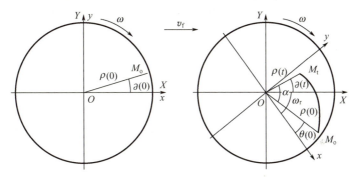

图 2.63 刮擦点相对于胎侧的运动轨迹

设刮擦点 M 在轮胎留下擦痕的起始点在 XOY 中的坐标为 $M_0(X(0), h-R)$，此时 $t=0$。刮擦点 t 时刻的位置在 M_t，t 时刻刮擦点在平移坐标系中的参数方程为

$$\begin{cases} X(t) = X(0) - v_r t \\ Y(t) = h - R \end{cases} \quad (2-123)$$

且有

$$X^2(t) + (h-R)^2 = \rho^2(t)$$

当 $h \ne R$ 时，刮擦点在旋转坐标系中的参数方程为

$$\begin{cases} x(t) = \rho(t)\cos[\theta(t) + \omega t] \\ y(t) = \rho(t)\sin[\theta(t) + \omega t] \end{cases} \quad (2-124)$$

式中

$$\rho(t) = \sqrt{[X(0) - v_r t]^2 + (h-R)^2}$$

$$\theta(t) = \begin{cases} \arccos \dfrac{X(t)}{\rho(t)}, & h-R > 0 \\ 2\pi - \arccos \dfrac{X(t)}{\rho(t)}, & h-R < 0 \end{cases}$$

$$\omega = \frac{v_t}{R}$$

当 $h=R$ 时，刮擦点在旋转坐标系中的参数方程为

$$\begin{cases} x(t) = [X(0) - v_r t]\cos\omega t \\ y(t) = [X(0) - v_r t]\sin\omega t \end{cases} \quad (2-125)$$

若取载货汽车轮胎半径 $R=550\text{mm}$，客车车身上刮擦点离地高 $h=600\text{mm}$，为了充分显示相对运动轨迹，初始接触点在 XOY 坐标系中的坐标在载货汽车超越客车时选为 (500, 50)，在客车超越载货汽车时选为 (−500, 50)。

(1) 当 $v_t=0$，$v_c \neq 0$ 时，载货汽车静止。相对运动轨迹是刻画在载货汽车轮胎侧面的一条直线，如图 2.64 所示。

图 2.64 大客车凸出点与停驶的载货汽车发生刮擦时在胎侧形成的刮擦痕迹

(2) 当 $v_t > 0 > v_c$ 时，大客车运动方向与载货汽车行驶方向相反，两车在会车过程中相互刮擦，如图 2.65 所示，痕迹弧线的位置和形状与凸出擦点的位置与刮擦胎侧初始相位有关，且相对速度越高，相对运动轨迹的曲率越小。当相对速度趋于正无穷时，相对运动的轨迹趋于一条直线。

图 2.65 大客车与载货汽车相向行驶时刮擦点在胎侧的刮擦痕迹

(3) 当 $v_t > v_c = 0$ 时，大客车处于静止状态，如图 2.66 所示。轨迹的形状与载货汽车的速度无关。痕迹弧线的位置和形状与凸出擦点的位置与刮擦胎侧初始相位有关。

(4) 当 $v_t > v_c > 0$ 时，大客车以低于载货汽车的速度同向运动，表示载货汽车超越大客车或大客车侧撞载货汽车后伴随的刮擦，如图 2.67 所示，痕迹弧线的位置与凸出擦点的位置及刮擦胎侧初始相位有关，其形状与两车速比有关。此时，两车速度越接近，刮擦的圈数越多。

(5) 当 $v_t = v_c \neq 0$ 时，两车以相等的速度同向运动。载货汽车胎侧的痕迹为一弧线，相对运动轨迹是一个圆，如图 2.68 所示。

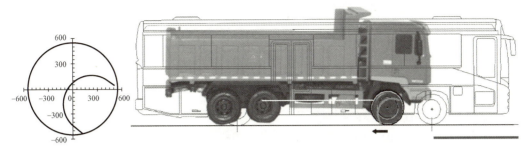

图 2.66　静止的大客车凸出部位与载货汽车发生刮擦点 M 在载货汽车胎侧的刮擦痕迹

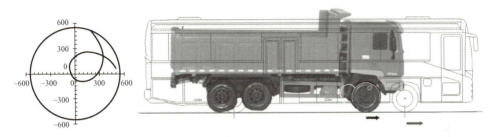

图 2.67　大客车与载货汽车同向时刮擦点 M 在载货汽车胎侧的刮擦痕迹

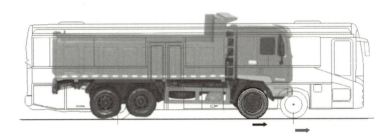

图 2.68　大客车与载货汽车同向等速刮擦点 M 在载货汽车胎侧的刮擦痕迹

（6）当 $v_c > v_t > 0$ 时，大客车以高于载货汽车的速度超车，或是轻型载货汽车侧撞大型客车后伴随的刮擦。此时，两车运动速度越接近，刮擦的圈数越多，如图 2.69 所示。

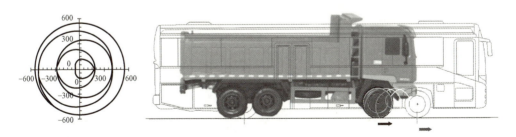

图 2.69　大客车同向超越载货汽车时刮擦点 M 在载货汽车胎侧的刮擦痕迹

在交通事故调查实践中，同样可以根据已经获得的大客车行驶速度，研究刮擦痕迹的曲线特征，借助于 Tire Contact Calculation 工具计算刮擦车辆的行驶车速。

当然，刮擦痕迹也可能出现在相互接触的轮胎胎侧表面，它可视为前述两种情况的合成，只不过情况显得更加复杂。

思 考 题

1. 试分析汽车的制动过程。
2. 试分析碰撞事故的过程及其特点。
3. 利用碰撞原理分析车辆碰撞事故需要引入哪些假设条件。
4. 分析汽车在坡度为 i、弯道半径为 R 的道路行驶时不发生侧翻的临界条件。
5. 如何分析计算两车任意角度碰撞的行驶速度？
6. 如何利用轮胎凸出点在车体表面的刮擦痕迹分析刮擦车辆的行驶速度？

第 3 章
道路交通事故现场调查与测量

知识学习目标

通过本章的学习，掌握道路交通事故现场调查的原则和方法，现场调查的内容；熟悉各种现场调查工具的功能、作用及使用方法；明确不同交通事故现场的调查要点；能够按照规定程序和要求对交通事故现场进行科学的调查与测量。

能力培养目标

利用道路交通事故现场固定、提取及记录的专门仪器工具，对各类道路交通事故现场进行勘查和记录，制作规范的文书与现场图，为道路交通事故分析和重建提供依据。

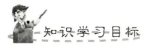

教学重点

1. 道路交通事故现场记录的主要内容；
2. 道路交通事故现场信息记录的方法与要求；
3. 道路交通事故现场痕迹的发现及测量；
4. 典型道路交通事故现场的调查与记录；
5. 道路交通事故现场的定位、测量及现场图的绘制。

教学难点

1. 道路交通事故现场图的定位方法；
2. 道路交通事故现场图绘制六步骤工作法及特殊现场图的绘制方法；
3. 车体变形测量及编码。

3.1 道路交通事故现场调查概述

道路交通事故现场调查是交通警察处理交通事故最基础的一项工作，也是整个交通事故处理工作中最关键的一项工作。现场调查及时，利于降低交通事故造成的社会影响和快速侦破交通肇事逃逸事故；现场调查充分，利于客观、准确地认定交通事故事实；现场分析细致，利于明确下一步调查重点，提高补强证据效率。

3.1.1 道路交通事故现场调查

道路交通事故现场调查是交通警察依据法律、法规和规章的规定，应用科学方法和技术手段对道路交通事故现场进行实地勘验、检查，对当事人及有关人员当场调查访问，并将得到的结果客观完整并且准确地记录下来的一项工作。

道路交通事故发生的过程是一个连续演变的过程。在这个过程中，人、车及物品的运动和接触会在事故现场留下运动轨迹，反映出事故的演变过程。事故发生后各元素所在的位置与事故发生前和事故发生时各元素的位置、运动状态紧密相关。道路交通事故现场是判断事故发生及演变过程的客观依据，是分析事故原因的基础。因此，道路交通事故现场调查工作做得好坏，直接影响到能否正确、顺利地处理道路交通事故，尤其关系到道路交通事故认定的准确程度。

3.1.2 道路交通事故现场调查的原则

1. 及时迅速

及时赶赴事故现场，迅速开展现场调查，是尽可能多地获得证据的保证，可减少事故造成的交通堵塞，降低事故造成的社会不良影响，有利于果断采取有效措施查缉交通肇事逃逸车辆及当事人。

2. 全面细致

在尽快调查现场的前提下，要保证调查现场的质量，要求调查人员不仅要发现和收集明显的痕迹、物证，还要注意发现和收集与事故有关的细小痕迹和微量物证，查清事故的每一个细节问题，并得出合理的解释。

3. 客观真实

对发现的痕迹、物证，要全面而周密地研究它们与事故的关系，如实记录和反映，并按照事故客观存在进行分析判断，切忌主观臆断。对于变动或伪造的现场，要了解变动的情况，有根据地指出反常和矛盾之所在，并做出有说服力的解释。

4. 依法调查

交通警察在提取痕迹、物证，询问当事人或其他有关人员时，要严格按照法律规定行事。只有依据法律、法规和规章的规定进行现场调查，才能保证收集到的痕迹及物证等证据具有证明效力，满足事故处理工作的需要。

3.1.3 道路交通事故现场调查的方法

1. 观察巡视法

观察巡视法即在现场周围对现场环境、现场构成要素进行观察和巡视，主要是了解现场环境，判断现场的方向和位置，观察车辆、痕迹、物品及人体的状态和位置。

2. 实地勘验法

实地勘验法即以查明事故发生的过程，发现和收集痕迹及物证为主要目的，调查人员运用自身感官、科学方法和技术手段，对与事故有关的场所、车辆、痕迹、物品、人体等进行实地观察、研究、勘测、检查、照相、绘图和记录。

3. 现场访问法

现场访问法即以查明事故发生的基本情况，开辟线索来源为目的，通过现场询问当事人及目击证人等途径，确定事故发生的时间、地点及过程。该方法在侦查逃逸事故中作用较为突出，能够帮助公安机关及时了解逃逸事故的有关情况，利于果断采取紧急措施侦破案件。

4. 临场分析法

临场分析法即在现场调查基本结束，对现场进行清理之前，通过对现场调查的全部信息进行全面、综合的分析研究，理清事故发生的基本过程，做出符合实际的推理判断，揭示现场中各种现象的本质及其内在联系，从而判定案件的性质，为处理事故提供线索与证据，为下一步调查取证明确重点和方向。尤其对于逃逸和复杂的交通事故现场，务必要进行详尽、细致的分析。

3.1.4 交通事故现场调查的内容

1. 现场确认当事人，监护肇事人，寻找证人

应记录当事人基本信息，查实当事人身份，并对肇事人进行监护；寻找证人，并记录证人的姓名、单位、住址和联系方式；尽量当场询问当事人和证人，以查清事故发生的经过。

【现场调查确认事故相关人员】

2. 确定事故发生的时间

通过询问当事人和目击证人，查阅报警记录、视频监控资料、车辆行驶轨迹记录资料等途径，确定事故发生的时间。对于交通肇事逃逸事故，准确确定事故发生的时间可提高侦破效率。

3. 确定事故地点

对于原始现场，直接以事故车辆第一接触点所在位置为事故地点；对于变动现场，需

经当事人或目击证人指认,并结合现场调查情况,确定事故地点。事故地点应详细记录路名、方位和具体位置。

4. 调查道路交通环境

【交通事故环境调查】

应调查道路宽度、坡度、弯度、分道情况、路面性质、照明条件、交通标志和标线及信号灯设施、路面视线及障碍物等情况。通过调查道路交通环境,可分析诱发事故的客观因素及其对事故当事人主观判断的影响,从而判断事故当事人的过错对引发事故的严重程度。

5. 调查事故车辆基本情况

【交通事故车辆调查】

应勘验车辆号牌、行驶证、保险凭证等资料,载物和乘员的情况,车辆操作系统状态,车辆安全装置等。通过勘验事故车辆可判断车辆的合法状况(如是否为假牌车、套牌车,车辆年审和核载情况),车辆发生事故时操作系统(如灯光系统、挡位、驻车制动器、转向盘等)是否处于工作状态,车辆安全装置(如安全带、安全气囊、安全防护装置、反光标志、行驶记录设备等)是否齐全、有效。

6. 勘验路面痕迹

【交通事故道路痕迹勘验】

应勘验车辆的轮胎留在路面上的轮胎痕迹;车辆、鞋底或其他物体留在地面上的挫划、沟槽痕迹;车辆碰撞固定物时,留在固定物上的痕迹。通过勘验路面痕迹可以判断碰撞前和碰撞后车辆运行轨迹、驾驶人采取制动措施的位置、车与车或车与人接触的位置、车辆碰撞固定物的位置及角度。

7. 勘验车体痕迹和车辆破损状态

【交通事故车辆痕迹勘验】

应勘验车辆与其他车辆、物体、人体接触产生的车体痕迹和车辆破损状态。通过勘验车体痕迹可判断车与车或车与人接触部位及碰撞角度,根据车辆破损状态可以判断造痕体的基本特征(如根据车辆破损的高度和深度可判断是否为尖头的轿车或商务车、平头的面包车或载货汽车碰撞形成的形态),为排查肇事逃逸车辆提供参考。

8. 勘验人体痕迹

【交通事故人体痕迹勘验】

应勘验人体在现场的原始位置和状态,勘验衣着痕迹和衣服上的附着物,拍摄人体损伤部位、死者全身和半身辨认照片,清理死者衣服袋内的现金、证件等物品。通过勘验人体痕迹可以判断以下几个事实。

(1) 根据人体倒地位置和车辆撞人的方向作用力及车体撞击点位置,可以判定人员行走方向和被撞的地点。

(2) 根据摩托车上人员的倒地位置和摩托车撞固定物或被车辆碰撞的方向作用力,结合人体损伤部位、形态,可以判断摩托车上人员的驾乘关系。

（3）根据人体倒地位置和非机动车被车辆碰撞的方向作用力，结合人体损伤部位、形态，可以判断人员推、骑非机动车的状态。

（4）根据人体衣着痕迹和衣服上的附着物，可以判断逃逸车辆逃离方向、轮胎类型及油料物理性质。

9. 调查道路、车辆、痕迹、物品、人体等及其位置关系

事故是空间和时间要素的综合，而空间要素具有暴露性，是显而易见的；时间要素是隐蔽的，是通过空间要素间接表现出来的，事故发生全过程的动态情况都会通过现场元素具体形态的前后连贯性和联系性表现出来。因此，调查道路、车辆、痕迹、物品、人体等及其位置关系是认识事故发生全过程的重要依据，据此可以判断车辆及人员在碰撞前的运动轨迹、碰撞地点和碰撞后的运动轨迹。

【交通事故要素相互位置关系调查】

10. 发现、提取物证

应寻找现场的血迹、毛发、纤维、油漆、塑料、玻璃等物品，并提取与事故有关的物证，为进一步查证车与车或车与人接触部位做好准备，为查缉肇事逃逸车辆提供线索，为认定肇事逃逸车辆提供证据。

【交通事故物证提取】

11. 现场复核和现场分析

现场指挥人员应听取各方面的调查报告，审核现场图和有关调查材料有无遗漏或是否存在相互矛盾，各种数据是否准确一致，组织全体调查人员复查现场调查工作是否客观、完整，有无疏漏。

通过现场调查访问，确定事故性质、事故车辆及其驾驶人；初步分析双方碰撞前的运动轨迹、相互发现的地点、相互接触的地点、碰撞后的运动轨迹、最后停止的地点、车辆的行驶速度；判断事故发生的初步原因。

【交通事故现场分析】

12. 清点现场遗留物品

对事故当事人和其他人员遗留在现场的提包、货物、衣服及其他财物，不属于证据提取保管的，应当收集清点，并做好清单登记和保管。

【交通事故现场物品清点】

3.2 道路交通事故现场调查的仪器

道路交通事故现场的环境、各元素的位置数据及道路弯度、坡度、附着系数等交通安全参数，是对道路交通事故进行原因分析和事故鉴定的重要依据。客观并且准确地调查交通事故现场交通安全参数，往往需要运用专用设备对各元素进行检测。交通警察在交通事故现场调查取证的主要工具包括现场执法记录仪器、现场勘查工具、现场照相仪器、现场绘图仪器和数据测量仪器等。

道路交通事故重建基础

3.2.1 现场执法记录仪器

现场执法记录仪器（图3.1）是采取录音录像的方式记录民警执勤及执法过程的设备。现场执法记录仪器在规范民警执勤及执法行为，保障民警正当执法权益和快速处理突发事件等工作中具有积极的意义。同时，现场执法记录仪器能够为交通事故处理工作提供证据支持。

【交通执法记录仪】

图 3.1　现场执法记录仪器

3.2.2 现场勘查工具

现场勘查工具主要包括镊子、放大镜、手电筒和多波段勘查灯等，如图3.2所示。其中，多波段勘查灯主要用于观察现场遗留的较轻微的地面痕迹和车体痕迹。

【交通事故现场勘查工具】

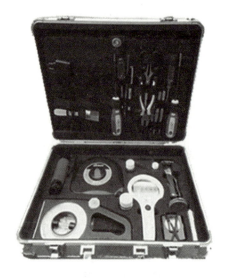

图 3.2　现场勘查工具

3.2.3 现场照相仪器

现场照相仪器（图 3.3）包括数码单反照相机、简易数码照相机、智能手机等。

图 3.3 现场照相仪器

一般数码照相机的机顶转盘上常见有 AUTO、A(AV)、S(TV)、P、M 字样。

（1）AUTO 挡，是指自动曝光模式，就是人们通常说的"傻瓜"挡。它根据自置测光系统测得的数据，自动形成曝光组合，不能人为干预，当光线暗到一定程度时，闪光灯会自动闪光。该挡常用于日间环境中交通事故现场的拍照。

（2）A(AV) 挡，是指光圈优先模式，在这个挡内所能调节的只是光圈，照相机会根据内置测光系统测得的数据，给出一个恰当的快门速度，保证照相机正确的曝光量。

（3）S(TV) 挡，是指快门优先模式。S 挡和 A 挡刚好相反，它是快门速度优先模式。在这种模式下所能调节的不是光圈，而是快门速度，照相机会根据所选定的快门速度给出一个合适的光圈，这个模式一般用于运动摄影或固定速度摄影（如拍车流）。

（4）P 挡，是指程序自动曝光模式，是 A 挡和 S 挡的组合，这个挡可以调节白平衡、曝光补偿、测光模式，照相机会根据内置测光系统测得的数据，给出一组合理的光圈快门组合。程序自动曝光可以适应大多数情况下的拍摄要求，在拍摄对象环境变化多样，需要快速抓拍等情况下，能够确保大多数图片获得正确曝光。但是，程序自动曝光的不足在于，其光圈、快门完全由相机自动给定，摄影者缺乏主动控制，画面造型简单。

（5）M 挡，是指全手动挡。在这个挡内内置测光系统不能控制光圈和快门，光圈速度随意调节，这一挡很容易出现曝光不足或曝光过度的情况。

3.2.4 现场绘图仪器

1. 现场比例图绘制系统

现场比例图绘制系统借助便携式计算机的高速数据运算和图形处理功能，通过输入必要的现场勘查数据，由计算机快捷地绘制出规范、准确的交通事故现场比例图，并可通过便携式打印机在现场进行打印，其使用方法如图 3.4 所示。该系统具有操作简便、图形规范、比例一致等优点。在交通事故现场勘查处理过程中应用该系统，可以提高事故现场处理效率，符合科技强警的指导思想，有利于提升交通警察处理交通事故的整体形象与处理水平。

2. 现场实景图绘制系统

现场实景图绘制系统应用摄影测量技术，借助便携式计算机的高速数据运算处理功能，通过现场照片中的标尺、基准点和基准线等数据信息，由计算机快捷、自动并且准确地测量出现场元素的位置数据，并可通过便携式打印机在现场进行打印，其使用方法如图3.5所示。该系统具有智能化程度高、现场元素记录真实、操作简单便捷等优点。在交通事故现场勘查处理过程中应用该系统，可以大大提高事故现场处理效率，利于缓解因交通事故导致的交通堵塞，切实降低交通警察在处置交通事故现场过程中的安全风险。

(a) 绘制各元素　　　　　　(b) 测量数据　　　　　　(c) 录入数据

【交通事故现场比例图绘制】

(d) 打印现场图　　　　　　(e) 当事人签名

图 3.4　现场比例图绘制系统的使用方法

(a) 摆放标尺标牌　　　　　　(b) 现场拍照　　　　　　(c) 系统处理

【交通事故现场实景图绘制】

(d) 打印现场图　　　　　　(e) 当事人签名

图 3.5　现场实景图绘制系统的使用方法

3.2.5 数据测量仪器

数据测量仪器是指用于交通事故现场对各元素的位置数据及事故现场道路的附着系数、纵横向坡度等相关参数进行测量的仪器，主要包括激光测距仪、坡度测量仪、道路附着系数测量仪等，如图3.6所示。

(a) 激光测距仪

(b) 坡度测量仪

(c) 道路附着系数测量仪

【交通事故现场测量工具】

图3.6 常用现场数据测量仪器

1. 激光测距仪

激光测距仪用于测量现场有关元素空间位置关系，其特点：一是测量的数据较准确；二是便于操作，一名民警即可完成测量，节省了警力；三是降低了安全风险，在测量车道、路口及路面等宽度数据时，无须跨过车道、路口及路面进行移动测量，只需站在一点或一侧即可测量出相关数据。

2. 坡度测量仪

坡度测量仪用于测量交通事故现场路面坡度数据，为准确计算车辆行驶速度提供客观数据，为分析交通事故成因提供支持，为完善事发路段交通设施、切实预防交通事故提供参考。

3. 道路附着系数测量仪

道路附着系数测量仪用于测量交通事故现场地面摩擦系数，为准确计算车辆行驶速度提供客观数据。

3.3 道路交通事故现场记录

道路交通事故现场记录是整个交通事故处理工作中最原始且最基本的一项工作。通过现场记录，能够客观反映现场交通事故环境，现场各元素相互之间的位置关系，现场痕迹物证的形态、大小等特征，为道路交通事故重建工作提供保障。

3.3.1 道路交通事故现场记录的概念

道路交通事故现场记录是指采取制作现场勘查笔录、现场照相及绘制现场图等方式，客观、准确、全面、系统地记录现场信息的活动。

道路交通事故重建基础

3.3.2 道路交通事故现场勘查笔录

1. 道路交通事故现场勘查笔录的概念

道路交通事故现场勘查笔录是指交通警察在调查交通事故现场时，依法制作的记录现场调查内容、过程，以及在现场发现、提取证据等事故调查情况的法律文书。

2. 道路交通事故现场勘查笔录的作用

（1）道路交通事故现场勘查笔录是现场照片、现场图不可代替的交通事故处理证据之一，是交通事故案卷文书的重要组成部分。

（2）道路交通事故现场勘查笔录是分析、研究、处理交通事故的重要证据之一，有助于查明案件的性质和肇事活动的全过程。

（3）道路交通事故现场勘查笔录是一种固定、保全证据的方法和手段，能够作为核查现场或者恢复现场的依据，也是审查交通事故现场处理工作合法性的依据。

3. 道路交通事故现场勘查笔录的内容

（1）基本情况，包括事故发生地点、天气、现场调查开始和结束时间、调查人员情况等。

（2）道路基本情况，主要记录道路走向、路面性质、有无影响视线或行驶的障碍物、交通标志、隔离设施、照明情况；对有交通信号灯控制的路口，或路段有限速、分道、指示等标志和标线的，应在其他需要记录栏中详细记录信号灯运行情况、交通标志和标线的情况。

（3）相关部门到达现场的情况及现场人员伤亡情况。

（4）肇事车辆情况，主要记录现场肇事车辆的型号、牌号，车辆挡位和灯光开关情况，汽车行驶记录仪、车载事故数据仪、卫星定位装置等的安装及使用情况，扣留车证情况；涉及车辆逃逸的，应记录初步判断逃逸车辆的类型、车号、车身颜色和逃逸方向。

（5）当事人及证人情况，主要记录驾驶人、其他当事人、证人的姓名、身份证件和联系方式。

（6）涉及危险品车辆事故的，还应记录初步查明危险品的种类和名称。

（7）抽血和提取尿液情况，针对涉嫌酒后驾驶或服用国家管制的精神药品、麻醉药品的当事人进行抽血或提取尿液的，应做好现场记录。

（8）痕迹、物证提取情况，应记录以下内容。

① 路面痕迹，主要是车辆轮胎印痕，包括滚印、压印、拖印、侧滑印、挫划印等痕迹。

② 车体痕迹及损坏情况，车体上的碰撞、刮擦、分离、附着等痕迹和车辆的损坏情况。

③ 人体痕迹，包括衣着及体表形成的痕迹。

④ 其他物体痕迹及损坏情况，路边交通设施、建筑物、树木等的碰撞、刮擦情况和损坏情况。

（9）现场照相和录像情况，主要记录现场是否进行了照相或录像等工作环节。

（10）其他需要额外补充记录的情况。

3.3.3 现场照相

1. 现场照相的概念

现场照相是指将交通事故发生的地点及与交通事故有关的道路、人体、车辆、有关物体及各种痕迹的具体形态及其之间的相互关系，利用摄影的方法，客观、准确、全面、系统地固定、记录的活动。现场照片应能够反映交通事故现场的状况、痕迹物证的位置及其相互间的关系，并能为分析重建交通事故现场及研究事故发生的原因提供可靠的资料。

2. 现场照相的目的

（1）为分析重建交通事故现场、认定事故责任、进行现场复核提供资料。
（2）为技术检验鉴定提供条件。
（3）为侦查、起诉、审判提供证据。

3. 现场照相的作用

（1）客观、全面、清晰地反映交通事故现场的相关信息。
（2）迅速记录交通事故现场。
（3）能够将难以提取的痕迹物证不受任何损坏地拍摄下来。

4. 现场照相的内容

现场照相包括方位照相、概览照相、局部照相、元素照相、细目照相、比对照相和视频图像采集。

（1）方位照相

方位照相是指从远距离采用俯视角度拍摄交通事故发生地周围环境特征和现场所处地理位置的照相方式。

① 拍摄内容。

【交通事故现场方位照相】

a. 现场地理位置的固定标志物，包括标志牌、里程碑、灯杆、桥梁，以及医院、学校、商店等标志性建筑物。
b. 现场周围环境，包括街道、隧道、桥梁、山体、悬崖、沟渠、涵洞、河流、植被等。
c. 现场周围交通设施，包括道路交通信号灯，交通标志和标线，交通监控设备等。
d. 现场道路的形态特征，包括路口、路段、车道数量、视距、坡度、弯度等。

② 拍摄要求。

a. 拍摄时取景范围应能反映现场与现场地理位置标志物、周围环境、周围交通设施的相互关系和道路形态特征。
b. 现场位于路段的，应沿道路走向相向拍摄，视角尽量涵盖现场所有车道，并反映是否有弯道或坡道。
c. 现场位于路口的，应沿道路走向从三个或三个以上不同方向对现场及周围环境进行拍摄，视角覆盖整个路口范围。

③ 拍摄方法。

采取相向拍照法，如图 3.7 所示。

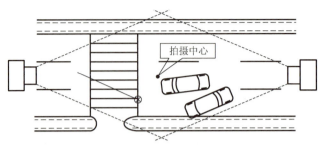

图 3.7　道路交通事故现场方位照相

（2）概览照相

概览照相是从中远距离采用平视角度拍摄现场全貌及现场有关车辆、物品、痕迹的位置和相互关系的照相方式。

① 拍摄内容。

道路交通事故现场全貌、现场的道路交通事故元素。

【交通事故现场概览照相】

② 拍摄要求。

a. 视角应覆盖全部现场元素，尽量避免现场元素之间相互遮挡，并能反映道路交通事故各元素之间的宏观位置关系。

b. 现场位于路段的，应结合道路走向或车辆行驶轨迹进行相向拍摄，视角涵盖现场所有车道。

c. 现场位于路口的，应沿道路走向从三个或三个以上不同方向进行拍摄，视角涵盖路口区域。

③ 拍摄方法。

以现场中心物体为基点，采取十字交叉拍照法，两相位或多相位拍摄，如图 3.8 所示。

（3）局部照相

局部照相是指在近距离拍摄交通事故现场范围内有关车辆、物品、痕迹的位置关系的照相方式。

① 拍摄内容。

交通事故现场的重要局部、现场的道路交通事故元素。

② 拍摄要求。

a. 应能反映道路交通事故元素间的相互关系。

b. 选择适当拍摄角度，避免被拍摄主体相互遮挡。

【交通事故现场局部照相】

道路交通事故现场调查与测量 第3章

图 3.8 道路交通事故现场概览照相

c. 有地面痕迹突变点的,应拍摄路面痕迹突变点与道路交通事故元素之间的关系。

d. 拍摄路面轮胎痕迹与车辆位置关系时,应将机位设置于痕迹起点处,视角应覆盖痕迹起点和车辆位置的空间区域,照片应能尽量反映痕迹的起点、止点、突变点和走向。

③ 拍摄方法。

围绕现场重要局部,采用多向拍摄法拍摄,如图 3.9 所示。

图 3.9 道路交通事故现场局部照相

(4) 元素照相

元素照相是在较近距离拍摄交通事故现场有关车辆、物品、痕迹的外观和状态的照相方式。

① 拍摄内容。

a. 人(尸)体的拍摄内容:人(尸)体在车内或车外所处位置,姿态,全貌及头照,衣着。

【交通事故现场元素照相】

b. 车辆的拍摄内容:车辆在现场的位置和状态,车辆外观特征。

c. 道路设施的拍摄内容:现场的交通标志和标线,被撞的交通设施。

d. 现场地面痕迹的拍摄内容：地面轮胎痕迹，人（尸）体在地面上的痕迹，车体、车辆部件或物品在地面形成的痕迹。

e. 散落物和血迹的拍摄内容：车辆部件、物品，血迹和人（尸）体组织。

② 拍摄要求。

a. 人（尸）体拍摄要求：应先标画人（尸）体位置，再进行拍摄；死亡两人以上的，应先对尸体进行编号，再拍摄；应反映人（尸）体体表及衣着表面的破损、痕迹、血迹、附着物等的位置关系。

b. 车辆拍摄要求：应反映车辆位置和状态；应反映车辆外观，包括车体、轮胎、号牌、灯光和附加物等；应反映车辆破损变形情况。

c. 道路设施拍摄要求：应反映现场道路交通标志全貌、交通信号灯、交通标线，应反映被撞设施的整体状态和受损部位。

d. 地面痕迹拍摄要求：应反映痕迹的起点、止点、突变点和走向；痕迹与背景反差小时，在确保不污染痕迹的条件下，可用粉笔标画痕迹外廓；被拍摄元素不小于画面的三分之二。

e. 散落物和血迹拍摄要求：应反映散落物和血迹的位置、方向和形态特征。

③ 拍摄方法。对于人（尸）体、车辆、较小面积痕迹和散落物，采用中心垂直拍摄方法；对于较大面积痕迹和散落物，可持照相机站于痕迹或散落物起点一侧，朝痕迹止点或散落物抛洒方向，保持照相机水平拍摄，使被拍摄元素不小于画面的三分之二。

（5）细目照相

细目照相（图3.10）是指在靠近事故元素的局部拍摄其细节、物证及表面痕迹特征的照相方式。

① 拍摄内容。

a. 人（尸）体痕迹拍摄内容：衣着表面破损、刮擦、轮胎花纹等痕迹，衣着或体表的油脂、泥土、漆、橡胶等附着物，体表伤痕。

b. 车辆痕迹和部件状况拍摄内容：破损、变形、缺失的具体位置、形态；擦划痕迹的位置、形态；附着物的位置、形态、颜色，包括血迹、毛发、人体组织、纤维、指纹、掌纹及鞋印的位置及形态等；轮胎的花纹形态及轮胎破损痕迹；车内物品，包括鞋、包等；车内部件状态，包括转向盘、仪表板、灯光及刮水器开关、挡位、驻车制动器、座椅、安全带、安全气囊、车载卫星定位装置和行车记录仪等。

【交通事故现场细目照相】

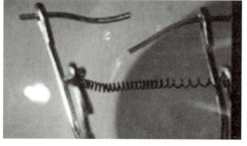
(a) 灯丝(冷断裂说明事发时该灯关闭)

(b) 车辆仪表板(记录事发时的车辆行驶速度)

图3.10　道路交通事故现场细目照相

c. 地面痕迹拍摄内容：车辆轮胎痕迹的起点、突变点、止点、花纹形态和尺寸等，车体在地面遗留痕迹的起点、突变点、止点、花纹形态和尺寸等，人体在地面遗留痕迹的起点、突变点、止点、形态和尺寸等，血迹的形态、尺寸。

② 拍摄要求。

a. 应当放置比例标尺。比例标尺的长度一般为 50mm，当痕迹长度大于 500mm 时，可用卷尺作为比例标尺。

b. 比例标尺放置在痕迹旁 10mm 以内，与痕迹处于同一平面，刻度一侧朝向痕迹。图 3.11 所示为车体刮擦痕迹细目照相。细目照片配合局部照片反映该痕迹形态特征及其所处车体的位置。

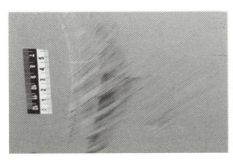

图 3.11　车体刮擦痕迹细目照相

③ 拍摄方法。

照相机及镜头主光轴与被拍摄痕迹面相垂直。

(6) 比对照相

比对照相是对造痕体和承痕体接触部位和接触方式拍摄，以及对车辆部件断裂、脱落痕迹拍摄的照相方式。

① 拍摄内容。

a. 车辆与车辆的接触部位和接触方式。

b. 车辆与固定物（树、线杆、护栏等）的接触部位和接触方式。

c. 车辆轮胎花纹与地面轮胎花纹的比对。

d. 车体痕迹与地面痕迹的比对。

e. 人体及衣着痕迹与车体痕迹、地面痕迹的比对。

f. 整体分离痕迹的比对。

② 拍摄要求。

a. 应确认痕迹对应关系，分析判断承痕体与造痕体的接触部位和接触方式。

b. 应垂直于痕迹所在平面，分别拍摄承痕体与造痕体接触部位的细目照片。

c. 有条件的，应按接触方式摆放造痕体与承痕体，拍摄两者的关系照片。

③ 拍摄方法。

比对照相采用平面垂直拍摄方法，如图 3.12 所示。

(7) 视频图像采集

根据视频监控资料记录的内容，截取与事故发生有关联的图像，并制作照片和标注反映的主要内容。

(a) 轿车与摩托车接触部位比对照相　　(b) 现场散落物与肇事车辆部件整体分离痕迹比对照相

图 3.12　道路交通事故现场比对照相

5. 需要注意的事项

（1）受客观条件限制无法准确记录现场信息的，可在该限制条件消除后及时进行补充照相。

（2）拍摄出人（尸）体在现场的位置。

（3）拍摄人（尸）体全身正面、侧面原始着装照片。

（4）多人死亡的交通事故，应拍摄尸体按编号顺序排列的场面。

（5）人（尸）体面部无法辨认的，应拍摄该人（尸）体的有关证件照片和显著体表特征照片。

（6）对造成交通死亡事故及无身份证明的肇事者，拍摄显示其身高比例的半身和全身标准近照；对在现场的肇事者，应将其安置于可表明与肇事相关的车辆、物体一侧拍摄，可有效预防顶包、逃逸。

（7）夜间现场拍摄不清晰或不全的，应在白天补拍。

3.3.4　绘制现场图

1. 现场图的概念

（1）道路交通事故现场图的概念：记录现场有关元素位置的现场反映图。

（2）绘制道路交通事故现场图的概念：对现场有关元素所处位置和空间关系进行勘测、丈量并绘制现场图的全过程。

2. 现场图的作用

（1）现场图是交通事故处理工作的重要证据。

（2）现场图可用来恢复事故现场，分析事故原因，补充现场勘查笔录、现场照片所难以表达的事故现场的空间关系。

（3）现场图可以使没到过现场的人员也能看懂现场状况。

3. 现场图的分类

现场图按照成图过程或成图视角不同，主要可分为以下几种。

（1）现场记录图：用图形符号、尺寸和文字记录道路交通事故现场环境、事故形态和有关车辆、人员、物体、痕迹等的位置及相互关系的平面图形，如图 3.13 所示。现场记录图要求必须具备下列各点：基准点的位置、车辆的停车位置、人被撞后的停止位置、主要散落物位置、制动印痕、路面分道情况和交通标志等情况。

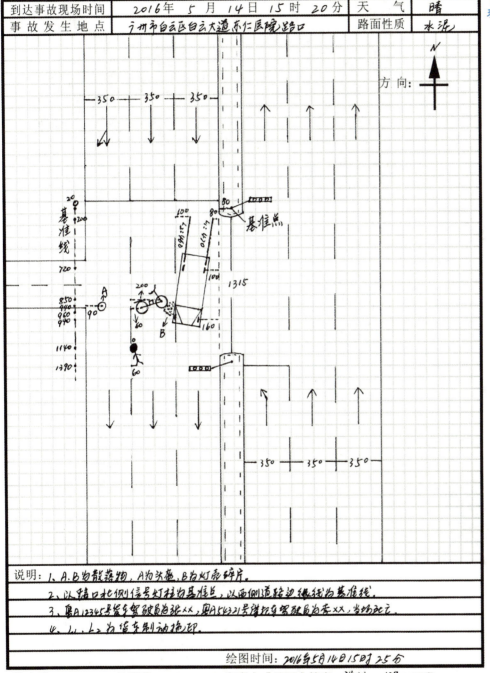

图 3.13 现场记录图

（2）现场实景图：在实景照片上标注尺寸和文字，记录道路交通事故现场环境、事故形态和有关车辆、人员、物体、痕迹等的位置及相互关系的图形，如图 3.14 所示。

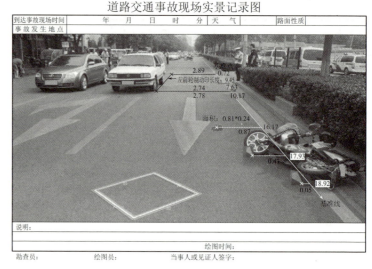

【交通事故现场实景图】

图 3.14 现场实景图

（3）现场比例图：按规范图形符号和一定比例重新绘制的事故现场全部或局部的平面图形，如图 3.15 所示。绘制条件：现场勘查完毕，需要对现场记录图相关数据或元素补充的交通事故。绘制要求：全面、客观、准确，与现场勘查笔录、现场照片相互印证和补充，按比例绘制。作用：现场记录图的补充和说明。

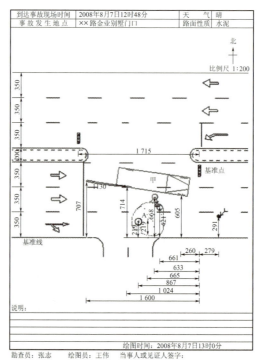

【交通事故现场比例图】

图 3.15 现场比例图

（4）现场断面图：对现场某一横断面、纵断面或水平面位置上有关车辆、人员、物体、痕迹关系绘制的剖面视图，如图 3.16 所示，常用于车辆坠落沟壑事故现场的绘制。

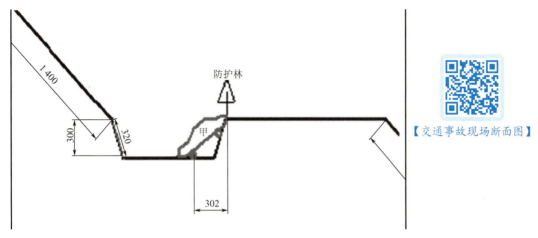

图 3.16 现场断面图

（5）现场立面图：对现场车辆、物体侧面有无痕迹及物证所在位置绘制的局部视图，如图 3.17 所示，常用于逃逸事故中现场车辆被碰撞位置的绘制。

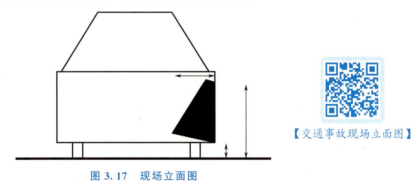

图 3.17 现场立面图

（6）现场分析图：对交通事故发生时，车辆、人员、散落物等不同的运行轨迹、时序及接触或冲突点位置进行绘制的平面视图，如图 3.18 所示。

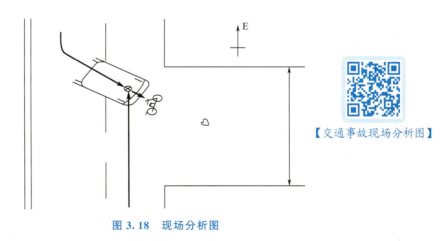

图 3.18 现场分析图

4. 现场图的内容

(1) 现场地形：路面、路肩、边沟、道路分隔带、护栏、建筑物、桥梁、隧道、路树、电杆、交通标志和标线、信号灯、岗台、视距障碍物等。

(2) 现场元素：车辆、人体、牲畜、痕迹、物证等。

(3) 现场数据标记：基准点、基准线，道路数据，车、人、物定位数据，痕迹数据等。

5. 现场图的定位

(1) 确定道路方位：按照道路中心与指北方向线的夹角来表示。

(2) 确定基准点：选择离现场较近，便于测量和绘图，相对固定、不易移动和消失的物体，如图 3.19 所示。

(3) 确定基准线：选择一侧路沿或道路标线作为基准线。

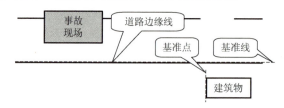

图 3.19　事故现场基准点选择

6. 现场定位方法

(1) 直角坐标定位法（垂直定位法）：选取基准点，并以沿道路方向为 X 轴，以垂直道路方向为 Y 轴建立坐标系统；测量待测点 X、Y 方向的坐标，如图 3.20 所示。

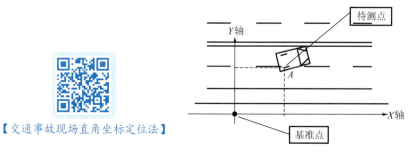

【交通事故现场直角坐标定位法】

图 3.20　直角坐标定位法

(2) 三角坐标定位法：如图 3.21 所示，从基准点作道路中心线的垂线，取垂足为第二参考点（附近有其他固定点的，直接将其作为第二参考点）；利用两个固定点与待测点组成三角形，测量待测点到两个固定点的距离。

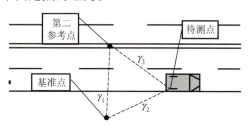

【交通事故现场三角坐标定位法】

图 3.21　三角坐标定位法

（3）极坐标定位法：如图 3.22 所示，选取某固定物为极点，基准点与极点连接，以此连接线作为极轴；测量待测点到基准点的距离，以及待测点与基准点连接线和极轴的夹角。

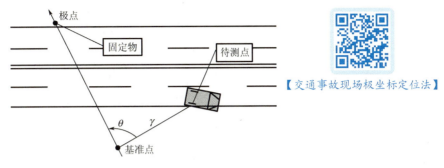

【交通事故现场极坐标定位法】

图 3.22 极坐标定位法

（4）综合定位法：如图 3.23 所示，从基准点向待测点作直线，再从待测点向基准线作垂线，测量所作直线和垂线的长度；当对某一待测点精确定位之后，可以用该点代替原基准点按上述操作测量其附近的其他待测点。

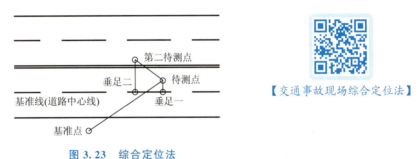

【交通事故现场综合定位法】

图 3.23 综合定位法

7. 现场元素的测量

（1）现场元素测量点的确定

① 机动车位置的测量点：前后轴同侧轮胎外缘与轴心处于同一垂线的接地点，如图 3.24 所示。

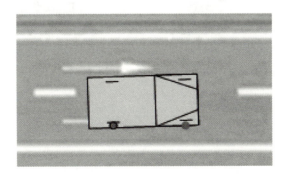

图 3.24 机动车位置测量点的确定

② 非机动车倒地位置的测量点：非机动车前后轴心，如图 3.25 所示。

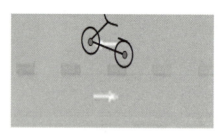

图 3.25　非机动车倒地位置测量点的确定

③ 人体的测量点：头顶、脚跟，如图 3.26 所示。

④ 血迹的测量点：水平路面上的血迹，测量点为血迹中心部位，同时测量其面积；坡度路面上的血迹，测量点为上坡位血迹起点，同时测量其长度，如图 3.27 所示。

图 3.26　人体位置测量点的确定

图 3.27　血迹位置测量点的确定

⑤ 散落物位置的测量点：单一散落物，根据其形状选择测量点；集中散落物，应取其长轴端点、中心点，如图 3.28 所示；分散散落物，取几个相对集中部分的中心点，如图 3.29 所示。

图 3.28　集中散落物位置测量点的确定

图 3.29　分散散落物位置测量点的确定

⑥ 路面障碍物的测量点：障碍物外边缘上三个以上的点，如图 3.30 所示。

图 3.30　路面障碍物位置测量点的确定

⑦ 刮擦痕迹的测量点：直条状的痕迹，取其长轴两端；不规则条状的痕迹，取其转变点；弧状的痕迹，均匀分布不少于四个部分，取其中点。

⑧ 轮胎拖压印痕的测量点：印痕起点、制动轮胎轴心垂直于地面的交点，并测量两者的距离。

⑨ 分道线的测量点：以中心为测量点。

(2) 现场元素的测量

① 道路的测量（路段的测量）。

a. 规则路段：测量一端宽度。

b. 不规则路段：测量两端宽度，测量两路宽线之间的距离，以计算道路的变化规律，研究各交通主体的通行权。

c. 有隔离带设施的路段：各方同侧行驶的，只测量该侧的道路宽度；各方异侧行驶的，测量两侧的道路宽度。

② 道路线形的测量。

a. 道路弯度的测量：测定弯道半径的大小。道路弯道半径的计算方法如图 3.31 所示，在尺上取一整数（如 10m、20m、30m…），在弯道外侧截取 A、B 两点，使 AB 长等于所取的整数。过 AB 的中点 D 作 AB 的垂直平分线，与弯道外侧交于 C，量出 CD 的长度，再由几何原理算得圆曲线半径 OC 的长度，即 $OC=(AB^2+4CD^2)/(8CD)$。

b. 道路坡度的测量：测定坡度的大小。道路坡度计算方法如图 3.32 所示，从 A 点沿道路走向拉一水平皮尺，在该水平线上取点 B，使 AB 长为一整数（如 10m），在 B 点将尺身转为直角，量取到地面的高度 BC，即为高差；也可以使用水平尺，AB 为水平尺长度，BC 为 B 点到地面的垂直距离。坡度 $i=BC/AB\times 100\%$。

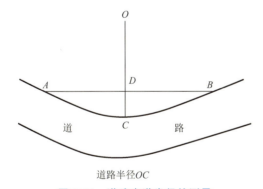

图 3.31　道路弯道半径的测量

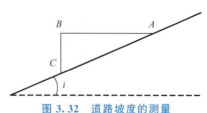

图 3.32　道路坡度的测量

③ 路面状况的测量。

应测量交通信号、交通设施的位置和形状；障碍物的长、宽、高及占道宽度；各路口及各车道的宽度。

④ 车辆终止位置的测量。

应测量车辆测量点至基准线的距离，以及各测量点沿基准线方向至基准点的距离。

⑤ 人体倒卧位置测量。

应测量人体测量点至基准线的距离，以及各测量点沿基准线方向至基准点的距离。

⑥ 路面主要痕迹的测量。

a. 路面轮胎痕迹的测量：测量直行拖压印（直接测量始点至终点的距离）、断续拖压印（分别测量各段拖印的长度及各段拖印之间的空隙距离）、多方向拖压印（测量弧线长度和各测量点的数据)。路面轮胎痕迹按图 3.33 所示方法测量,轮距和胎面宽度按图 3.34 所示方法测量。

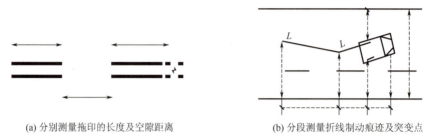

(a) 分别测量拖印的长度及空隙距离　　　　(b) 分段测量折线制动痕迹及突变点

图 3.33　路面轮胎痕迹的测量

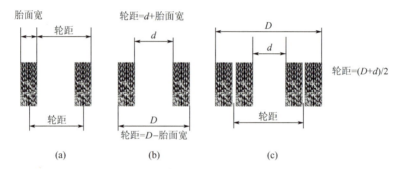

图 3.34　轮距与胎面宽度的测量

b. 路面损伤痕迹的测量:线条状路面损伤痕迹的测量、片状路面损伤痕迹的测量、路面血痕、障碍物和散落物的测量,如图 3.35 所示。

图 3.35　路面损伤痕迹的测量

⑦ 车体痕迹的测量。

a. 车体前部痕迹的测量:测量机动车前部的保险杠、车号牌、前灯、翼子板、风窗玻璃框、发动机罩等处的痕迹上下端距地面和左右端有关一侧的距离及面积。

b. 车体侧面痕迹的测量:测量机动车侧面的翼子板、后视镜、车门、脚踏板、卡车厢角和拦板、轮胎壁、后轮挡泥板等处的痕迹上下端距地面的高度及面积,痕迹始点至前保险杠、碾压人的轮胎的距离。

c. 机动车底盘上痕迹的测量:机动车底盘转向横拉杆、前后轴、主减速器壳、排气管、车裙下沿和其他凸出部位等处的痕迹——片状痕迹(测量面积及痕迹中心距地面的高度和距前保险杠的距离)、条状痕迹(测量痕迹两端至前保险杠和某一端至有关一侧轮胎的距离)。

8. 现场图的绘制

现场图中需要客观记录道路概况及现场有关元素,并准确勘测、丈量、绘制现场有关元素所处位置和空间位置。因此,要求民警绘制现场图时既要认真、负责,又要掌握绘制现场图的方法和步骤,只有这样才能保证绘制现场图时有条不紊,既快又准。以下绘制现场图的六步骤工作方法供参考。

(1)绘制道路概况:包括路口路段情况、车道分道情况、隔离设施情况、标志和标线情况、交通信号灯情况,填写到达及绘图时间,天气,事故地点,路面性质及方向等信息。如图 3.36 所示。

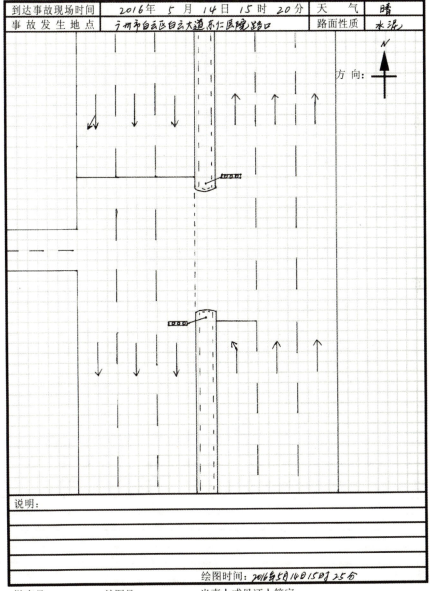

图 3.36　绘制道路概况

（2）绘制中心现场事故车辆：车辆符号要规范，车辆大小要合适，车辆位置要一致，如图3.37所示。

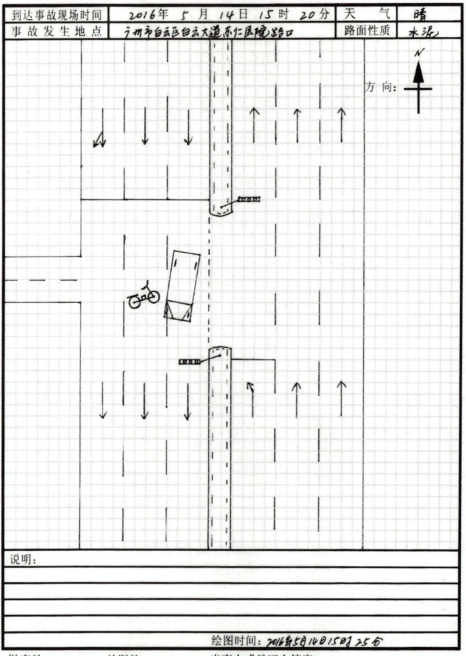

图 3.37　绘制中心现场事故车辆

（3）绘制现场物证、痕迹：包括人体、头盔、散落物、制动痕、挫地痕等物证、痕迹，要求物证要齐全、痕迹要清晰、位置要一致，如图 3.38 所示。

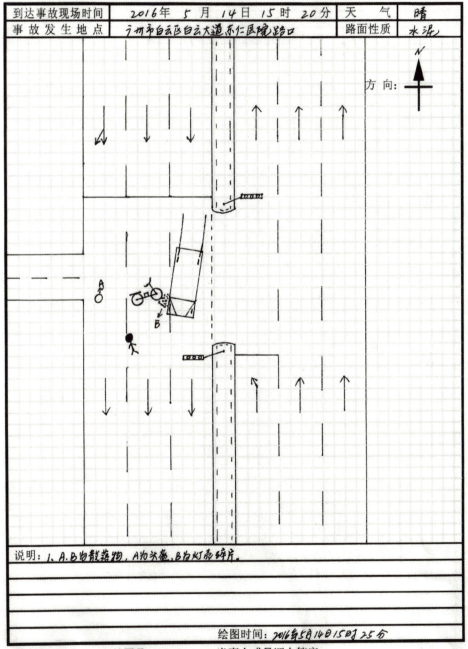

图 3.38 绘制现场物证、痕迹

（4）确定基准点、基准线、各元素测量点：测量点决定数据的客观性、真实性，因此，要求务必准确确定各元素的测量点，如图 3.39 所示。

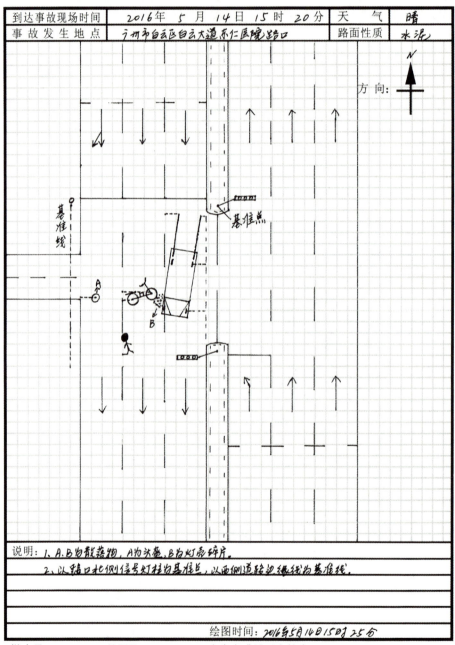

图 3.39 确定基准点、基准线、各元素测量点

(5) 记录各元素位置数据：对各元素准确定位，利于确定各元素的空间关系，因此，要求对各元素采取两点定位并记录数据，如图 3.40 所示。

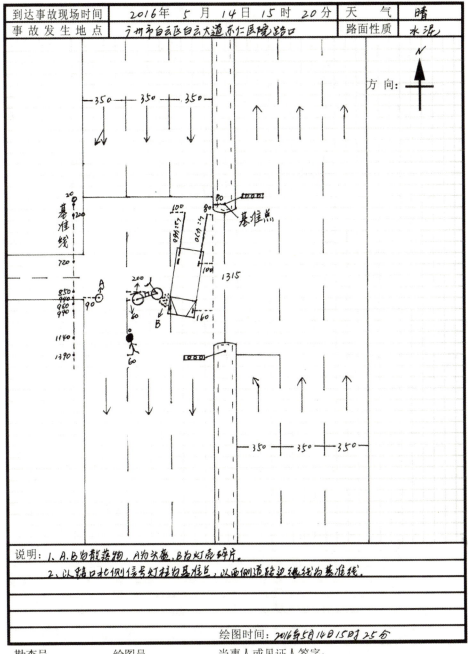

图 3.40　记录各元素位置数据

(6)备注说明，签名确认：在现场图备注栏详细记录车辆牌号、类型、驾驶人，物证、痕迹特征，现场变动情况。确定无误后，由勘查员、绘图员签名，当事人或见证人签名确认。签名时首选当事人，次为证人，还应记录其电话号码，便于联系，如图3.41所示。

【规范的交通事故现场绘图】

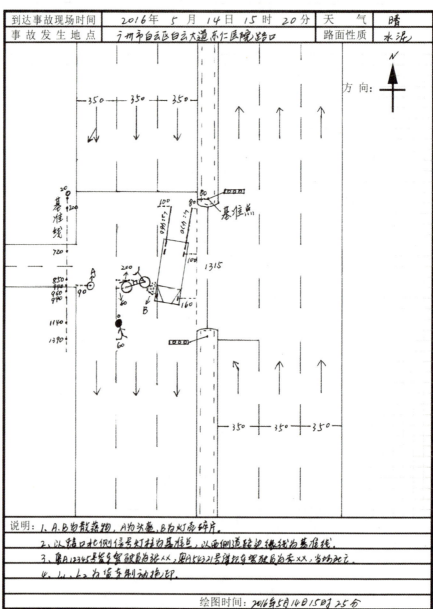

图3.41 备注说明，签名确认

9. 几种特殊现场现场图的绘制

（1）弯位事故现场

图 3.42 所示为一宗典型的弯位事故现场。弯位事故现场图绘制时应注意以下要点。

① 确定直线段与路边缘线的交点（固定点）。

② 过固定点沿道路走向确定基准线与直线段的夹角。

③ 测量各元素相对于基准线、固定点（基准点）的距离。

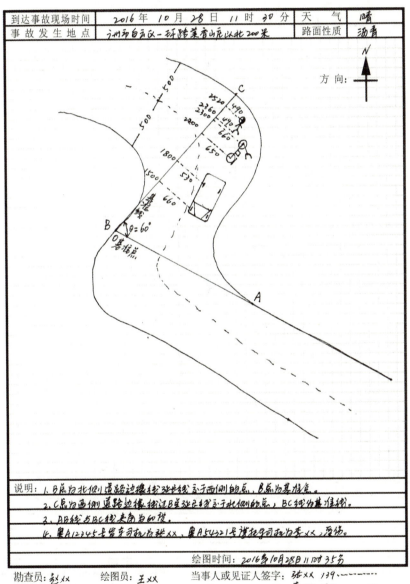

图 3.42 弯位事故现场图绘制

(2) 沟壑事故现场

图 3.43 所示为一宗典型的沟壑事故现场。沟壑事故现场图绘制时应注意以下要点。

① 确定坠落起点。

② 过坠落起点作路面平行线。

③ 确定车辆垂直于平行线的交点。

④ 构建直角三角形，测量锐角及垂足至起点的距离。

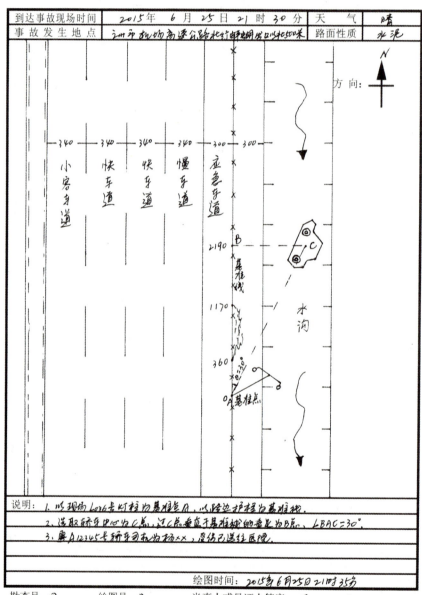

图 3.43 沟壑事故现场图绘制

（3）超长事故现场

图 3.44 所示为一宗典型的超长事故现场。超长事故现场图绘制时应注意以下要点。

① 中间截取：对中间无事故元素的路段进行截取。

② 标注距离：测量、标注截取路段的距离。

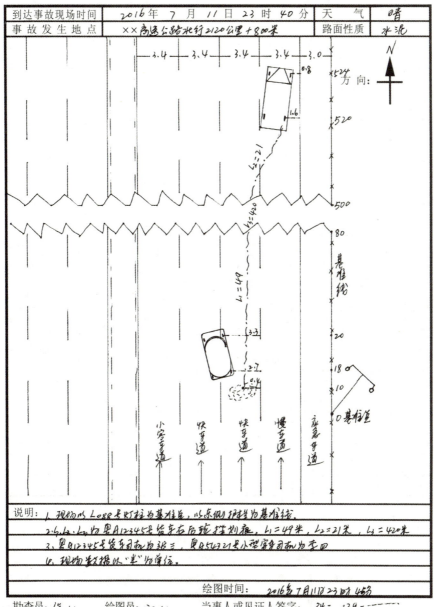

图 3.44　超长事故现场图绘制

3.4 现场痕迹的发现与测量

虽然交通事故形式千差万别，但是，交通事故（单方事故除外）的形成都存在一个普遍规律，即首先由当事人一方或双方的交通过错行为造成不同程度的危险，侵犯其他交通参与者的正常通行权利，随之当事人对出现的危险采取避让措施时发生交通事故。交通事故发生的规律和形成机理揭示了交通事故实际是交通过错行为与避让失败相结合的产物。因此，事故处理人员要在已掌握的事故车体痕迹、路面痕迹、当事人叙述与证人证言对应吻合的基础上，确定车辆的行驶方向及行人的行走方向，进而确定事故发生的形态，然后根据不同事故的形态、特征，有重点地进行现场调查，为最终评判交通过错行为及造成的危害程度和对方能够避让的程度提供客观依据。

3.4.1 路口内机动车相撞事故的现场痕迹调查重点

路口内机动车相撞事故常见情形有三种，如图 3.45 所示。一是 A 车、B 车交叉直行到路口发生碰撞；二是 A 车直行、B 车转弯时发生碰撞；三是 A、B 两车相向行驶至路口，A 车右转弯、B 车左转弯时发生碰撞。

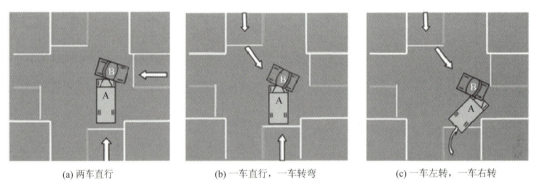

(a) 两车直行　　　　　(b) 一车直行，一车转弯　　　　　(c) 一车左转，一车右转

图 3.45　路口内机动车相撞事故常见情形

1. A 车、B 车交叉直行事故的现场痕迹调查重点

（1）路面痕迹的调查重点

在调查现场痕迹时，重点通过调查路面痕迹确定车辆行进方向及接触点。路面痕迹具有的特点：先进入路口的车遗留有轮胎挫地痕，且方向斜向后进入路口车的行驶方向；制动印痕的突变点或轮胎受撞击力与地面形成的挫痕起点、车体散落物一般在第一接触点或临近位置。如果没有其他散落物，要注意调查车体脱落的泥土。

① 依下列途径确定车辆行进方向：地面轮胎痕迹、挫划痕迹方向；接触点与散落物的位置关系；被撞物体在路面上的划痕方向；散落物痕迹的抛撒形态。车辆行进方向的判定如图 3.46 所示。

② 依下列途径确定路面接触点：路面轮胎痕迹种类、特征；轮胎滚印、轧印、拖印、侧滑印的突变点的位置；路面挫划印的特征、形成方向；路面挫划印的起点；路面散落物

的抛撒方向、特征,与接触点的位置关系;双方车辆的制动痕迹汇集点。事故接触点的确定如图 3.47 所示。

(a) 根据轮胎痕迹判定

(b) 根据路面挫划痕迹判定

【交通事故现场车辆行驶方向判定】

图 3.46　车辆行进方向的判定

(a) 轮胎拖印的突变点

(b) 抛物方向与行驶方向汇集点

【交通事故接触点的确认】

(c) 散落物抛撒起点

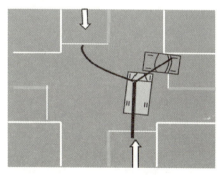
(d) 两车制动痕迹交汇点

图 3.47　事故接触点的确定

(2) 车体痕迹的调查重点

车体痕迹位置:如果 A 车先进入路口,则 A 车的痕迹主要集中在车体的右部,B 车的痕迹主要集中在车头部;如果 B 车先进入路口,则 B 车的痕迹主要集中在车体的左部,A 车的痕迹主要集中在车头部,双方接触痕迹应相互对应。因此,对车辆应当调查下列事项并确定痕迹对应关系,以确定事故车辆行驶次序、碰撞位置及角度:车体痕迹的部位、形态特征;车体内部痕迹、位置、特征及车体内表面的附着物位置、类别;车体与车体、车内人体碰撞

113

部位痕迹对应情况；痕迹的高度、宽度或面积；车体间微量物质相互转移（油漆、塑料等）；风窗玻璃破碎位置、类别、特征；痕迹形成方向、凹陷痕迹形成的角度；车内遗留物位置、类别。图3.48所示为载货汽车与摩托车车体痕迹对应关系确定两车碰撞形态。

【利用痕迹判定碰撞形态】

图3.48　载货汽车与摩托车车体痕迹对应关系确定两车碰撞形态

2. A车直行、B车转弯事故的现场痕迹调查重点

（1）路面痕迹的调查重点

具体参见第1种情形中的路面痕迹调查内容。

（2）车体痕迹的调查重点

① 痕迹位置：A车的痕迹主要集中在车头部，如果B车相向行驶至路口左转弯，则B车的痕迹主要集中在车体或车头的右侧；如果B车交叉行驶至路口顺A车方向转弯，则B车的痕迹主要集中在车体或车尾的右侧或左侧；如果B车交叉行驶至路口逆A车方向转弯，B车的痕迹主要集中在车体或车头的左侧；双方接触痕迹应相互对应。具体参见第1种情形中的车体痕迹调查内容。

② 注意事项：重点调查B车痕迹形态，以确定B车事发时是处于直行状态，还是转弯状态。如果B车直行，则该车上痕迹受力较均匀；如果B车转弯，则该车被撞痕迹应表现出明显的深浅凹槽。

3. A、B两车相向行驶至路口，A车右转弯、B车左转弯事故的调查重点

（1）路面痕迹的调查重点

① 痕迹位置及方向：地面遗留有A车从A车道、B车从B车道驶入接触点的轮胎印痕；制动印痕的突变点或轮胎受撞击力与地面形成的挫痕、车体散落物一般在A车道右侧，如果没有其他散落物，要注意调查车体脱落的泥土。具体参见第1种情形中的路面痕迹调查内容。

② 注意事项：注意调查路口标志（包括信号灯变化情况）、标线（车辆停车线位置）及路政设施情况，路口是否存在视线盲区。

（2）车体痕迹的调查重点

① 痕迹位置：如果B车先进入路口，则该车的痕迹主要集中在车体右侧，A车的痕迹主要集中在车头左侧；如果A车先进入路口，则该车的痕迹主要集中在车体左侧，B车的痕迹主要集中在车头右侧。双方接触痕迹应相互对应。具体参见第1种情形中的车体痕

迹调查内容。

② 注意事项：重点调查 A、B 车痕迹形态，以确定 A 车事发时是处于直行状态，还是转弯状态。如果 A 车直行，则该车上痕迹如第 1 种情形中的车体痕迹；如果 B 车转弯，则该车痕迹应表现在车头左侧，对应 B 车痕迹表现在车体右侧且有明显的深浅凹槽，或 A 车痕迹表现在车体左侧且有明显的深浅凹槽，对应 B 车痕迹表现在车头右侧。

3.4.2　路口内机动车与非机动车碰撞事故的现场痕迹调查重点

路口内机动车与非机动车碰撞事故常见情形有四种：一是 A 车与 B 车交叉直行时发生碰撞；二是 A 车直行、B 车转弯时发生碰撞；三是 A 车转弯、B 车直行时发生碰撞；四是 A、B 两车相向行驶至路口，A 车右转弯、B 车左转弯时发生碰撞。下面以汽车与自行车在交叉口发生碰撞事故为例进行分析，选择 A 车为汽车，B 车为自行车。

1. A 车与 B 车交叉直行事故的现场痕迹调查重点

两车直行碰撞事故如图 3.49 所示。

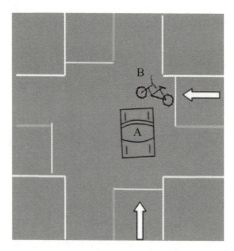

图 3.49　两车直行碰撞事故

（1）路面痕迹的调查重点

① 痕迹位置：A 车与 B 车的轮胎印痕起点应在同一车道内；制动印痕的突变点或轮胎受撞击力与地面形成的挫痕、车体散落物一般在同一车道内；如果没有其他散落物，要注意调查车体下部的泥土。

② 注意事项：B 车轮胎留在地面上的挫痕，特征通常为条状，有的呈现为梳齿形状，该痕迹所处的地点可视为 A、B 两车的接触点；B 车三轴头（前轮轴头、后轮轴头、脚蹬轴头）及左右车把在地面上划出的沟痕；B 车前后轮圈被碾压后，留在地面上的弧形印痕；B 车骑车人留在地面上的衣着纤维、血迹等；其他具体参见路口内机动车相撞第 1 种情形中的路面痕迹调查内容。

（2）车体痕迹的调查重点

① 痕迹位置：如果 A 车先进入路口，则 A 车的痕迹主要集中在车体的左或右部，B 车的痕迹主要集中在车头部，一般变形呈现向轮轴的∠形；如果 B 车先进入路口，则 B 车

的痕迹主要集中在车体的左或右部，A车的痕迹主要集中在车头部，双方相互对应。B车随着骑车人重心的偏离或向左或向右倒地，若左倒地，则左侧三轴头至少一个轴头有与地面的划痕或同时黏附有地面物质（如沥青、泥土等）；反之，可初步确定B车向右倒地。

② 调查重点：A车车体上是否有与人体接触的痕迹（如衣着纤维、毛发、血迹类人体组织），并对应调查人体或衣着；B车如果有被碾压变形的痕迹，则需调查A车轮胎和底盘是否有碾压和接触的痕迹；B车的前轮或后轮及三轴头；B车的轮胎面是否有挫痕。A车车体的其他痕迹具体参见机动车相撞第1种情形中的车体痕迹调查内容。

③ 注意事项：如果无法对应A车与B车正常行驶中的第一接触痕迹，仅有B车的碾压痕迹并对应有A车轮胎及底盘上的痕迹，则可初步确定B车因受某种情况影响，在与A车接触前即已倒地。

（3）人体痕迹的调查重点

通过人体痕迹可以确定事发时，其是骑行还是推行自行车，是左侧还是右侧被汽车碰撞。因此，对人体痕迹应当调查下列事项并确定痕迹对应关系：衣着与汽车接触痕迹、附着油漆；人体与汽车、物体碰撞损伤痕迹；人体与地面碰撞、擦挫损伤痕迹；人体与自行车磕碰损伤痕迹，主要表现在脚踝、小腿部位；人体与坐垫擦蹭损伤痕迹，主要表现在大腿内侧、会阴部；手握持车把形成的损伤。

2. A车直行、B车转弯事故的现场痕迹调查重点

直行车辆与转弯车辆间的碰撞事故如图3.50所示。

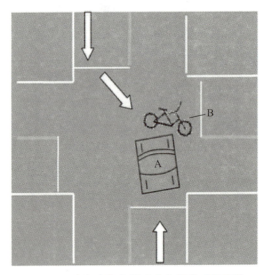

图3.50 直行车辆与转弯车辆间的碰撞事故

（1）路面痕迹的调查重点

具体参见第1种情形中的路面痕迹调查内容。

（2）车体痕迹的调查重点

① 痕迹位置：A车的痕迹主要集中在车体的前部，B车的痕迹主要集中在车体的左或右部，双方接触痕迹应相互对应。如果B车向左倒地，则其左侧三轴头至少一个轴头有与地面

的划痕或同时黏附有地面物质（如沥青、泥土等）。反之，可初步确定 B 车向右倒地。

② 调查重点：A 车前部（尤其是保险杠）是否有与 B 车骑车人腿部接触的痕迹。其他具体参见第 1 种情形中的车体痕迹调查内容。

（3）人体痕迹的调查重点

具体参见第 1 种情形中的人体痕迹调查内容。

3. A 车转弯、B 车直行事故的调查重点

转弯车辆与直行车辆间的碰撞事故如图 3.51 所示。

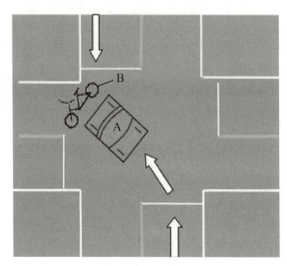

图 3.51　转弯车辆与直行车辆间的碰撞事故

（1）路面痕迹的调查重点

具体参见第 1 种情形中的路面痕迹调查内容。

（2）车体痕迹的调查重点

痕迹位置：A 车的痕迹主要集中在车体的左部或右部，B 车的痕迹主要集中在车体的前部，双方接触痕迹应相互对应。如果 B 车向左倒地，则左侧三轴头至少一个轴头有与地面的划痕或同时黏附有地面物质（如沥青、泥土等）。反之，可初步确定 B 车向右倒地。具体参见第 1 种情形中的车体痕迹调查内容。

（3）人体痕迹的调查重点

具体参见第 1 种情形中的人体痕迹调查内容。

4. A、B 两车相向行驶至路口，A 车右转弯、B 车左转弯事故的现场痕迹调查重点

右转弯与左转弯车辆间的碰撞事故如图 3.52 所示。

（1）路面痕迹的调查重点

痕迹位置及方向：地面遗留有 A 车从 A 车道、B 车从 B 车道驶入接触点的轮胎印痕；制动印痕的突变点或轮胎受撞击力与地面形成的挫痕、车体散落物一般在 A 车道右侧，如果没有其他散落物，要注意调查车体脱落的泥土。具体参见第 1 种情形中的路面痕迹调查内容。

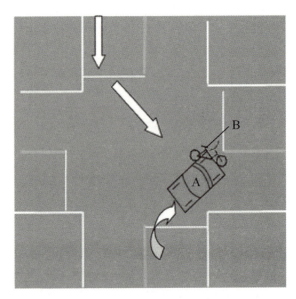

图 3.52　右转弯与左转弯车辆间的碰撞事故

(2) 车体痕迹的调查重点

① 痕迹位置：如果 A 车先进入路口，则 A 车的痕迹主要集中在车体左侧，B 车的痕迹主要集中在车头；如果 B 车先进入路口，则 B 车的痕迹主要集中在车体右侧，A 车的痕迹主要集中在车头左侧。双方接触痕迹应相互对应。具体参见第 1 种情形中的车体痕迹调查内容。

② 注意事项：重点调查 A 车痕迹形态，以确定 A 车事发时是处于直行状态，还是转弯状态。如果 A 车直行，则该车上的痕迹如第 2 种情形中的车体痕迹；如果 A 车转弯，则 A 车痕迹应表现在车头左侧，对应 B 车痕迹表现在车体右侧且有明显∠形，或 B 车痕迹表现在车头，对应 A 车痕迹表现在车体左侧。

(3) 人体痕迹的调查重点

具体参见第 1 种情形中的人体痕迹调查内容。

注意事项：机动车与三轮车、畜力车事故，可根据不同的形态，分别参照上述相关内容进行重点调查。注意调查路口标志（包括信号灯变化情况）、标线（车辆停车线位置）及路政设施情况；路口是否存在视线盲区。

3.4.3　相向行驶车辆间交通事故的现场痕迹调查重点

相向行驶车辆间交通事故常见情形有三种：一是 A 车越线与本车道的 B 车剐撞；二是 A、B 两车分别越线碰撞；三是 A 车超车（或超越障碍）时与相对方向的 B 车剐撞。

1. A 车越线与本车道的 B 车剐撞事故的现场痕迹调查重点

A 车越线与本车道 B 车剐撞事故如图 3.53 所示。

(1) 路面痕迹的调查重点

痕迹位置：B 车道留有 A 车从 A 车道驶向 B 车道的轮胎印痕；制动印痕的突变点或轮

胎受撞击力与地面形成的挫痕、车体散落物一般在 B 车道内，如果没有其他散落物，要注意调查车体下部的泥土。具体参见路口内机动车相撞第 1 种情形中的路面痕迹调查内容。

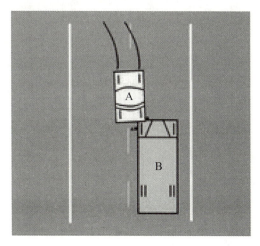

图 3.53　A 车越线与本车道 B 车剐撞事故

（2）车体痕迹的调查重点

① 痕迹位置：A 车和 B 车的痕迹主要集中在车体的前部或左部，双方接触痕迹应相互对应。如果双方遇险情有向右打轮躲闪的情节，则某一方车体的右侧可能会有第一接触对应痕迹。具体参见路口内机动车相撞第 1 种情形中的车体痕迹调查内容。

② 注意事项：如果 A 车轮胎或底盘有与路面凸出物体或地面凹陷接触的痕迹（如井盖缺失、路面隆起等），且该痕迹是在与 B 车接触之前产生的，则应当结合路面痕迹调查和调查访证，决定是否排除越线事故。

（3）交通环境的调查重点

① 交通环境不仅影响交通参与者的通行安全，而且直接决定交通参与者的通行权利。因此，对于越线事故的交通环境应重点调查以下事项：A 车与 B 车事故地点是否有禁止越线的交通信号；A 车与 B 车事故地点是否为狭窄的坡路，哪方是上坡，哪方是下坡；A 车与 B 车事故地点是否为没有中心线的有障碍的路段，哪方行进方向有障碍物；A 车与 B 车事故地点是否为没有中心线的狭窄的山路，哪方是靠山体行驶的车辆；A 车或 B 车超宽、超长的货物或打开的车门车厢，是否与对方车首先接触。

② 注意事项：对 A 车与 B 车的事故进行调查时，必须结合车体痕迹、路面痕迹的调查，确定该事故形态是越线事故、超车事故，还是超越障碍事故。

2. A、B 两车分别越线碰撞事故的现场痕迹调查重点

A、B 两车分别越线发生碰撞事故如图 3.54 所示。

（1）路面痕迹的调查重点

痕迹位置：B 车道留有 A 车从 A 车道驶向 B 车道的轮胎印痕；A 车道留有 B 车从 B 车道驶向 A 车道的轮胎印痕；制动印痕的突变点或轮胎受撞击力与地面形成的挫痕、车体散落物一般在分道线两侧，如果没有其他散落物，要注意调查车体下部的泥土。具体参见路口内机动车相撞第 1 种情形中的路面痕迹调查内容。

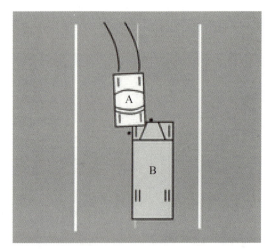

图 3.54　A、B 两车分别越线发生碰撞事故

(2) 车体痕迹的调查重点

痕迹位置：A 车和 B 车的痕迹主要集中在车体的前部，双方接触痕迹应相互对应。如果双方遇险情有向右打轮躲闪的情节，则某一方车体的右侧可能会有第一接触对应痕迹。具体参见第 1 种情形中的车体痕迹调查内容。

(3) 交通环境的调查重点

具体参见第 1 种情形中的交通环境的调查内容。

3. A 车超车（或超越障碍）时与相对方向的 B 车剐撞事故的现场痕迹调查重点

A 车超越前方车辆时与相对方向 B 车发生剐撞事故如图 3.55 所示。

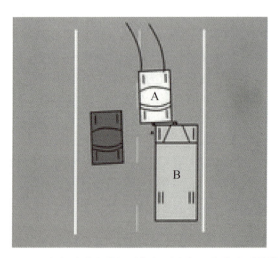

图 3.55　A 车超越前方车辆时与相对方向 B 车发生剐撞事故

(1) 路面痕迹的调查重点

痕迹位置：B 车道是否留有 A 车从 A 车道驶向 B 车道的轮胎印痕；制动印痕的突变点或轮胎受撞击力与地面形成的挫痕、车体散落物一般在 B 车道内，如果没有其他散落

物，要注意调查车体下部的泥土。具体参见路口内机动车相撞第 1 种情形中的路面痕迹调查内容。

(2) 车体痕迹的调查重点

① 痕迹位置：A 车和 B 车的痕迹主要集中在车体的前部或左部，双方接触痕迹应相互对应。如果双方遇险情有向右打轮躲闪的情节，则某一方车体的右侧可能会有第一接触对应痕迹。具体参见路口内机动车相撞第 1 种情形中的车体痕迹调查内容。

② 注意事项：如果 A 车轮胎或底盘有与路面凸出物体或地面凹陷接触的痕迹（如井盖缺失、路面隆起等），且该痕迹是在与 B 车接触之前产生的，则应当结合路面痕迹调查和调查访证，决定是否排除超车事故；如果 A 车右侧有与障碍物接触的痕迹，左侧有与 B 车接触的痕迹，则应当结合路面痕迹调查和调查访证，决定是否为超越障碍物时发生的事故。

(3) 交通环境的调查重点

具体参见第 1 种情形中的交通环境的调查内容。

3.4.4 机动车同向行驶尾撞事故的现场痕迹调查重点

机动车同向行驶尾撞事故常见情形有三种：一是 A 车在行驶中碰撞前方行驶的 B 车尾部；二是 A 车在行驶中碰撞前方静止的 B 车尾部；三是 A 车在行驶中碰撞前方向后倒车或溜车的 B 车尾部。

1. A 车在行驶中碰撞前方行驶的 B 车尾部事故的现场痕迹调查重点

A 车在行驶中碰撞前方行驶的 B 车尾部如图 3.56 所示。

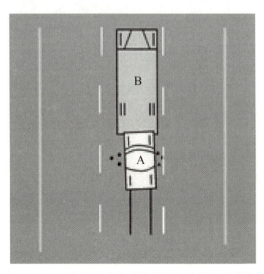

图 3.56　A 车在行驶中碰撞前方行驶的 B 车尾部

(1) 路面痕迹的调查重点

痕迹的位置及方向：前车与后车的轮胎印痕起点应在同一车道内；制动印痕的突变点或轮胎受撞击力与地面形成的挫痕、车体散落物一般在同一车道内；如果没有其他散落物，要注意调查车体脱落的泥土。具体参见路口内机动车相撞第 1 种情形中的路面痕迹调查内容。

(2) 车体痕迹的调查重点

① 痕迹位置：后车的痕迹主要集中在车体的前部，前车的痕迹主要集中在车体的后部，双方接触痕迹应相互对应。

② 调查重点：前车制动灯是否完好有效；注意收集前车制动灯灯泡，必要时送检；其他参见路口内机动车相撞第 1 种情形中的车体痕迹调查内容。

③ 注意事项：散落物往往呈扇形，抛撒方向与车辆行进方向一致。反之，则可能是倒车或溜车事故所致。如果事故发生时，前车处于静止状态，或前车超车驶回原车道后突然制动，或前车溜车或是倒车，则不能确定为追尾事故。

2. A 车在行驶中碰撞前方静止的 B 车尾部事故的现场痕迹调查重点

A 车在行驶中碰撞前方静止的 B 车尾部如图 3.57 所示。

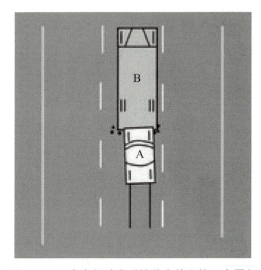

图 3.57　A 车在行驶中碰撞前方静止的 B 车尾部

(1) 路面痕迹的调查重点

前车轮胎突变、挫擦痕迹是否断续；其他参见路口内机动车相撞第 1 种情形中的路面痕迹调查内容。

(2) 车体痕迹的调查重点

① 痕迹位置：后车的痕迹主要集中在车体的前部，前车的痕迹主要集中在车体的后部，双方接触痕迹应相互对应，如图 3.58 所示。

② 调查重点：前车的挡位和驻车制动的情况；其他参见路口内机动车相撞第 1 种情形中的车体痕迹调查内容。

③ 注意事项：注意发现散落物中是否有前车放置的警示标志牌或用于提示后车的物件（如修车工具、轮胎、石头等），并注意调查是否有被后车撞击、碾压的痕迹。如果发生二次事故，应当重点调查第一次事故发生后，当事双方是否按规定设置了警告标志。

图 3.58　散落物集中在静止车尾部正下方

3. A 车在行驶中碰撞前方向后倒车或溜车的 B 车尾部事故的现场痕迹调查重点

A 车在行驶中碰撞前方倒车或溜车的 B 车尾部如图 3.59 所示。

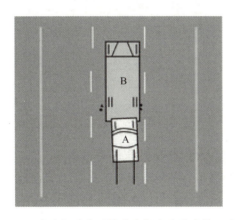

图 3.59　A 车在行驶中碰撞前方倒车或溜车的 B 车尾部

（1）路面痕迹的调查重点

① 痕迹位置及方向：事故双方车辆的轮胎印痕起点应在同一车道内；制动印痕的突变点或轮胎受撞击力与地面形成的挫痕、车体散落物一般在同一车道内，并位于与倒车和溜车接触的车辆前保险杠的前方；如果没有其他散落物，要注意调查车体下部的泥土。

② 调查重点：现场道路是否为坡路，角度是多少；其他参见路口内机动车相撞第 1 种情形中的路面痕迹调查内容。

（2）车体痕迹的调查重点

① 痕迹位置：倒车或溜车（向后溜车）的车体痕迹主要集中在后部，后车的痕迹主要集中在车体的前部，双方接触痕迹应相互对应。

② 调查重点：查看两车具体的挡位；注意收集前车倒车灯灯泡，必要时送检；其他参见路口内机动车相撞第 1 种情形中的车体痕迹调查内容。

③ 注意事项：如果前车倒车或溜车，则散落物抛撒的位置一般在地面接触点的逆行方向。反之，则可能是后车向前溜车。

3.4.5 机动车同向行驶刮擦事故的现场痕迹调查重点

机动车同向行驶刮擦事故常见情形有四种：一是 A 车从右向左并线与本车道的 B 车刮擦；二是 A 车从左向右并线与本车道的 B 车刮擦；三是 A、B 两车分别向同一车道并线而互相刮擦；四是 A 车超越 B 车时与 B 车刮擦。

1. A 车从右向左并线事故的现场痕迹调查重点

A 车从右向左并线与 B 车发生刮擦事故如图 3.60 所示。

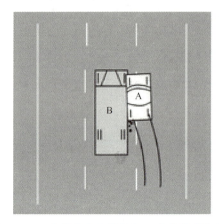

图 3.60　A 车从右向左并线与 B 车发生刮擦事故

（1）路面痕迹的调查重点

痕迹位置及方向：B 车右侧车道是否遗留有 A 车从 A 车道驶向 B 车道的轮胎印痕；制动印痕的突变点或轮胎受撞击力与地面形成的挫痕、车体散落物一般在 B 车道内，如果没有其他散落物，要注意调查车体脱落的泥土。具体参见路口内机动车相撞第 1 种情形中的路面痕迹调查内容。

（2）车体痕迹的调查重点

痕迹位置：A 车的痕迹主要集中在车体的左部，B 车的痕迹主要集中在车体的右部，双方接触痕迹应相互对应。具体参见路口内机动车相撞第 1 种情形中的车体痕迹调查内容。

2. A 车从左向右并线事故的现场痕迹调查重点

（1）路面痕迹的调查重点

具体参见第 1 种情形中的路面痕迹调查内容。

（2）车体痕迹的调查重点

痕迹位置：A 车的痕迹主要集中在车体的右部，B 车的痕迹主要集中在车体的左部，双方接触痕迹应相互对应。具体参见路口内机动车相撞第 1 种情形中的车体痕迹调查内容。

3. A、B 两车分别向同一车道并线事故的现场痕迹调查重点

A、B 两车分别向同一车道并线发生刮擦事故如图 3.61 所示。

图 3.61　A、B 两车分别向同一车道并线发生刮擦事故

（1）路面痕迹的调查重点

痕迹位置及方向：地面遗留有 A 车从 A 车道、B 车从 B 车道驶入同一车道内的轮胎印痕；制动印痕的突变点或轮胎受撞击力与地面形成的挫痕、车体散落物一般在同一车道内，如果没有其他散落物，要注意调查车体脱落的泥土。具体参见路口内机动车相撞第 1 种情形中的路面痕迹调查内容。

（2）车体痕迹的调查重点

痕迹位置：如果 A 车从左向右并线，B 车从右向左并线，则 A 车的痕迹主要集中在车体的右部，B 车的痕迹主要集中在车体的左部，双方接触痕迹应相互对应。具体参见路口内机动车相撞第 1 种情形中的车体痕迹调查内容。

4. A 车超越 B 车时事故的现场痕迹调查重点

A 车超越 B 车时发生刮擦事故如图 3.62 所示。

图 3.62　A 车超越 B 车时发生刮擦事故

（1）路面痕迹的调查重点

痕迹的位置及方向：A 车从 B 车左侧超越时，B 车车道遗留有 A 车从相对方向车道驶回 B 车道的轮胎印痕；A 车从 B 车右侧超越时，B 车车道遗留有 A 车从机动车道范围之外驶向 B 车道的轮胎印痕；制动印痕的突变点或轮胎受撞击力与地面形成的挫痕、车体散落物一般在 B 车道内，如果没有其他散落物，要注意调查车体下部的泥土。具体参见路口

内机动车相撞第 1 种情形中的路面痕迹调查内容。

（2）车体痕迹的调查重点

① 痕迹位置：如果 A 车从 B 车左侧超越，则 A 车的痕迹主要集中在车体右侧，B 车的痕迹主要集中在车体的左侧，双方接触痕迹应相互对应。如果 A 车从 B 车右侧超越，则 A 车的痕迹主要集中在车体左侧，B 车的痕迹主要集中在车体的右侧，双方接触痕迹应相互对应。具体参见路口内机动车相撞第 1 种情形中的车体痕迹调查内容。

② 注意事项：如果 A 车在超越 B 车时，B 车因某种情况（如前方道路有障碍等）偏离本车道与 A 车剐撞，则路面痕迹相似于并线事故现场的路面痕迹。

3.4.6 需确定机动车驾乘关系的交通事故的现场调查重点

需确定机动车驾乘关系的交通事故的常见情形有两种：一是汽车事故需识别驾乘关系；二是摩托车事故需识别驾乘关系。

1. 汽车事故驾乘关系调查重点

（1）现场路面调查重点

伤亡人员在现场的位置、姿势，鞋、帽等随身物品在现场的位置，血迹、人体组织、毛发等在现场的位置、分布及形态，散落物在现场的位置、分布及形态，地面轮胎痕迹，车辆部件、人体或其他物体在地面遗留的痕迹，车辆及脱落部件、人体及人体组织等作用于电杆、路树、隔离带等物体上而遗留的痕迹，以及以上内容与车辆及相互之间的位置关系。

（2）车辆痕迹调查重点

撞击痕迹、擦划痕迹等；风窗玻璃损坏情况，有无血迹、毛发、纤维等附着物质；转向盘有无变形；安全带及其附件有无损坏；驾驶人座椅及其周边有无车辆部件损坏；安全气囊上有无擦划痕迹、附着物质；驾驶人座椅及其周边有无擦划痕迹及附着物质；乘员座位及其周边有无擦划痕迹及附着物质；加速踏板、制动踏板、离合器踏板周边有无脱落的鞋等物品；加速踏板、制动踏板、离合器踏板上有无鞋印或附着物质；转向板、车门、仪表板、转向灯开关、前照灯开关、变速杆、车内后视镜、车钥匙、驻车制动手柄、驾驶人座椅调节装置等部位是否留有手印；行车记录仪或卫星定位装置；挡位状态。

（3）衣着痕迹勘验重点

衣着颜色、款式、质地、花纹、饰物等；衣着破损情况，有无擦划痕迹、附着物质；衣着上有无安全带印痕；鞋、袜破损情况，有无擦划痕迹、附着物质；鞋底有无加速踏板、制动踏板、离合器踏板的印痕。

（4）驾驶人特征损伤勘验重点

头面部有无风窗玻璃作用形成的损伤；面部、颈部有无安全气囊作用形成的损伤；肩部、胸部、腹部有无使用安全带形成的损伤；胸部、腹部有无转向盘作用形成的损伤；手、前臂有无握持转向盘形成的损伤；膝部、腿部有无与仪表台等车辆部件作用形成的损伤；踝部、足部有无与加速踏板、制动踏板、离合器踏板作用形成的损伤。

2. 摩托车事故驾乘关系调查重点

（1）现场路面调查重点

伤亡人员在现场的位置、姿势及变动情况；车辆在现场的位置、状态及变动情况；头盔、护手套、鞋子等物品在现场的位置；其他同汽车事故驾乘关系现场路面调查重点。

（2）车辆勘验重点

撞击痕迹、擦划痕迹；护杠或护板有无擦划痕迹、附着物质；仪表板、反光镜、车把、风挡等部位的损坏情况，有无擦划痕迹、附着物质；油箱损坏变形情况，有无擦划痕迹、附着物质；护手套有无擦划痕迹、血迹。

（3）衣着勘验重点

衣着颜色、款式、质地、花纹、饰物等；衣着裆部有无与油箱擦划的痕迹、附着物质；鞋有无与车辆部件作用形成的印压痕迹、擦划痕迹、附着物质；头盔规格、损坏情况；头盔内外有无血迹、人体组织、毛发等；手套上有无擦划、撕裂等痕迹。

（4）驾驶人特征损伤勘验重点

面部、颈部有无与摩托车仪表板、风挡等作用形成的损伤；头面部有无与头盔作用形成的损伤；胸部、腹部有无与摩托车车把、后视镜、仪表板作用形成的损伤；前臂有无因摩托车车把突然扭转而形成的间接损伤；手部有无握持摩托车车把形成的损伤；腹部、会阴部、大腿内侧有无与摩托车油箱等部位作用形成的损伤；小腿、足部有无与摩托车前护杠、护板、挡杆等车辆部件作用形成的损伤。

3. 嫌疑人员驾乘关系模拟比对

根据现场调查情况，初步分析判断出人员驾乘关系后，应重点进行下列模拟比对，以进一步确定人员驾乘关系。

（1）嫌疑驾乘人员的体貌特征、衣着特征与视频监控资料中驾乘人员的特征是否相符。

（2）嫌疑驾乘人员衣着、鞋上的痕迹、附着物质与车内相应部位痕迹、附着物质是否具有对应关系。

（3）嫌疑驾乘人员的损伤与车辆相应部件是否具有对应关系，如图 3.63 和图 3.64 所示。

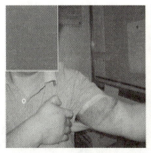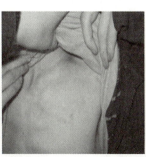

图 3.63　模拟比对伤者各损伤部位的受损伤机理及损伤的吻合性

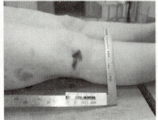

图 3.64　模拟比对死者衣着撕裂、肢体损伤与事故车辆对应部位的吻合性

3.4.7 交通肇事逃逸事故的现场调查重点

交通肇事逃逸事故常见情形有三种：一是肇事驾驶人驾车逃逸；二是肇事驾驶人弃车逃逸；三是肇事驾驶人在现场拒不承认自己是驾驶人。

1. 肇事驾驶人驾车逃逸事故现场调查重点

（1）判断肇事时间

可通过以下途径判断肇事时间，为堵截逃逸车辆、提取沿线视频监控提供有利的线索：查询报警记录，询问目击者及报警人，查阅沿线视频监控，调查现场血迹流淌情况。

（2）确认逃逸方向

除询问目击者及报警人，查阅沿线视频监控，还可通过以下途径确认逃逸方向，为堵截逃逸车辆、提取沿线视频监控、排查嫌疑车辆提供有利的线索。

① 勘验路面痕迹：逃逸车辆轮胎印痕侧面尘土、沙粒等物质所形成的扇形展开面是车辆行驶的方向；逃逸车辆滴下的油点、水点的形状尖端指向车辆行驶的方向；逃逸车辆在路面上留下的划痕从深往浅的方向是车辆行驶的方向。

② 勘验轮胎痕迹：轮胎制动印痕由浅往深是车辆行驶的方向。

③ 勘验人体体表痕迹：轮胎碾压人体，衣服上皱褶由少往多的方向是车辆行驶的方向；表皮脱落的方向是车辆行驶的方向。

（3）判断逃逸车辆类型

除询问目击者及报警人，查阅沿线视频监控，还可通过以下途径判断逃逸车辆类型，为排查嫌疑车辆提供有利的线索。

① 勘验轮胎痕迹宽度：摩托车轮胎印痕宽度一般为 80～100mm，小型汽车为 100～150mm，中型汽车为 150～200mm，大型汽车为 140～200mm。

② 勘验人体衣着、路面轮胎痕迹花纹：根据人体衣着、路面上的轮胎印痕宽度、花纹判断肇事车辆类型。一般小型客车轮胎花纹为刀槽状横沟花纹，载货汽车轮胎花纹为锯齿状纵沟花纹，如图 3.65 和图 3.66 所示。

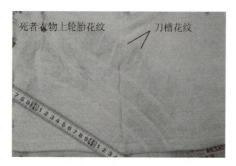

图 3.65 轮胎刀槽花纹符合小型客车所留

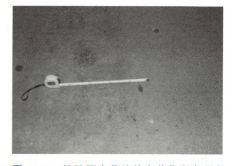

图 3.66 轮胎锯齿花纹符合载货汽车所留

③ 勘验车辆散落物：根据油漆片、灯罩、后视镜、玻璃、护杠等车辆散落物判断车辆颜色、型号，如图 3.67 和图 3.68 所示。

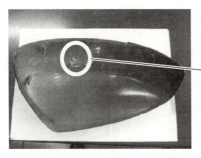 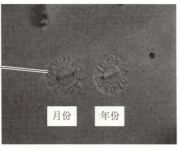

图 3.67 现场散落的后视镜外壳反映出该车颜色、型号及出厂年月等信息

 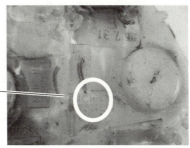

图 3.68 现场散落的后视镜碎片上的标志反映出该部件所属品牌、生产日期等信息

(4) 查缉逃逸车辆及驾驶人

根据肇事时间、肇事车辆类型及逃逸方向,及时组织人员沿线查缉肇事嫌疑逃逸车辆及驾驶人,同时通报相关辖区交通警察部门协助堵截肇事嫌疑逃逸车辆及驾驶人。

(5) 嫌疑人到案后

① 进行呼气式酒精测试。
② 测出有酒精反应的,带到医院抽血送检。
③ 对衣着检查拍照。
④ 对身体重点部位检查拍照。
⑤ 在 24h 内进行问话。

(6) 注意事项

对驾驶人肇事后驾车逃逸事故的调查务必做到"三个及时"。
① 及时走访。勘查、判断后,及时深入现场周围和车辆逃逸方向进行访问。
② 及时调取视频资料。及时调取事发现场、周边及嫌疑车途经沿线的视频监控资料。
③ 及时排查。对已确定车辆逃跑路线和方向的,立即报告指挥中心及时布置堵截和追缉,并赶往事发沿线附近医院、酒店、小区等场所查找嫌疑车辆。

2. 肇事驾驶人弃车逃逸事故现场调查重点

(1) 现场调查

现场调查参照一般事故现场调查。

(2) 查缉、确定肇事逃逸驾驶人

及时联系车主,确定肇事逃逸驾驶人;及时收集、查阅沿线视频监控,确定肇事逃逸驾驶人外貌特征及行驶线路;调查访问现场目击者,掌握肇事逃逸驾驶人外貌特征;查验嫌疑驾驶人衣着、人体损伤痕迹是否与现场调查情况吻合；组织目击者辨认嫌疑驾驶人。

（3）对于有牌照的车辆

① 核查、联系车主，询问驾驶人去向，通知车主到办案单位接受调查。

② 根据车主供述，查找驾驶人。

③ 无法联系车主的，应查询车主住址并上门查找。

（4）对于无牌照的车辆

① 调取事发现场、周边的视频监控资料。

② 赶往事发地点附近医院、酒店、小区等场所查找驾驶人。

3. 肇事驾驶人在现场拒不承认自己是驾驶人的交通事故现场调查重点

（1）该类交通事故的表现形式

① 当事人自称为驾驶人，除本车人无其他证据证明其为驾驶人。

② 当事人现场不承认为驾驶人，但现场有其他人员指认其为驾驶人。

③ 现场无人承认为驾驶人，且没有其他无利害关系的人（如对方车上人员、路人等）指认谁为驾驶人。

（2）确定肇事嫌疑人的范围

① 对于自称为驾驶人，除本车人无其他证据证明其为驾驶人的，该车上的所有人员均应列为交通肇事嫌疑人员。

② 对现场不承认为驾驶人，但现场有其他人员指认其为驾驶人的，应将其列为交通肇事嫌疑人员。

③ 对现场无人承认为驾驶人，且没有其他无利害关系的人（如对方车上人员、路人等）指认谁为驾驶人的，应将事故车上的所有人员列为交通肇事嫌疑人员。

④ 对上述情形中交通肇事嫌疑人员的确定，应排除无实际行为能力的和大中型客车上明显属于乘客的人员。

（3）开启执法记录仪，现场进行重点勘验、调查

① 现场口头询问在场人员（含各方当事人、乘客、报警人、旁观证人等）谁是驾驶人。

② 对嫌疑驾驶人进行呼气式酒精测试，对有酒精反应的，带至医院抽血送检。

③ 对嫌疑驾驶人的衣着状况进行检查拍照。

④ 对嫌疑驾驶人的重点部位进行检查拍照。

⑤ 对车辆的重点部位进行检查拍照。

3.5 车体变形测量

对交通事故车体变形进行测量，一方面是现场勘查的基本要求，通过对车体变形部位和变形大小进行测量，从而确定碰撞力的大小、方向，判定车辆在事故前后的运动情况，为分析事故成因、认定事故责任提供依据；另一方面，通过测量变形大小和部位，可以计算车辆在碰撞过程中的能量损失，为利用计算机软件进行分析提供基本数据。交通事故车体变形既有内部变形，也有外部变形，本部分仅介绍乘用车在交通事故中的车体外部变形的测量方法。

欧美对交通事故车体变形的测量有一套系统和完整的测量方法，以及描述车辆变形损坏情况的编码方式。尽管这些测量方法和编码方式最初是为交通事故深度调查专家小组制定的，但是由于其具有科学性、实用性并且数据分析衔接良好，现在在交通事故调查与分析重建人员中逐渐得到广泛使用。Crash 3 是根据 NHTSA 公布的碰撞测试结果研发的计算机软件，它提供了一套计算车辆发生碰撞事故时车辆变形能的算法。该测量与计算方法被世界各国交通事故分析与重建的专家所借鉴与使用。

3.5.1　交通事故车体变形的测量方法

Crash 3 测量以车辆的长或宽为测量基准，测量损坏车辆变形部位的变形量，并与完好车辆对应部位尺寸进行比对。Crash 3 测量方法可以对三种损坏形态车体进行测量，测量点（最多可设 12 个测量点）设置如图 3.69 所示。测量时应注意以下要点。一是测量点顺序：对于迎头相撞与追尾碰撞，测量点 C1～C6 由左向右；对于侧部相撞，C1～C6 由后向前；二是测量部位确定：根据车体变形的实际部位确定，C1 与 C6 为变形量为 0 的位置，如果车辆是长宽方向全尺寸发生变形，C1～C6 则沿全尺寸方向，不存在变形量为 0 的位置；三是测量间隔一般均匀分布。

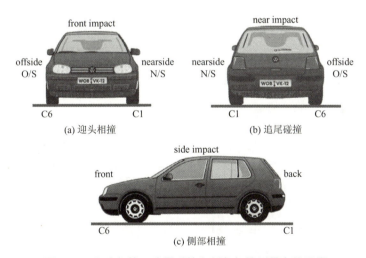

图 3.69　迎头相撞、追尾碰撞和侧部相撞测量点的设置

为了规范测量方法，提高工作效率和测量准确性，调查专家小组建议，在测量车体变形时按规范选择测量基准线和测量线，按照图 3.70 所示的方法测量车辆前端的变形；按照图 3.71 所示的方法测量车辆侧部变形。

图 3.72 是一起侧部相撞的案例，轿车左侧与路边行道树发生侧面相撞，树干直径 42cm，碰撞后车辆左侧 100cm 范围车体发生变形，车体变形的测量方法如图 3.72 所示。对于车体变形的测量，根据需要从后向前选择 C1～C6 共六个测量点，C1 和 C6 的变形量为 0，C1～C6 间由 C2、C3、C4、C5 五等分，以完好车体左侧边缘线为基准，分别测量中间等分点的变形量大小，由此获得 C1～C6 共六个位置的车体变形量尺寸，用于记录车体左侧的变形情况。

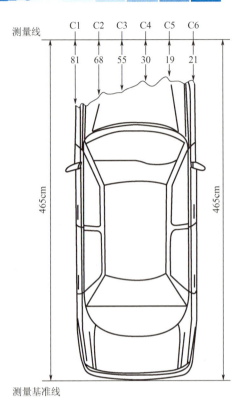
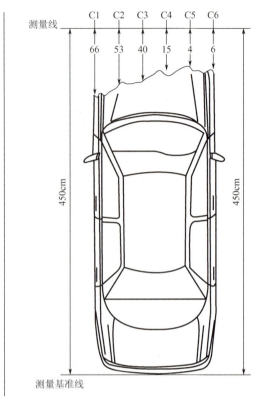

图 3.70 车辆前端变形的测量

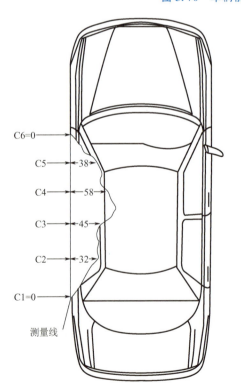
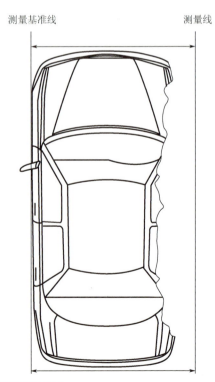

图 3.71 车辆侧部变形的测量

 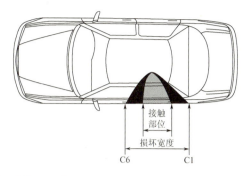

图 3.72　车体侧部遭遇碰撞变形的测量方法

图 3.73 是一起车辆迎头向左发生偏置碰撞的案例，其中直接发生接触的车体宽度为 77cm，碰撞后，在整个宽度尺寸上有可测量的挤压变形。对于车辆变形的测量则选择全宽尺寸，由左向右选择 C1~C6 共六个测量点，C1、C6 位置为车体两侧边缘，C1~C6 间距由 C2、C3、C4、C5 五等分，以完好车体前部轮廓线为基准，分别测量中间点的变形量大小，由此获得 C1~C6 共六个位置的车体变形量尺寸，记录车体前端的变形情况。

 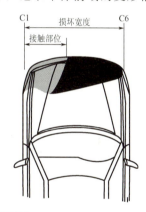

图 3.73　车体前部变形量的测量

对于上述测量的结果，可以利用 Crash 3 对车辆碰撞过程中的变形能进行计算，如图 3.74 所示。在美国常用等效壁障速度（Equivalent Barrier Speed，EBS），在欧洲则常用等效能量速度（Equivalent Energy Speed，EES）来辅助交通事故的分析与重建。

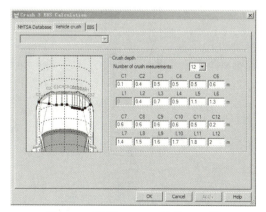

图 3.74　利用 Crash 3 计算 EBS 值

3.5.2 交通事故车体变形的编码方法

美国的 SAE J224 Collision Deformation Classification（CDC）编制规则规定了交通事故中车辆受到碰撞力的方向和车辆受损的范围和程度，该标准于 1971 年颁布，先后于 1972 年、1980 年、2011 年和 2017 年四次修订。该标准分类系统由七个字符组成，其中包括三个数字和四个字母，按一个特定的顺序排列。这些特征描述将车辆在碰撞过程中的损坏情况置于三维系统中进行描述，主要包括碰撞受损区域的作用力方向、位置、受损面积和范围等变形细节，形成了对车辆损伤的描述组合，较为全面地反映车辆在碰撞过程中的受损情况。CDC 编码结构组成及含义如图 3.75 所示。

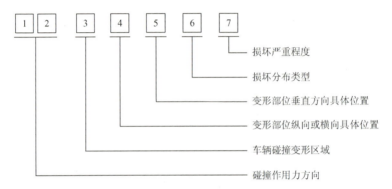

图 3.75　CDC 编码结构组成及含义

1. 第 1、2 位

第 1、2 位表示车辆碰撞作用力方向。SAE J224 标准规定了车辆碰撞时的作用力方向用于反映碰撞时碰撞作用力主方向（Principal Direction of Force，PDOF），碰撞作用力方向按传统指针式钟表面板刻度表示，以车头正前方为起点，01、02⋯分别表示碰撞时作用力主方向沿 1 点钟、2 点钟⋯⋯方向，如图 3.76 所示。

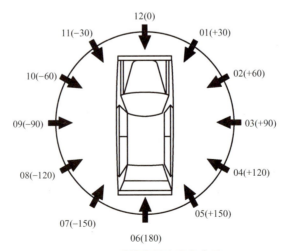

图 3.76　碰撞作用力方向表示

这些方向是在水平面内的作用力，在实践中作用力不都是在水平面内分布的，有时作用力还可以是沿水平面某一方向向下、向上、向左或向右的情况。对于这些问题，该标准规定，若作用力向上，则在原编码的基础上加 20；若作用力向下，则在原编码的基础上加 40；若作用力向右，则在原编码的基础上加 60；若作用力向左，则在原编码的基础上加 80。

2. 第 3 位

第 3 位表示车辆碰撞变形区域。SAE J224 标准规定了车辆碰撞时的变形部位在车体表面的位置分布，若碰撞变形区域位于车辆的前部，则以 F 表示；若碰撞变形区域位于车辆的顶部，则以 T 表示；若碰撞变形区域位于车辆的底部，则以 U 表示；若碰撞变形区域位于车辆的后部，则以 B 表示；若碰撞变形区域位于车辆的左侧，则以 L 表示；若碰撞变形区域位于车辆的右侧，则以 R 表示，如图 3.77 所示。

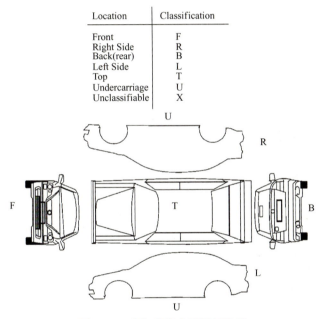

图 3.77　车辆碰撞变形区域编码

3. 第 4 位

第 4 位表示车辆变形部位纵向或横向具体位置。SAE J224 标准规定了车辆碰撞时的变形部位沿车辆纵向或横向的编码方式，如图 3.78 所示。

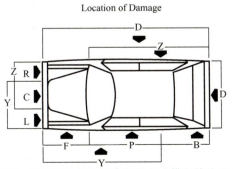

图 3.78　车辆变形部位沿车辆纵向或横向的编码方式

4. 第 5 位

第 5 位表示变形部位垂直方向具体位置。SAE J224 标准规定了车辆碰撞时的变形部位沿车辆垂直方向的编码方式，如图 3.79 所示。

Vertical Location:Front, Rear or Side Impacts	Classification
All	A
Top of Frame to top of Vehicle	H
Everything below Belt Line	E
Belt Line and Above	G
Middle...top of frame to belt line or hood	M
Frame...top of frame,frame	
Bottom of frame(inc undercarriage)	L
Bottom undercarriage level (wheels and tyres only)	W

图 3.79　车辆变形部位沿车辆垂直方向的编码方式

5. 第 6 位

第 6 位表示损坏分布类型。SAE J224 标准规定了车辆碰撞损坏分布类型的编码方式，如图 3.80 所示。

Type	Classification
Wide Impact Area	W
Narrow Impact Area	N
Sidewipe	S
Rollover(inc rolling onto side)	O
Corner(extends form corner to =<16in(410mm)	E
Conversion in impact type	
Requires multiple CDC	K
No residual Deformation	U

图 3.80　车辆碰撞损坏分布类型的编码方式

6. 第 7 位

第 7 位表示车辆损坏严重程度。SAE J224 标准规定车辆碰撞损坏严重程度用碰撞后车辆的残余变形量来表示。残余变形是碰撞时两车相互嵌入后形成的，碰撞时嵌入的程度用 1～9 共 9 个数字来表示，数字越大变形越严重。车辆损坏严重程度的编码如图 3.81 所示。

7. 应用举例

CDC 编码规则应用如图 3.82 所示。图 3.82 给出了车辆受损 CDC 编码 12FDEW3、01FZEW3、11FYEW3、12FDEW1、01RZEW2、06BLEW4、03RFEW2、07LBEW1 所表示的车辆在碰撞事故中碰撞力的方向、受损区域和位置及车辆受损程度。这种编码简洁清晰，较为全面地反映了车辆在碰撞事故中的受损情况。

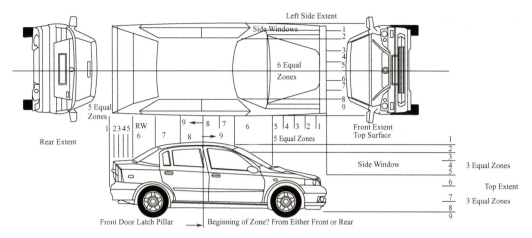

图 3.81 车辆损坏严重程度的编码

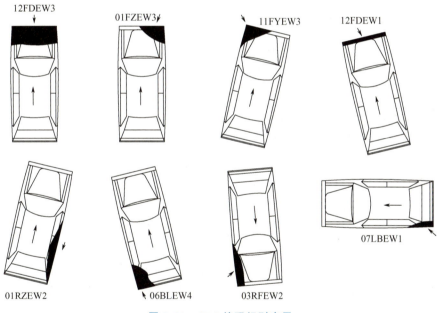

图 3.82 CDC 编码规则应用

3.6 现场其他证据材料的搜集

现场其他证据的搜集，主要包括对现场事故车辆及人员证据的搜集，现场痕迹物证的提取和现场视频监控资料的搜集。随着时间、天气及环境的变化，这些证据往往会发生改变或者消失。因此，及时搜集这些现场证据，是查清交通事故发生的过程和事实真相，提高交通事故处理办案质量的保障。

3.6.1 现场事故车辆及人员有关证据的搜集

1. 对现场事故车辆的重点部位拍照固定证据

事故重点拍照部位如下。
(1) 风窗玻璃损坏情况，有无血迹、毛发及纤维等附着物质。
(2) 转向盘有无变形。
(3) 安全带及其附件有无损坏。
(4) 安全气囊上有无擦划痕迹、附着物质。
(5) 加速踏板、制动踏板、离合器踏板周边有无脱落的鞋等物品。
(6) 摩托车护手套有无痕迹、血迹。
(7) 摩托车护杠或护板、油箱等部位有无擦划痕迹、附着物质。

2. 对驾驶人的重点部位拍照固定证据

(1) 汽车驾驶人重点拍照部位
① 头面部有无风窗玻璃作用形成的损伤。
② 面部、颈部有无安全气囊作用形成的损伤。
③ 肩部、胸部、腹部有无使用安全带形成的损伤。
④ 胸部、腹部有无转向盘作用形成的损伤。
⑤ 膝部、腿部有无与仪表台等车辆部件作用形成的损伤。
(2) 摩托车驾驶人重点拍照部位
① 面部、颈部有无与摩托车仪表盘、风挡等作用形成的损伤。
② 头面部有无与头盔作用形成的损伤。
③ 胸部、腹部有无与摩托车车把、后视镜、仪表板作用形成的损伤。
④ 手部有无握持摩托车车把形成的损伤。
⑤ 腹部、会阴部、大腿内侧有无与摩托车油箱等部位作用形成的损伤。
⑥ 小腿、足部有无与摩托车前护杠、护板、挡杆等车辆部件作用形成的损伤。

3. 对现场当事人及证人询问固定证据

(1) 询问目的
① 提高询问笔录的真实性。
② 了解基本事实，提高现场勘查质量。
③ 取得重要线索，利于及时破案。
(2) 询问原则
① 快速询问。
② 开启执法记录仪。
③ 尽量制作现场询问笔录。
(3) 对当事人的询问要点

① 事发前行驶情况，包括谁驾驶、使用挡位、行驶车道、方向和速度。

② 事发时间、当时道路上的交通状况。

③ 发现对方的地点、距离及对方行驶的方向、位置和速度。

④ 感到危险的地点和距离，当时心理状态，采取什么措施，采取措施的地点和相互间的距离。

⑤ 相互接触的地点、事故形态、接触部位及事发后的车辆运行轨迹。

（4）对证人的询问要点

① 与车辆驾驶人及所有人、受害人之间的关系。

② 当时所在位置、动态和面对方向。

③ 事发前车辆、人的动态情况。

④ 相互接触点、部位及事后运行轨迹。

⑤ 车速、停车及其他异常行为。

3.6.2 现场痕迹物证的提取

1. 现场痕迹物证提取的要求

确认或疑似该事故车体痕迹、物证，固定后应当立即进行提取。要防止所提取的物证被污染。不得重复使用同一工具，不得用手直接接触物证。对物证分别编号记录，分别包装。伤亡者衣服上的轮胎花纹痕迹等，应连同衣服提取。对地面上的平面或立体痕迹，应当拍照提取或制模提取。

2. 现场痕迹物证提取的方法

（1）直接提取法

能反映交通事故痕迹及与形成交通事故痕迹有关的小件物品、易分解的车辆零部件，应将物品和有关零部件全部直接提取，如血迹、油漆、人体组织、纤维、碎片等。

（2）间接提取法

无法进行直接提取的交通事故痕迹，根据需要采用相应的照相或摄像法、静电吸附法、石膏灌注法、硅橡胶提取法、硬塑料提取法、复印法等技术手段进行提取。

3. 现场痕迹物证提取的注意事项

（1）散落物可用镊子夹取，提取时不得用手直接接触交通事故痕迹和附着物部位。

（2）根据附着物质性质，用刀片刮、镊子夹等方法提取。必要时，可采用剪、挖、锯等方法将物证连同部分载体一并提取。血液、油脂等液体物质可用滤纸、纱布或脱脂棉擦取，已凝固结块的可用刀具剥离。

（3）从痕迹所在的承痕体提取附着物后，应在造痕体的对应部位提取质地相同的比对样本。

（4）应提取有价值的痕迹、物证，送交专业技术人员或具备资格的检验鉴定机构进行检验、鉴定。

3.6.3 现场视频监控资料的搜集

1. 固定视频监控资料的搜集

（1）固定视频监控资料的内容

固定视频监控资料包括电子警察、高清卡口、治安监控等。

（2）固定视频监控资料搜集的要求

① 及时搜集：及时搜集固定视频监控资料是指在交通事故发生后即着手搜集。要求及时搜集固定视频监控资料，原因主要有两个。一是现阶段固定视频监控资料的保存有一定时间限制，过了保存时限，原有的视频资料就会清除。固定视频监控资料的保存时间长短与设备的内存容量及设置有关，不同的安装使用单位，其设置的保存时限各不相同，有的设备保存固定视频资料的期限仅5天、7天，有的设备其保存期限为15天、30天等。二是为了避免其他证据因时间的消逝而无法搜集，影响证据链的完整性。搜集固定视频监控资料的时间越长，抓获嫌疑车辆所需的时间也越长，嫌疑车辆上存在的物证（如碰撞痕迹、附着物等）极有可能因此而灭失。

② 选准时间：搜集固定视频监控资料前，一般要求先观看视频以确定嫌疑车辆在视频中出现的时间段。视频监控设备中视频是分片段保存的，如15min或30min为一个片段。这就要求搜集固定视频监控资料前应对不同视频点之间的距离及车辆行经这段距离所用的时间进行判断，同时留意视频显示的时间与实际时间的误差。一般搜集的固定视频监控片段，建议以嫌疑车辆经过视频监控点前后30～60min为参考。

③ 多多益善：即应当搜集嫌疑车辆可能经过的某一路段内的所有的视频监控资料，而不仅仅是案发地点的固定视频监控资料。实践证明，搜集的视频越全，越能准确反映肇事车辆在行驶过程中的状况。尤其是搜集到的视频监控资料模糊时，切忌因视频模糊而不提取，每一个视频对最后确定肇事车辆均有可能起到重要作用。

④ 串联分析：在利用模糊固定视频监控资料侦破交通事故案件时，必须通过视频里的特征车辆定位，把所搜集的固定视频监控资料串联起来分析。

a. 确定途经现场的特征车辆。分析模糊固定视频监控资料时，应当从研究案发地点的视频开始，找出案发地点肇事车辆前后有明显特征的车辆。具有明显特征的车辆是串联分析所有视频的基础，即具有明显特征的车辆在其他视频里也能很快被辨认出来。因此，有明显特征的车辆越多，越利于定位分析。

b. 记录各固定视频监控中特征车辆的信息。分析模糊视频时，应当认真分析、记录各个视频中特征车辆之间所有车辆行驶的时间、顺序及可视外观特征（包括车辆类型、车辆轴数、车头及车厢的颜色、车辆装载情况等）并列表，然后利用倒推法（或顺推法）进行分析，以确定案发地点视频里的肇事车辆在每一个模糊视频中的行驶位置。

c. 串联分析模糊视频与高清卡口照片。串联分析模糊视频与高清卡口照片时，应当将模糊视频中的车辆特征与高清卡口照片中的车辆特征进行比对。分析比对前，可先估算车辆行经设置高清卡口的地点与之前模糊视频设置点之间的时间，以缩小排查的范围，更快地找出特征车辆在高清卡口中的位置。在比对分析时，应考虑模糊视频显示的时间、高清卡口显示的时间与实际时间的误差。可先确定在模糊视频中具有明显特征的车辆在高清卡口中出现的位置,然后顺推或倒推比对其他车辆的特征,直至确定高清卡口中哪一辆车是模糊视频中的肇事车辆。

2. 流动视频监控资料的搜集

(1) 流动视频监控资料的内容

流动视频监控资料包括车辆行车记录仪、手机视频、执法记录仪等。随着科技的发展和群众法律意识的提高,公共交通车辆上基本都装置了行车记录仪,越来越多的私家车辆上也装置了行车记录仪。手机智能化程度的提高,也提高了用户的法律意识,群众在出行中习惯用手机拍录社会中发生的一些事件信息。随着公安民警证据意识的提高,交通警察在日常执法活动中,常使用执法记录仪拍录执法过程。

(2) 流动视频监控资料搜集的要求

搜集流动视频监控资料的要求与搜集固定视频监控资料的要求基本一致,这里不再赘述。

(3) 流动视频监控资料在交通事故处理工作中的应用

① 记录交通事故发生过程或途经事故现场的其他车辆信息。对于公共交通车辆或私家车辆上装置的行车记录仪,其往往能够记录交通事故发生过程或途经事故现场的其他车辆信息,为搜集证据、查清交通事故事实提供帮助。

② 记录交通事故现场信息。群众使用手机、交通警察使用执法记录仪能够记录交通事故现场信息,及时固定现场容易变化或消失的证据。

思 考 题

1. 现场调查的常用方法有哪些?
2. 交通事故现场调查的主要内容有哪些?
3. 一般利用哪些方法和仪器对事故现场痕迹进行发现与测量?
4. 两车在路口和路段交通事故的形态有哪些?各类事故现场调查与记录的重点事项有哪些?
5. 简述交通事故现场的定位、测量及现场图的绘制。

第 4 章
道路交通事故过程与序列事件

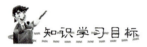知识学习目标

通过本章学习,明确道路交通事故发生的机理和过程,认识交通事故发生过程中的各种影响因素,掌握交通事故发生过程的阶段划分和具体的关键事件,为重建交通事故奠定基础。

能力培养目标

认识道路交通事故发生的机理,明确交通事故发生过程,掌握交通事故过程中的关键状态和事件。

教学重点

1. 交通事故发生机理;
2. 影响交通事故过程的因素;
3. 道路交通事故过程的序列事件。

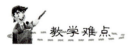教学难点

依据道路交通事故过程中的序列事件,描述交通事故过程。

正确认识交通事故过程是交通事故重建的关键。在事故发生过程中，各种因素均处于动态变化之中，交通事故发生过程中涉及的人、车、路、环境等方面的因素非常多，分析和重建交通事故就必须明确各种要素在事故发生中的顺序和所起的作用。随着信息技术对汽车工业的渗透，越来越多的主动安全装置改变了驾驶人在驾驶活动中的角色（如自动巡航、车道保持、ABS、ESP 等），系统会自动检测一些因素的变化，并自动做出反应。但是人的感知、心理、适应性、反应和疾病，以及驾驶室内外部环境的改变等一些难以量化的因素，均直接影响交通事故过程的演变。本章从交通事故过程的全局出发，研究事故过程的重要因素及关键事件，对影响交通事故过程的各类因素的特征及作用未做详细分析。

4.1　驾驶中的信息处理

驾驶人在驾驶活动中分析处理道路交通系统的绝大部分信息〔ABS、ESP 等由车载电子控制单元（Electronic Control Unit，ECU）处理相应信息〕，在处理交通信息活动中主要处理通过视觉、听觉等输入的信息，并根据这些信息采取相应的操作与控制活动，确保车辆的安全行驶。

4.1.1　驾驶中的信息

人的感觉器官可以接收各种各样的刺激，如驾驶人的眼睛可以看见车内的仪表盘，车外的道路、车辆、行人、交通信号和标志；耳朵可以听见发动机和喇叭的声音；鼻子可以闻到异常气味；手脚可以感觉到振动等。所有这些可以被人直接或间接感知的各种刺激，均对安全行车产生重要影响。

常见的车外道路交通情况及车内情况的变化形成的信息有以下几类。

1. 突显信息

突显信息即突如其来的信息。例如，儿童突然从车前横穿马路，自行车突然在车前侧倒，前车突然紧急制动，车辆突然爆胎等。

2. 潜伏信息

潜伏信息即具有一定隐蔽性、驾驶人不能直接观察到的信息。例如，在雨雾中行驶；在视线受到障碍的视线盲区中行驶；在路面附着系数降低，潮湿或冰雪路面行驶（易引起侧滑）；未被驾驶人发现的车辆带故障行驶等。

3. 微弱信息

微弱信息即提示不明显、驾驶人不易觉察的信息。虽然感觉器官能将这类信息反映到大脑之中，但大脑往往辨别不清，容易产生犹豫、疏忽，甚至错觉。例如，夜间穿黑衣的行人、月光下靠近公路的矮房、弯道及上下坡等，均属微弱信息。

4. 先兆信息

先兆信息即事故发生前具有某些征兆的信息。例如，车辆制动不良上路行驶，驾驶人酒后开车、超速，车辆超载、超长、超高、超宽，驾驶人违规操作，急弯陡坡前设置的警告标志等。

4.1.2 驾驶中的信息的特点

在行车过程中,驾驶人需要处理的信息有如下几个特点。

1. 需要处理的信息多

在车辆行驶过程中,驾驶人要主动搜集和处理来自车内、车外的各种信息,并针对道路和交通情况(如道路的宽窄、弯曲、凹凸、交通标志、交通信号、行人及其他车辆等)做出反应。在城市道路行车,由于车多、人多、路口多,标志、标线、信号灯等道路管理设施齐备,驾驶人需要处理的信息更多。

2. 需要处理的信息变化快

道路交通在一天内是不断变化的,尤其道路交通信息每时每刻都在变化,再加上我国混合交通和交通违法现象还比较普遍,交通信息的变化往往超出了驾驶人的预测能力。

3. 不同信息对安全行车的效用存在差异

在行车过程中,驾驶人需面对庞大的信息,但并非每一个信息都是紧迫的,驾驶人需要根据掌握的知识和经验及时处理那些对安全行车有直接关系的信息。在信息超负荷的情况下,驾驶人只能选择那些紧急的信息加以处理,而忽视其他不必要的信息。

4.1.3 信息处理过程

在车辆行驶过程中,驾驶人通过视觉器官、听觉器官和触觉器官从交通环境中获取信息,经过大脑进行处理,并及时做出判断和反应,再支配手脚操纵汽车,使其按驾驶人的意志在道路上行进,如图 4.1 所示。在这一过程中,驾驶人要受到自身生理及心理因素的制约和外部条件的影响,在信息采集、判断和处理的任何一个环节上发生差错,都会危及交通的安全和通畅。

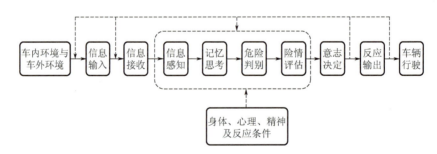

图 4.1 驾驶人安全行车信息处理过程

当驾驶人发现外界刺激信息时,一般都能在 0.5~1s 内做出正确的判断,采取相应的措施,调节驾驶操作,从而改变车辆的运动状态。由图 4.1 可知,信息来自车内环境与车外环境,驾驶人对车辆的操纵形成车辆的某种运动状态,而车辆在道路环境中的运动状态又作为新的信息反馈给驾驶人,作为连续进行操纵的依据。

4.1.4 驾驶信息来源

安全驾驶的前提是及时充分地获取信息，驾驶人在驾车过程中，必须时刻注意来自车辆周围的信息。当驾车途经一个无信号设施的十字路口时，驾驶人需要对车辆、行人、骑车人等进行充分观察。例如，前车是否要左转弯，行人行走在人行横道线的什么位置，行人是大人还是小孩，在视线出现盲区的地方会不会突然窜出汽车来等。只有看清楚这些情况获取必要信息后，驾驶人才能操纵汽车顺利通过；反之，若获取信息遗漏，错过重要信息，则难免会发生事故。

【驾驶人信息源】

从驾驶人信息加工的过程可以看出，当车辆运行时，对环境信息的收集和处理都是在快速行进中进行的，并要根据变化不断进行车辆行驶的校正操作。驾驶人在行车中一般从以下几个方面获取信息。

1. 从前后方向获取信息

一方面要从前风窗玻璃上获取道路前方的车辆、行人等信息，这是获得信息的主要途径。要根据自己是想直行还是转弯，观察前方是否有车辆，是大车还是小车，注意保持合适的跟车距离；道路状况如何，有无妨碍车辆行驶的障碍物。另一方面是从车内后视镜、车外后视镜及后车窗获取车辆后方的信息，观察跟随车辆的状态和其他情况，注意避免发生追尾和刮擦事故。

2. 从左右方向获取信息

这主要是收集车辆行驶方向的横向位置上的有关信息，主要依靠车辆左右两侧车窗获取信息。例如，有无行人横穿，前方交叉路口有无车辆的横行，在交叉路口有无车辆转弯，近旁有无车辆超越，与左方骑自行车人的安全间隔距离等，要注意他们的位置、移动方向和速度，根据呈现的现状获取必要的信息。

3. 注意获取突显信息和潜伏信息

我国机动车辆种类较多，各地均存在混合交通的现象，特别是交通参与者遵章守法意识还不够强、道路隐患较多。实践证明，多数道路交通事故是在信息突然呈现而驾驶人来不及反应的情况下发生的。当车辆行驶在道路上，前方道路上可能没有任何妨碍车辆行驶的信息，但驾驶人要时刻注意行车中可能存在的交通风险和隐患。

4.1.5 获取信息的要点

1. 获取信息的位置

驾驶人应根据自己所驾车型和所承担的运输任务，使自己的车辆尽可能处于能及时准确掌握车辆周围隐患和交通情况的状态。当驾驶小车跟在大型载货汽车或大型公共汽车后面时，就很容易失去对前方道路情况的把握，当前方突然出现险情时，车辆出现追尾相撞事故的概率大大增加，在这种状态下就要适当调整与大型车之间的跟车距离，以便能及时获取交通信息。尤其是行驶于拥挤的车流中时，要尽可能地使车辆处于容易获取信息的位置上。

2. 获取信息的时刻

及时获取险情信息是有效避险的前提。当驾驶人心不在焉地驾驶汽车时，常会遗漏掉许多有用信息，甚至关键信息。无论是发现信息延迟还是根本就没有感觉到，都会对安全行车造成不利影响。所以，在汽车起动前和行驶中，驾驶人都应积极地去获取汽车内外的信息，对驾车中存在的隐患和险情做到早发现、早排除。驾驶人野外行车时，道路交通标志、标线相对不足，有限的交通标志和提示对安全行驶十分重要，此时驾驶人应谨慎驾驶。

高速公路上的出口标志共四块，每一块的出现都向驾驶人提供了不同的信息。第一块出口预告标志牌设于出口之前 2 000m 处，驾驶人如果准备在该出口驶出高速公路，见到 2 000m 预告标志后，就应开始做驶出准备。尽可能不再超车，已经行驶在超车道上的车辆要尽快返回主车道。第二块出口预告标志设于出口处之前 1 000m 处，见到该标志后，绝不可再进行超车，否则有可能到达出口处时来不及返回主车道，因而无法驶向出口。高速公路的出口一旦错过，则必须从下一出口驶出。第三块出口预告标志牌设于出口前 500m 处，驾驶人见到此标志，就应打开右转向灯，表示即将驶出高速公路的意图，做好进入减速车道的准备。第四块出口预告标示牌设于减速车道起点上，见到此标志，驾驶人就要平稳地向右转动转向盘，平稳驶入减速车道。若错过合理的时间和地点，驾驶人则有可能在慌乱中冲向出口，就必然导致事故的发生。

3. 获取信息的数量

通过对交通肇事较多的驾驶人进行检测发现，他们的注意力只在一个方向（左或右）。这就说明他们在驾驶时，不能较全面地观察环境情况，当只注意一个方向时，无论是左方还是右方，都必然漏掉一些有用信息，对行车很不利。因此，驾驶人在驾驶操作中，注视点应不断移动，多方位观察。尤其在城市混合交通的情况下，更应尽可能全面掌握安全行车相关信息。

4. 获取信息的范围

【驾驶人获取信息的范围】

随着车速的提高，汽车的制动距离延长。因此，当车速提高后，要把注视点适当地向前移，以获取更远距离范围以内的信息。当车辆行驶在市区时，由于人多车多，加之混合交通，驾驶人难以掌握远方的情况，为了能及时停车避免危险，驾驶人就必须降低行车速度。

另外，在弯道处视线出现盲区或夜间无法观察远方的情况下，以及在雨天和雾天视线受到阻碍，驾驶人要获取远方的信息有困难时，都应降低车速行驶，以便获取一定距离以内的信息，确保行车安全。

4.2 驾驶人的感知与反应

道路交通事故重建中驾驶人对险情的感知时间和反应时间会对交通事故过程产生较大影响，也是重建交通事故过程中需要着重研究的对象。首先，通过对驾驶人感知和反应能力的分析，可以帮助调查人员确定事故是否可以避免；其次，可以比较实际感知点与交通环境下可能的感知点之间的差别，以判定驾驶人是否疲劳或注意力不集中；最后，可以判定驾驶人对道路险情所采取的避险措施在当时条件下是否是最有效的。

在分析重建道路交通事故的过程中，要客观全面地认识驾驶人感知与反应对交通事故的影响，必须明确以下事实。第一，感知和反应之间在时间上并不存在一个明确的界限，它们经常存在一定的交叉重叠。第二，尽管人们在实际分析中更多的只是考虑道路在使用中产生的视觉刺激，但是听觉、触觉也同样是交通活动中的重要刺激，有时在分析中还扮演重要的角色。第三，驾驶人的感知和反应在汽车工程、交通工程、公路设计及交通事故重建工作中都是十分重要的。

4.2.1 感知基本知识

感觉是刺激作用于感觉器官，经过神经系统的信息加工所产生的对该刺激物个别属性的反应。人们通过视觉、听觉、触觉、嗅觉和味觉全面接触某一事物，从而对事物做出客观、全面的认识。在驾驶活动中，驾驶人通过感觉器官（眼睛、耳朵、皮肤等）从外界交通环境中获取感觉信息，在感觉的基础上大脑对感觉信息的综合整体反应就形成了知觉。驾驶人的感觉和知觉两者密不可分，统称为感知。感知信息与驾驶过程如图 4.2 所示。

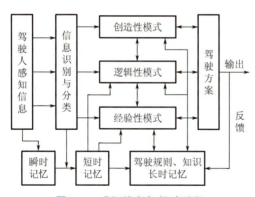

图 4.2　感知信息与驾驶过程

感知特性是驾驶人重要的交通特性之一，它与交通安全有着密切的关系。日本研究资料证明，在汽车驾驶过程中，因不安全感知引起的交通事故最多，约占事故总数的 51.4%。其中与驾驶安全行为有关的重要的感知主要有视觉感知、听觉感知、空间感知和运动感知等。

1. 视觉感知

视力是指眼睛辨别外界物体的敏锐程度，分为静视力、动视力和夜视力。静视力是指人和观察对象都处于相对静止状态下的视力；动视力是指人和观察对象处于相对运动状态下的视力，根据运动关系分为人动视力、物动视力、全动视力，三者依次减弱；夜视力是指人在黑暗环境中的视力。驾驶人的动视力与车辆行驶速度密切相关。车速越高，动视力越差。驾驶人在正常行车过程中的动视力比在静止状态静视力时低 10%～20%，高速行驶等情况下甚至会降低 30%～40%。动视力的下降会大大缩短驾驶人的视认距离，从而造成驾驶人无法及时读取交通信息，严重影响安全感知。

2. 听觉感知

听觉感知的功能是使驾驶人产生与外界交通环境相应的生理反应、适当的听觉描述，并完成基于听觉的认知功能的安全驾驶。听觉是除触觉以外最敏感的感觉通道，当驾驶人感知信息量较大时，视觉感知容易产生疲劳，降低安全感知能力，而听觉感知就成为对视觉感知的重要补充。

3. 空间感知

空间感知较复杂，靠视觉、听觉、运动觉等多种感觉系统的联合活动来实现对客观世界三维特性（大小、深度、距离、方位等）的感知。空间感知对驾驶人安全行为非常重要，行车、超车、会车、停车等所有的驾驶操作都要依靠空间感知来完成，没有空间感知将无法驾驶机动车辆。驾驶人空间感知中的距离感知和方位感知对安全驾驶行为具有重要的作用。距离感知关系到驾驶人在跟驰驾驶过程中能否与前方车辆保持安全距离，以及判断超车条件能否满足安全要求。方位感知决定了驾驶人的行驶路线和控制车辆的运行方向，以及遇到突发事件时如何安全避让。

4. 运动感知

运动感知是对物体在空间位移变化特性上的感知，需要视觉、听觉等多种感觉系统协同活动实现对运动速度感知。驾驶人的运动感知主要是对车速的感知能力，即速度感知。车辆行驶时，驾驶人通常以自身为参照物，因此路面或路面上的物体在视网膜上形成的像就会发生连续的位移变化，产生"似动"现象，形成速度感知。视觉对一般速度的感知起着主导作用，听觉和触觉等其他感觉系统作为辅助部分，但随着速度不断增加，外界物体在视网膜上成像效果越来越差，视觉对速度感知的作用逐步弱化，而听觉和触觉作用不断加强，驾驶人依靠听觉感受空气流动及驾驶座椅产生反作用力形成速度感知。

交通活动中驾驶人感知错误可分为两个方面。一是刺激出现了，驾驶人却没有感知到或无法感知到；二是对刺激物感知不全面。造成这些感知错误的主要原因有以下三种。

（1）未感知。未感知指的是驾驶人在行车时，由于注意范围狭窄、注意力不集中、注意分配不当和注意力转移不及时等原因，未能及时注意观察道路交通情况，致使本该发现的危险情况没有被发现或未及时发现，这是常见的道路交通事故原因之一。据统计，这类事故约70%发生于交叉路口，约17%发生于驾驶人由支路进入主干道时。

（2）感知错误。感知错误是指由于驾驶人视线固定、视野狭窄、不能发现道路交通情况的发展变化、不能分辨危险程度等，造成知觉延误，观察不准确、不全面。驾驶人在疲劳状态或缺乏驾驶经验时容易出现感知错误。研究表明，经验丰富的驾驶人发生感知错误的概率相对较低。而且，由于经验的不同，驾驶人感知错误的表现也不尽相同。例如，驾龄在1年以内的驾驶人往往把注意力集中在自己车辆的前方，只顾自己开车而不顾其他情况，而且容易只把注意力集中于一些次要目标的细节上，却忽视了主要的道路交通情况；而老龄驾驶人尽管经验很丰富，但由于视觉机能衰退，因此发生观察错误的可能性反而比一般驾驶人要大。

（3）感知延误。道路上行驶和停止的汽车、道路（如弯道）内侧的树木枝叶、路旁的违章建筑等障碍物对视线的遮挡，以及恶劣天气对视觉的干扰等，都会使驾驶人的视线暂时受阻，不能及时发现道路交通对象，来不及采取避让措施而引发道路交通事故。常见的有道路两侧强度较大的视觉干扰，如色彩奇异的广告、霓虹灯、宣传标语、闹市街头的宣传、演出活动，以及凌乱的建筑等，都容易吸引驾驶人的注意力并使之脱离观察中心区，造成感知延误，导致道路交通事故发生。

4.2.2 反应基本知识

反应是驾驶人对某种刺激产生应答的行为过程。一般用反应时间长短衡量驾驶人反应能力的强弱。反应时间是指驾驶人接受刺激到完成相应动作之间的时间间隔，包括感知、判断决策和操作三阶段的反应时间。驾驶人反应时间过程如图 4.3 所示。

反应时间根据"刺激—反应"的复杂程度分为简单反应时和选择反应时（复杂反应时）。其中，驾驶人对单一刺激，采取一个动作就能完成，这种单一反应所需的时间称为简单反应时；驾驶人对不规则呈现的多个刺激，需要经过辨别，完成一个以上选择性的动作，这种在不同的刺激之间选择出一种刺激进行反应所需的时间称为选择反应时。

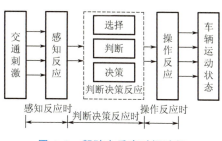

图 4.3 驾驶人反应时间过程

在驾驶作业过程中，由单一刺激引起单一反应的驾驶行为几乎没有，而往往是由多种刺激引起复杂反应的驾驶行为过程，驾驶人的选择反应时更切合实际驾驶行为过程。例如，驾驶人遇到信号交叉口时，需要根据前方信号灯亮起的是红灯、黄灯还是绿灯，选择做出停车、等待和通行的相应动作反应。驾驶人的反应能力是驾驶行为安全判断决策特性重要的基础指标。反应时间尤其是选择反应时的差别主要是由驾驶人在判断决策时间上造成的，不仅与驾驶人整个机体的状态有关，而且与驾驶技术熟练程度密切相关。从安全角度分析，驾驶人对交通信号刺激或障碍物出现的反应时间越短越好，反应时间越短，就会在时间上给驾驶人留有较大的安全闲限，发生交通事故的可能性就较小。驾驶中选择反应时可通过反复练习来缩短，减少判断决策时间。

交通活动中驾驶人的操作行为主要是通过手操纵转向盘来控制车辆的行驶轨迹，通过脚操纵加速踏板和制动踏板来控制车辆的行驶速度。如果驾驶人在操作转向盘、加速踏板或制动踏板时出现反应迟钝、动作缓慢或操作不准确等反应不恰当现象，就容易造成道路交通事故。反应不恰当有以下两种情况。

（1）反应不及时。主要原因是反应时间过长，特别是因为驾驶人在行车中注意力不集中、开小差，当遇有紧急情况时容易导致反应不及时。数据表明，行车中注意力集中的驾驶人在操纵制动踏板时的反应时间为 0.57s，而注意力不集中、开小差的驾驶人在操纵制动踏板时的反应时间为 0.89s 甚至更长，至少与前者相差 0.32s。以 40km/h 速度计算，汽车 0.32s 可前进 3.6m，而许多事故就发生在这 3.6m 距离中。

（2）反应不准确。主要表现在操作错误或动作不符合安全要求。例如，在行车中，驾驶人发现前方有非机动车或行人横过公路，按照一般情况，驾驶人采取松加速踏板并制动就可以避免事故。但有的驾驶人没有这样做，而是存在侥幸心理，一边转方向盘一边猛按喇叭，结果因为相互避让不及而引发事故。

4.2.3 交通事故原因

驾驶人完成一项交通任务从始至终要实施一系列的驾驶操作活动，同时驾驶人这一系列操作活动确保了旅客与货物运输任务的完成，当遭遇交通事故时，整个驾驶活动被迫中断。分析交通事故原因的基本思路就是寻找交通活动中一系列操作行为被中断的失误或过错。

当驾驶人或行人遭遇危险时，一定会设法避让，而每一个避让措施均包括三个连续行为：一是感知道路上出现的危险；二是对避险措施做出决断；三是避险操作。图4.4以车辆通过制动减速措施避让运动障碍物为例，分析了交通事故发生的原因。在整个险情避让过程中，任何一个环节出现差错，均会导致事故的发生。事故成因分析可以帮助交通事故重建人员正确分析事故过程，确定合理的驾驶人反应时间、车辆的制动协调时间、制动强度等关键性因素。

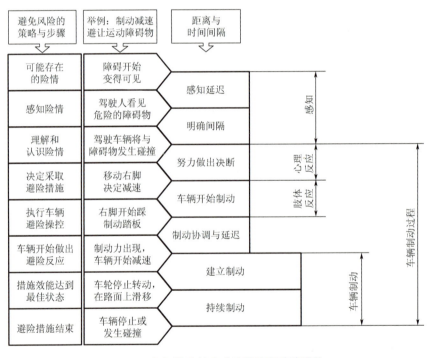

图 4.4　车辆通过制动减速避让运动障碍物

4.3　道路交通事故发生机理

安全科学理论成果很多，无论是事故学理论阶段的诸多成果还是危险分析与控制理论，以及当今的本质安全理论，均对安全生产过程中发生事故的规律性做出了解释和论证。但是，作为指导交通事故重建的理论，应着眼于单起事故的发生、发展和演变过程的

道路交通事故过程与序列事件 第 4 章

理解和认识，从而对某一事故的演变有一个系统和全面的分析，科学指导事故分析与重建过程。1969 年，瑟利（Surry）通过对事故时人对信息的处理过程中的因果关系进行研究，发现人在信息处理过程中会出现失误，从而导致人的行为失误，进而引发事故，这一原理后来被称为瑟利模型理论。在众多事故致因理论中，瑟利模型理论可以有效地帮助事故调查人员科学认识交通事故过程。

4.3.1 瑟利模型

瑟利模型是一个典型的根据人的认知过程分析事故致因的理论。该模型把事故的发生过程分为危险出现和危险释放两个阶段，如图 4.5 所示。事故发生的两个阶段各自包括一组类似于人的信息处理过程，即感觉、认识和行为响应。在危险出现阶段，如果人的信息处理的每个环节都正确，危险就能被消除或得到控制；反之，就会使操作者直接面临危险。在危险释放阶段，如果人的信息处理过程的各个环节都是正确的，则虽然面临着已经显现出来的危险，但通过科学对策仍然可以避免危险释放出来，不会带来伤害或损失；反之，危险就会转化成事故而造成伤害或损失。

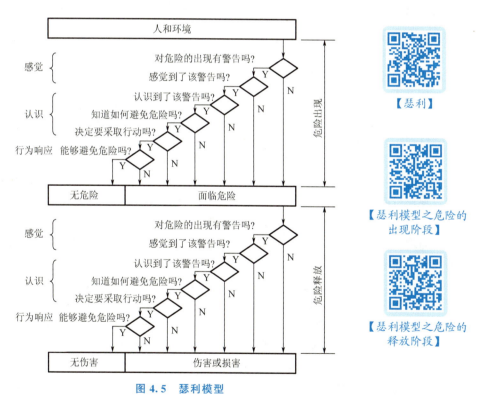

图 4.5 瑟利模型

由图 4.5 可以看出，危险出现和危险释放两个阶段具有相似的信息处理过程，每个阶段均包含三个部分、六个问题，每个问题都事关人处理信息的过程，这些问题按时间序列层层递进，不断演变和发展。

第一个问题：对危险的出现（或释放）有警告吗？这里警告的意思是指工作环境中是否存在安全运行状态和危险状态之间可被感觉到的差异。任何危险的出现或释放都伴随着某种变化，只是有些变化易于察觉，使人感觉得到这种变化或差异，才有避免或控制事故的可能。如果危险没有带来可被感知的差异，则会使人直接面临该危险。在实际交通活动中，危险即使存在，也并不一定直接显现出来。这一问题给我们的启示：要让不明显的危险状态充分显示出来，往往要采用一定的技术手段和方法来实现。

第二个问题：感觉到了该警告吗？这个问题有两个方面的含义。一是人的感觉能力问题，包括操作者本身的感觉能力，如视力、听力等较差，或过度集中注意力于工作或其他方面。如果人的感觉能力差，或注意力在别处，那么即使有足够明显的警告信号，也可能察觉不到。二是工作环境对人的感觉能力的影响问题。如果环境干扰严重，则可能妨碍对危险信息的察觉和接收。根据这个问题得到的启示：感觉能力存在个体差异，提高感觉能力要依靠经验和训练，同时训练也可以提高操作者抗干扰的能力；在干扰严重的场合，要采用能避开干扰的警告方式（如在噪声大的场所使用光信号或与噪声频率差别较大的声信号），或加大警告信号的强度。

第三个问题：认识到了该警告吗？这个问题问的是操作者在感觉到警告之后，是否正确理解了该警告所包含的意义，进而较准确地判断出危险可能产生的后果及其发生的可能性。理解警告所包含的意义，操作者将警告信息与自己头脑中已有的知识进行对比，从而识别出危险的存在。

第四个问题：知道如何避免危险吗？这个问题问的是操作者是否具备避免危险的行为响应的知识和技能。为了使这种知识和技能变得完善和系统，从而更有利于采取正确的行动，操作者应该接受相应的训练。

第五个问题：决定要采取行动吗？表面上看，这个问题毋庸置疑，既然有危险，当然要采取行动。但在实际情况下，无论是危险的出现还是释放，其是否会对人或系统造成伤害或破坏是不确定的。人们的行动是受各种动机中的主导动机驱使的，采取行动回避风险的避险动机往往与趋利动机（如省时、省力、多挣钱、享乐等）交织在一起。当趋利动机成为主导动机时，尽管认识到危险的存在，并且也知道如何避免危险，但操作者仍然会心存侥幸而不采取避险行动。究竟是否立即采取行动，应主要考虑两个方面的问题：一是该危险立即造成损失的可能性；二是现有的措施和条件控制该危险的可能性，包括操作者本人避免和控制危险的技能。

第六个问题：能够避免危险吗？问的是操作者在做出采取行动的决定后，是否能迅速地做出行动上的反应。在操作者决定采取行动的情况下，能否避免危险则取决于操作者采取行动的迅速、正确、敏捷与否和是否有足够的时间等其他条件使操作者能做出行为响应。

上述六个问题中，前两个问题是与人对危险源的敏感性相关的，第三～五个问题与人对危险源的认知有关，最后一个问题与人的行为响应有关。每一阶段的六个问题都反映了事故发展的每个阶段中，人对信息处理的过程、危险源的敏感性和应对突发事件解决能力的重要性。这六个问题涵盖了人的信息处理全过程，并且反映了在此过程中均有发生失误进而导致事故的机会。只有处理好这十二个环节，保证每个问题都不出现失误，那么防止事故的发生或降低其影响才是可行的和有效的。

瑟利模型不仅分析了危险出现、危险释放直至导致事故的原因，而且为事故预防提供了一个良好的思路，即要想预防和控制事故：首先，应采用技术手段使危险状态充分地显现出来，使操作者能够有更好的机会感觉到危险的出现和释放，这样才有预防或控制事故的条件和可能；其次，应通过培训和教育的手段，提高人感知危险信号的敏感性，包括抗干扰能力等，同时应采用相应的技术手段帮助操作者正确地感知危险状态信息，如采用能避开干扰的警告方式或加大警告信号的强度等；再次，应通过教育和培训的手段使操作者在感觉到警告之后，准确理解其含义，并知道应采取何种措施避免危险发生或控制其后果，在此基础上，结合各方面的因素做出正确的决策；最后，应通过系统及其辅助设施的设计使人在做出正确的决策后，有足够的时间和条件做出行为响应，并通过培训的手段使人能够迅速、敏捷、正确地做出行为响应。这样，事故就会在相当大的程度上得到控制，取得良好的预防效果。

4.3.2　瑟利模型理论与交通事故预防

道路交通系统是由"人-车-路"组成的复杂系统。交通参与者在交通活动中随时会遇到许多交通信息，遭遇许多险情，这些险情最终是否演变为交通事故，与交通参与者的感知、认识和行为响应能力密切相关。除意外因素导致的道路交通事故之外，道路交通事故的发生通常可以运用瑟利模型理论来理解和阐释。运用瑟利模型理论可有效指导道路交通事故预防工作。

我国的高速公路通车里程已达13.5万公里，居世界第一，并且还以至少每年5 000km以上的速度递增。高速公路运输承担了全国70%的客运量和40%的货运量，是道路交通运输的主动脉，并有逐年上升的趋势。与此同时，高速公路交通安全状况也日趋严峻，特别是安全隐患较大的隧道事故不断，其事故率远高于开放性路段，而且隧道洞外事故率远高于洞内。隧道交通事故形态以追尾、刮擦和撞壁为主；交通事故车型以小客车和大型载货汽车为主。利用瑟利模型理论对高速公路隧道交通事故进行系统分析，不仅可以为高速公路交通事故分析、重建与处理提供系统指导，还可以对隧道交通事故预防提供科学依据。

高速公路隧道路段交通环境具有一定的特殊性，其主要表现在以下几个方面。一是隧道通行限速比路段限速值低，驾驶人进入隧道路段均需减速，导致隧道前车辆运行速差，速差越大诱发事故的概率越大；二是进出隧道光线照明条件变化大，驾驶人均需有一个明暗转化的适应过程，其间由于驾驶人视觉模糊，也容易引发事故；三是隧道路段车辆密度较开放路段大，跟车间距小，容易形成连环碰撞事故；四是一些隧道出入口有较多的安全设施、标志、标线、减速带、监控设施，驾驶人需要处理的信息量较大，一些信息容易被遗漏；五是不同的隧道内道路条件与照明条件差别大；六是高速公路隧道封闭且空间狭小，隧道内部与外界环境快速转变，其光照度、温度、湿度及可见度等急剧转变，在此环境下驾驶人的生理和心理会出现不同的变化，这些变化对驾驶人对隧道内道路环境信号的收集，甚至是驾驶行为决策均有重大影响；七是隧道内交通环境是一种特殊的交通环境，多数驾驶人缺乏在隧道内防范、决策、避险的经验，由于车流较大，事故发生后处置不当容易引发二次事故，这些因素都决定了隧道路段是高速公路事故预防的重要环节。

驾驶人驾车穿越高速公路隧道路段的过程如图4.6~图4.9所示。根据瑟利模型理论可知，驾驶人要安全通过隧道路段，首先必须在驾驶人进入隧道路段之前，通过道路交通标志的提示信息，感知到前方一定距离后会进入隧道路段，感知到距隧道口的距离、隧道的长度、隧道限速、管理部门对车辆通过隧道的要求等信息，驾驶人根据行车经验和自己掌握的隧道路段行车知识，意识到隧道路段可能出现的隐患；其次，作为一个合格的驾驶人应能够感知到这些提示信息，并能够对这些提示信息有准确的理解和体会；再次，必须加强对这些隐患警示的观察，并做好应对各种险情的准备；最后，要清楚可能出现的险情的应对措施的操作要点，包括身边可以借助的工具和可以利用的条件。当危险一旦真的出现，驾驶人应当清楚如何准确操纵车辆，避免事故的发生。

图 4.6　隧道路段提示信息图

图 4.7　驾车即将进入隧道

图 4.8　驾车隧道内行驶

图 4.9　驾车即将驶出隧道

4.4　道路交通事故过程中的序列事件

道路交通事故作为一个意外事件，其发生经历是一个复杂的演变过程，在这一过程中车辆与驾驶人经历了一系列连续变化的事件。整个交通事故过程可以分为三个阶段：事故前阶段、事故阶段和事故后阶段。事故前阶段是指交通活动从一开始存在各种隐患，如驾驶人休息睡眠不足、负气出车、疲劳驾驶、服用药品、听音乐精力不集中等；事故阶段是指行驶中危险出现，驾驶人由于反应、操作等处置不当，导致车辆与其他物体发生碰撞，造成人身伤害或财产损失；事故后阶段是指事故结束后现场的勘查、处置和伤员抢救治疗等。在交通事故过程中的每个阶段又包括一系列连续发生的事件，这些连续发生的事件记录着交通事故的酝酿、演变和发展过程，称为交通事故过程中的序列事件。准确理解交通事故过程中的序列事件对交通事故分析和重建是十分重要的，它可以使对交通事故的分析与重建工作具体化。交通事故过程及交通事故调查与重建人员需要调查的序列事件及相关事项如图 4.10 所示。

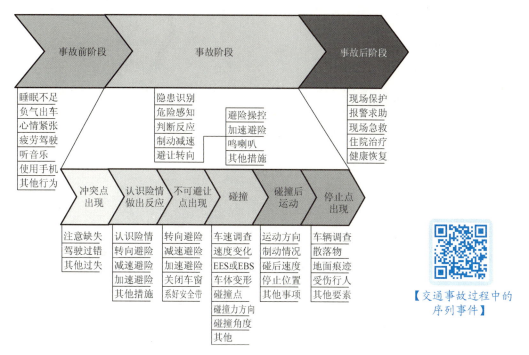

图 4.10　交通事故过程及交通事故调查与重建人员需要调查的序列事件及相关事项

对于事故前阶段，主要调查分析人、车、路、环境等要素中存在的各种隐患，而在重建事故的过程中主要分析驾驶人精神、身体条件及不安全行为等隐患造成的视力、听力、反应等能力的下降，如精神紧张、疲劳驾驶、听音乐、使用手机等妨碍交通安全的行为。

事故阶段又可分为冲突点出现、认识险情做出反应、不可避让点出现、碰撞、碰撞后运动和停止点出现六个阶段。事故阶段是事故重建工作的重点任务。其中，冲突点出现是指车辆在行驶过程中，在特定的车速、制动条件、地面附着条件的情况下，前方行人、车辆或障碍物已经对车辆的正常行驶构成危险，这个险情是客观的，基本上与驾驶人无关。该点又称可能的感知点，险情客观上已经存在，如果驾驶人注意力集中、驾驶经验丰富且反应灵敏，就有可能感知到危险的存在。认识险情做出反应是指驾驶人已经发现危险的存在，根据自己的知识和经验对此险情做出的判断，该点又称感知点，如图 4.11 所示。此时，如果驾驶人判断正确、措施有效，则事故仍然是可以避免的。不可避让点出现是指驾驶人在险情感知点没有做出及时有效的避险措施，随着车辆逐步接近障碍物，客观上存在某一时刻，驾驶人无论采取任何措施均无法避免事故的发生，如图 4.12 所示。

从两车刚一接触开始，如图 4.13 所示，两车间作用力不断增大，进行剧烈的动量交换，碰撞过程非常短促，一般为 100~200ms，在如此短的时间内又分为压缩变形和变形恢复两个阶段。部分变形恢复后两车获得不同的运动速度开始分离，称为碰撞后运动，如图 4.14 所示。当两车最终稳定停止后，便到达各自的最终停止位置，如图 4.15 所示。

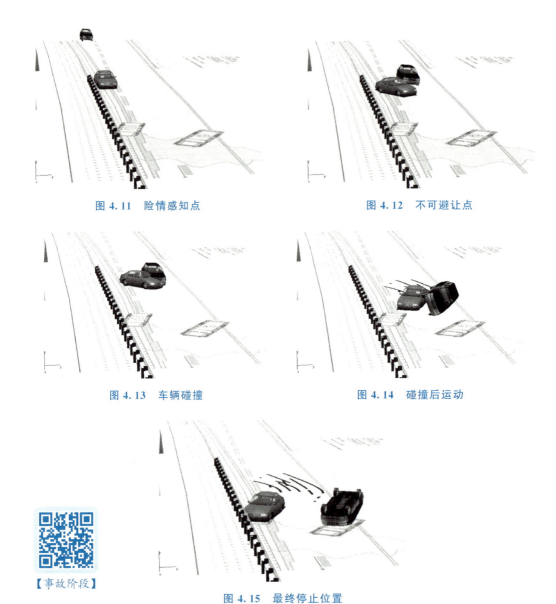

图 4.11　险情感知点　　　　图 4.12　不可避让点

图 4.13　车辆碰撞　　　　图 4.14　碰撞后运动

【事故阶段】

图 4.15　最终停止位置

事故后阶段不是交通事故重建工作的内容，警察在接到报警后对事故现场进行客观、全面、系统的调查取证，调查结果为重建工作提供了最直接的证据材料。

思 考 题

1. 简述驾驶人驾车过程中信息处理的过程。
2. 如何对交通事故过程中的原因进行分析？
3. 交通事故过程包括哪几个阶段？每个阶段有何特点？
4. 试分析两车追尾相撞事故过程中的序列事件。

第 5 章
车辆碰撞中的运动分析

 知识学习目标

通过本章的学习，掌握车辆在碰撞过程中发生的变化；在确定车辆损坏情况之后，能够分析车辆损坏的原因和过程；在动力学和运动学理论的指导下，明确车辆在事故过程中的运动情况。

 能力培养目标

掌握根据车辆损坏情况分析碰撞过程的分析方法，分析车辆碰撞过程中各阶段需要考虑的因素和应注意的问题；能够对车辆碰撞事故形态进行科学分析，并能绘图或利用计算机软件分析碰撞过程中车辆的损坏和运动。

 教学重点

1. 车辆碰撞的过程分析；
2. 碰撞对车辆运动与受力状态的改变；
3. 车辆碰撞过程的分析方法与步骤。

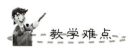 教学难点

车辆碰撞过程中车辆的运动的改变；车辆碰撞过程的分析方法与步骤。

在交通事故的重建过程中,理解车辆在碰撞过程中的运动是非常重要的一步。这一步通常不考虑碰撞发生时车辆在道路上的位置,不考虑驾驶人做了什么,也不考虑碰撞时路面上留下的痕迹。事实上,研究车辆在碰撞过程中的运动,往往是发现车辆在道路上发生碰撞位置和驾驶人在事故中行为的关键。因此,确定车辆在事故中是如何靠近,最后又是如何分离的,通常是研究碰撞事故的第一步。

研究碰撞事故中车辆的运动,主要涉及车辆碰撞受损时以下五个方面的信息。

(1) 车辆个体检查,包括碰撞测量。这项检查可以和车辆的其他检查项目结合起来进行。

(2) 车辆检测报告,这些检测报告最好是书面的,有时也可以是口头上的。

(3) 现场照片,特别是警方根据交通事故现场调查要求制作的照片。

(4) 车辆实际测量的尺寸或已公布的数据。

(5) 汽车零部件,交通事故后车辆零部件的损坏情况,如轮胎、保险杠、车灯和漆片等。当两辆以上的车辆发生碰撞时,这些零部件有助于识别损坏接触的区域。

5.1 碰撞过程分析基础

5.1.1 碰撞分析原理

车辆碰撞过程从两车相互接触开始,到碰撞一步步演变发展的过程中,特别值得注意的是以下三个关键的事件,以车辆碰撞行道树为例分析,如图 5.1 所示。

图 5.1　车辆碰撞过程

1. 初始接触

这是整个碰撞过程的开始,此时,两车间的作用力不断增大。

2. 最大嵌入

车辆从初始接触到相互嵌入,变形量和作用力逐渐增大,并达到最大值。如图 5.2 所示,汽车碰撞固定物,车辆变形量和作用力达到最大时,车辆处于静止状态,此时车速为 0。很显然,在车辆与障碍物发生接触时,也受到来自障碍物的撞击。在某一瞬间,车辆和障碍物达到了相同的运动速度且均为 0。此后,由于车辆具有一定的弹性,车辆便向后运动。车体嵌入深度和作用力逐渐减小,直到二者不再接触,开始分离。也就是说,此时碰撞物体相互脱离。一般来说,最大嵌入量或压溃变形量决定最大作用力,而力的大小决定了速度的变化。在这种情况下，车辆处于减速状态。因为车辆在高速行驶时的弹性很小，所以，车辆在高速碰撞时最大嵌入后的回弹（恢复力）几乎为0。

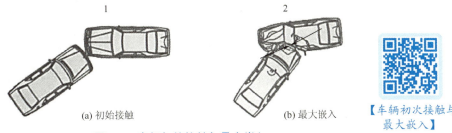

(a) 初始接触　　　　　　(b) 最大嵌入

图 5.2　车辆初始接触与最大嵌入

【车辆初次接触与最大嵌入】

3. 车辆分离

车辆或其他物体保持接合状态，碰撞物体之间的相互作用力变为0。实际上，车辆的变形在最大嵌入时即为车辆的损坏。

5.1.2　两类碰撞

许多人错误地认为碰撞仅仅是第一次接触，甚至认为是最大嵌入时的接触，而事实上碰撞是两车接触的全过程。碰撞可分为以下两类。

1. 全碰撞

全碰撞是指碰撞接触的某些部分在撞击过程中某一时刻达到相同的运动速度，接触部分之间的相对运动将暂时停止，此时并不意味着碰撞中的物体必须相对地面静止。

【全碰撞（迎面相撞）】

2. 局部碰撞

局部碰撞是指碰撞过程中碰撞接触表面的大部分没有达到相同的速度。碰撞过程中接触区域均处于继续滑动状态。

碰撞中车辆部件接触部分的强度不足，难以阻止车辆任何部分的运动，车辆继续向前移动直到相互分离。

在车辆相向运动的碰撞中，全碰撞通常又称迎面相撞。局部碰撞通常又称偏置碰撞，如图 5.3 所示。

【局部碰撞（偏置碰撞）】

图 5.3　车辆局部碰撞

在汽车碰撞中，碰撞物体之一是车辆，另一方可能是机动车、行人、自行车、固定物或者路面。在一些碰撞中，同一辆车可能涉及多个碰撞，每个碰撞可以独立分析对待。车辆碰撞固定物局部碰撞过程如图 5.4 所示。

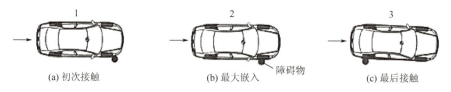

(a) 初次接触　　　　　(b) 最大嵌入　　　　　(c) 最后接触

图 5.4　车辆碰撞固定物局部碰撞过程

5.1.3　碰撞对车辆状态的改变

碰撞过程涉及车辆与其他物体之间的相互作用力。这些作用力同时又改变车辆的速度，包括平移速度的大小、方向和旋转运动的情况等。其中，摩擦力改变车辆在制动和转弯时的速度大小或方向，车辆在摩擦力的作用下，经常会在路面上留下摩擦痕迹。碰撞力通常比摩擦力要大得多，也会留下相应痕迹，如车辆损坏、行人受伤、在道路或路边形成损伤痕迹。因此，我们首先需要研究碰撞力对车辆运动产生的影响。

1. 速度的变化

碰撞力会造成车辆局部和零部件的变形和损坏，其程度主要取决于以下两个方面。一是力的大小和方向，如果车辆是迎面相撞，则车辆就会减速；如果是车辆被追尾，则会使被撞车辆加速。二是车体结构的承载能力。

碰撞力造成车速改变的程度主要取决于碰撞力的大小和车体的质量。一个相对较小的碰撞力会造成质量较小的车产生较大的速度变化；一个质量较大的车则需要更大的力才会产生较大的速度变化。

2. 旋转运动

碰撞力除了改变车辆的速度之外，还可以使物体产生转动。碰撞力对车体产生的旋转运动效果主要取决于它的大小、方向和作用点。

如果碰撞力作用线通过车辆的质心，则碰撞力仅使车体沿碰撞力方向减速或加速，而不发生旋转。然而，实践中碰撞力作用线通过车辆质心的情况是十分罕见的。

碰撞力作用线通过质心并不意味着作用线通过车辆的几何中心线，它可以作用在车辆的任何部位，如图 5.5 所示。

通常，碰撞力多是偏心的而不指向质心，致使碰撞力对车体两侧的作用不平衡，使车体发生旋转运动，其作用效果取决于碰撞力大小和其相对于质心的距离，两者的乘积即为碰撞力相对于车体质心的转矩，转矩越大车体旋转越剧烈，如图 5.6 所示。

3. 运动方向的改变

当碰撞力作用线远离车体质心时，产生的力矩就会使车辆产生旋转，力矩越大，被撞车辆旋转得越快,致使两车迅速分离,撞击车辆的运动甚至几乎不发生改变而继续向前行驶,如图 5.7 所示。

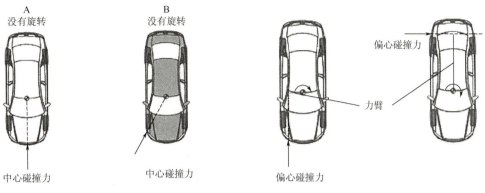

图 5.5　碰撞力为中心力的情形　　　　图 5.6　偏心碰撞力使车体发生转动

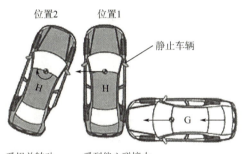

图 5.7　碰撞力使车辆发生旋转

4. 作用力方向的改变

两车发生碰撞后由于车辆的位置会发生改变,相互嵌入的区域发生变化,从而导致车辆间碰撞力的方向也发生改变,这个变化的作用力又导致车辆的运动方向也不断发生改变。需要注意的是,在局部碰撞(或车辆刮擦)中,相互接触的受损区域是不断移动和变化的。例如,汽车与道路护栏发生局部刮擦时,车体与护栏的接触随着车辆的向前运动而不断发生变化。

5.2　车辆碰撞过程的受力与运动分析

5.2.1　车辆碰撞过程中的运动

1. 运动车辆碰撞静止车辆

质量相同的 A、B 两车发生碰撞,O 点为接触点,如图 5.8 所示,其中,A 车碰撞时处于静止状态,B 车以一定的车速向前运动。碰撞力作用于接触点,作用线沿 B 车行驶方向。B 车对 A 车的碰撞力产生逆时针方向

【碰撞力对车辆运动的影响】

力矩，使 A 车逆时针方向转动。由于 A、B 两车的初速度不同，因此两车运动时偏转的角度也不相同。

图 5.8　运动车辆与静止车辆发生直角碰撞

当运动中的 B 车以任意角度与处于静止状态的 A 车发生碰撞时，如图 5.9 所示，两车间碰撞力依然沿行驶中的 B 车速度方向，通过接触点的作用力对静止中的 A 车相对质心产生顺时针方向力矩，促使 A 车发生顺时针偏转；对行驶中的 B 车产生逆时针方向力矩，使车辆运动姿态向逆时针方向摆动。

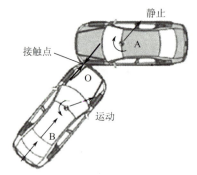

图 5.9　运动车辆与静止车辆发生任意角度碰撞

碰撞力究竟使车辆如何运动，需要具体分析。车辆的初始运动状态、碰撞力作用的部位、碰撞力的大小和方向，是分析车辆运动状态的主要因素。

2. 运动的两车发生碰撞

如果 A、B 两车发生碰撞时均处于运动状态，如图 5.10 所示，则两车的作用力分别产生绕各自质心的逆时针和顺时针方向力矩，使两车的行驶方向分别产生逆时针方向和顺时针方向的偏离。

分析运动中的两车发生碰撞时，需要注意以下事项。

（1）分析究竟是谁撞了谁的问题是毫无意义的，二者是相互碰撞。

（2）碰撞力的方向不沿任一车辆的行驶方向（除非两车是正面相撞或追尾碰撞）。

（3）运动速度较低或质量较小的车辆受到的影响比较大。

（4）车辆受损的程度也不表明碰撞速度的大小。

（5）碰撞时车辆的受力方向与车辆的运动方向是不同的，二者是完全不同的概念，经常容易混淆。

【两运动车辆发生碰撞运动分析】

图 5.10　运动车辆发生碰撞后的运动

5.2.2　车辆碰撞后的损坏

1. 损坏与运动

A、B 两车碰撞后损坏完全一样，对于相同型号的两车，其运动条件不同，也会产生相同的损害后果，如图 5.11 所示。因此，单从车辆损坏本身来看，人们不能确定两车在碰撞中哪一方速度更快。

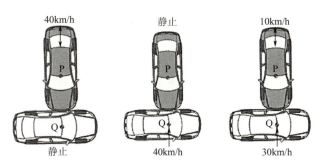

图 5.11　不同运动条件产生相同的损害后果

在两车相撞过程中，如果能满足以下三个条件，则在不同的运动条件下两车会产生相同的损害后果。

（1）两车第一次接触部位相同。

（2）以相同的方向相互接近。

（3）两车相互接近的速度相同。

因此，损害只反映车辆的相对运动，而无关车辆在道路上的位置，这一点对事故分析人员是非常重要的。如果有人拿出两辆相撞的车辆照片，问："哪一辆车速度更快？"，答案必然是"单独从损害情况看，不能确定，没有人能回答这样的问题"。进一步分析判定则需要附加其他信息。

2. 损坏与速度大小

分析车辆碰撞的过程中通常容易被人误解的内容有：多数人认为两车碰撞事故中，速度快的车辆遭受的伤害大；也有人认为相反。这两种认识都是错误的。在两车碰撞中，强势的一方遭受的损伤小。车辆在碰撞过程中两车间的碰撞力是一对作用力与反作用力，其大小相等、方向相反、作用线相同，且同时存在、同时消失。碰撞时总是结构和强度较差的一方首先遭到破坏。因此，一辆用槽钢保险杠的卡车和一辆装饰格栅的紧凑型轿车之间的碰撞，卡车保险杠几乎不受损伤，而轿车的装饰格栅却被撞得粉碎。无论卡车和紧凑型轿车的运动速度大小如何，结果几乎是一样的。碰撞时接触部件的强度决定了损坏的程度。

3. 损坏与作用力大小

两车碰撞初始时刻，由于车体外部多为覆盖件，其刚度和强度相对较小，因此车体沿碰撞力方向被压溃变形。但是，随着碰撞过程的不断推进，车辆往往以不同的速度或沿不同的方向旋转，如图 5.12 所示。因此，两车之间碰撞力的方向是不断变化的。汽车零部件的挤压方向也发生了相应的变化。当两车之间的作用力达到最大时，车体在另一车上产生的压溃变形量也达到最大。随着碰撞力的减小，变形基本保持不变，因为汽车部件基本上是非弹性的。

【碰撞过程中的接触部位和作用力的变化】

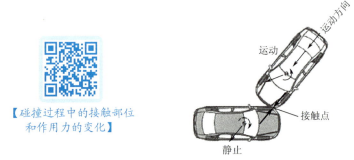

图 5.12　碰撞过程中的接触部位和作用力均不断变化

因此，现场所看到的碰撞后的损坏，实际上是碰撞沿最大嵌入量时的碰撞力方向与变形量，而不是第一次接触形成的。车辆碰撞过程是碰撞力、碰撞力方向和变形量均不断发生变化的过程，再加上车体本身都会有一定的弹性，因此，车辆在碰撞过程中所产生的最大变形量与最终呈现出的变形量通常会有轻微的差别。这种差异在低速碰撞时较大，而在高速碰撞时较小。

4. 损坏与接触部位

查看车辆损坏情况可以揭示车体哪些部位发生了接触。但是，大多数人并不知道究竟需要具体检查哪些接触损坏区域，才可以确定车辆在碰撞过程中是如何运动的。很显然，两车的接触损坏区域显示碰撞过程中它们发生了相互作用，但确定它们究竟是如何接触的，可能是比较困难的。

最简单的情况是车辆上有一个非常明确的、可识别的车体印迹，此时通过对比造痕体与承痕体，即可容易辨别车辆间是如何接触的。

有时印迹很容易识别，如前照灯边缘痕迹。有时印迹是轻微的、模糊的，或容易与其他损坏痕迹相混淆。如果两车的接触损伤区域尺寸相同，那么它们就可以很容易地匹配。

如果接触损坏区域被涂抹、划伤或磨损，则接触面之间有可能发生了相对运动。

如果一方接触损伤面积小或短，另一方却很大且很宽泛，则接触面之间有可能在相互嵌入时产生了滑移。在车辆碰撞固定物的案件中，这种情况是很常见的。

如果车辆的一个角碰撞到另一辆运动车辆的侧面，则车辆角部的损伤可能只有20cm宽，而在另一辆车侧部的损坏可能会延伸到1m或更长。

如果车辆侧面的损坏与碰撞它的车辆的宽度大致相同，则损坏可能是发生了直角碰撞，即车辆只有一个角参与了碰撞。

一方车体上有一个较长的接触损坏区域，而另一方车体上有较短的接触损坏区域，通常表明车辆之间产生了侧部刮擦或局部碰撞。车辆以一定角度碰撞另一车体侧部时，车辆的这个角同样可以在车体上留下较长的损坏区域，随着刮擦的继续，嵌入深度逐渐增大，直到达到最大时停止，碰撞结束。仔细研究碰撞时两车的损坏情况并进行记录是非常必要的，由此可以分析得出两车是以什么样的方式造成的损坏。

综上可得，确定接触损坏区域的最大嵌入部位和碰撞合力作用点通常是非常困难的。

5.3 车辆碰撞的分析方法与步骤

5.3.1 碰撞的分析方法

分析碰撞过程的常用工具是交通模板、描图纸、铅笔或计算机软件。图5.13所示为交通模板与事故分析软件。

【车辆碰撞分析工具与软件系统】

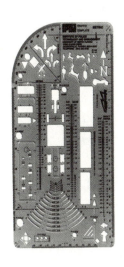
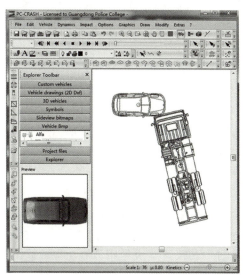

图5.13 交通模板与事故分析软件

分析车辆碰撞过程的第一步是按比例绘制事故车辆的轮廓，在图上注明损坏变形的区域和作用力方向，并用箭头在车辆最大嵌入部位标明作用力的大小和方向。图5.14所示为车辆碰撞姿态及变形与作用力示意。在碰撞过程中，车辆之间作用力的大小是不断变化的。在1s时间内，作用力从零增加到一个非常大的数值，同时作用力的方向也是不断变化的。

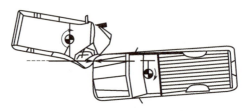

图5.14　车辆碰撞姿态及变形与作用力示意

碰撞作用力的主方向并非是通过检查受损车辆或受损车辆的照片，然后凭经验或感觉就可以确定的。它需要仔细观察分析，特别是哪些痕迹及变形是碰撞接触形成的，哪些是在碰撞后的运动中产生的，从而确定最大嵌入点的位置。确定碰撞作用力主方向最好的方法是在车体上标记碰撞最大嵌入点位置，然后测量与车辆未发生碰撞前所产生的纵向变形量和横向变形量，如图5.15所示。

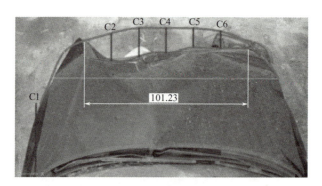

图5.15　测量车体变形量

确定碰撞作用力主方向不是一件容易的事情，它需要仔细观察车辆或图片，特别是应区分接触引起的损坏，并确定最大嵌入点。确定力方向的最佳方法是确定某些特定部分（如前照灯）的最大啮合（最大穿透）位置，并从正常位置测量其纵向位移和横向位移。

需要注意的是，车辆的整个侧面或前后部的变形刚度是不完全一样的。很显然，车轮的周围部分比挡泥板区域的变形刚度要大一些。同样，在侧面碰撞时，车门下部区域的变形刚度比上部区域也要大得多。

当两车以直角方向发生碰撞时，一方车辆的整个前端碰撞另一方车辆驾驶人侧的侧面。此时，碰撞会导致驾驶人侧前门部分发生很大的嵌入变形，而撞击车辆的前部却很少发生变形。这可能会导致定位作用力主方向的位置不正确，因为最大嵌入的区域并不是最大作用力的位置。相反，最大作用力施加在被撞击车辆的车轮和保险杠左前区域。车辆门板处的刚度较小，容易产生比车轮和保险杠更大的变形量。

图5.16所示为两车迎面相撞的受损情况，其中，A车碰撞后逆时针方向转动，从图

中的受力情况也可以看出，碰撞力为一偏心力，在该力的作用下汽车逆时针方向转动；而 B 车受到的碰撞力为一中心力（力作用线通过质心），因此 B 车并没有发生转动。

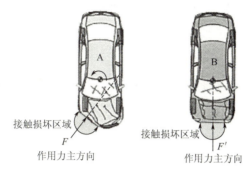

图 5.16　两车迎面相撞的受损情况

从车辆碰撞后的损坏图片上，人们可以分析出车辆的最大嵌入位置。这项工作需要遵循两个基本的规则。

（1）车辆最大接触损坏区域必须对应于另一车的最大变形区域。

（2）作用力方向必须在同一直线上，且方向相反。因为它们是一对作用力与反作用力。

确定接触位置最简单的方法是在描图纸上追踪车辆位置的变化，不断调整受损车辆的相对位置，直到满足上述两个规则条件为止，如图 5.17 所示。另一种方法是用硬纸或卡片剪出车辆的轮廓形状，然后调整它们的相互位置，从而确定碰撞时作用力主方向与位置。随着计算机图形技术的发展，这项工作可以在交通事故分析软件环境下完成。

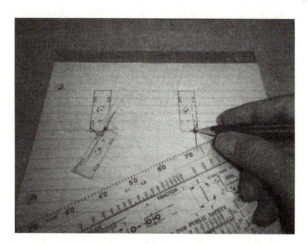

图 5.17　调整车辆相对位置确定作用力作用位置与方向

图 5.18 所示为两车碰撞初始时相对位置，此时它们之间的夹角小于最大嵌入时的夹角，因为 A 车有旋转，而 B 车没有。图 5.19 显示了两车在碰撞过程中从初始位置逐渐发展演变，直到最大嵌入位置的过程。图 5.19 表明，B 车向后推 A 车，使 A 车沿逆时针偏转。如果现场没有充分的数据，那么也可能是 A 车向后推向 B 车，同时 A 车也沿逆时针方向发生偏转。此时，必须有碰撞现场的其他信息才能说明两种可能性中哪一

个是正确的。图 5.20 显示了两车碰撞最大嵌入时的相对位置。两车碰撞分离时的相对位置如图 5.21 所示。同样,由于 A 车受偏心力的作用,它的位置发生偏转的角度也更大,其偏转角度甚至超过了两车发生最大嵌入时所发生偏转的角度。

图 5.18　两车碰撞初始时的相对位置

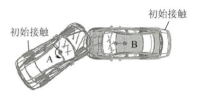

图 5.19　两车碰撞时由初始位置
变化到最大嵌入位置

【两车碰撞过程中接触部位与变形的变化】

图 5.20　两车碰撞最大嵌入时的相对位置　　　　图 5.21　两车碰撞分离时的相对位置

对于碰撞阶段的分析,前文对两车在接触过程中相对位置的变化已经进行了介绍,而对于车辆碰撞前的运动和碰撞后的运动还没有涉及。

从两车在碰撞中的损坏情况可以分析出两车在碰撞过程中的相对运动,却不能得出两车在碰撞中的速度;从车辆变形量的大小可以判断两车在相互靠近时速度的快慢,却不能具体确定两车运动速度究竟是多少。因为 A 车静止、B 车运动,B 车静止、A 车运动,A、B 两车都运动,上述三种不同情况都有可能形成完全相同的损坏后果。

车辆在碰撞过程中,两车之间的作用力总是大小相等且方向相反。如果车辆质量相同,且作用力偏距也相等,则两车在碰撞过程中发生的偏转也是相同的,这种情况称为对称碰撞。但是,如果两车之间的作用力偏距相等,但车辆质量却不同,相等的力对两车的作用效果是不一样的,其中质量较轻的车辆发生的改变就比较大。

车辆在碰撞中受损的事实表明,车辆在接触之前和接触过程中都有运动。碰撞过程对两者的巨大损坏明确表明车辆的运动是迅速的。然而,损坏严重的车辆和损坏轻微的车辆并不意味着车辆碰撞时速度的快或慢。这只意味着受损最严重的车辆在碰撞部位所使用的材料性能不佳、结构较差,故而容易受到破坏,在相同的撞击下会受到更大的挤压变形。

然而,如果一车的行驶速度和方向已知,那么就可以比较合理地推算出另一辆车行驶的速度和方向。图 5.18 所示为两车相互接触的初始位置,不能说明两车碰撞前的运动状态如何,如果仅有一辆车是运动的,那么两车碰撞力的方向即为运动车辆的运动方向。因此,如果已知或假定当两车相撞时 A 车处于静止状态,作用力方向如图 5.16 所示,B 车会一直沿作用力方向移动。在图 5.18～图 5.21 所示的两车碰撞示例中,B 车一直向前运动并形成最大嵌入变形。如果 B 车是静止的，A 车就必然沿作用力方向移动而形成损坏。在这种情况下，A 车朝其右前角倾斜移动；如果车辆没有沿着车头方向运动，而是偏驶，则在这种情况下，A 车需要急剧转向左侧，使它的右侧侧滑。此时可以推测，这一转弯动作是驾驶人做出的一个逃避反应，以避开 B 车的行驶方向。

如果假定 B 车向正前方运动，车体损坏的情况已经表明了受力的方向，此时 A 车不能一直向正前方运动，A 车将会向前进方向的左侧偏转。

如果两车均处于运动状态，就很难断定碰撞是如何发生的。要形成观察到的损坏后果，每辆车速度的大小与方向取决于另一辆车速度的大小和方向，以及它们各自的质量。从理论上讲，如果确切地知道其中一辆车的质量和几何尺寸，两车的损坏情况，以及其中一辆车速度的大小和方向，那么另一辆车的速度是可以计算出来的。但实际上，这些提炼出来的数据通常不是能够随便得到的。

分析车辆在碰撞时的运动只有与其他数据一起分析才是有意义的。例如，一个关于两车碰撞的理论，它源于对路面痕迹的研究分析，理论上讲，该理论可以通过车辆的实际运动与碰撞分析结果的一致性得到验证。如果测试结果与理论分析一致性很高，那么理论就会得到支持（但理论不一定是被证明的）；如果车辆的运动符合度不高，理论的价值就必然受到质疑。

5.3.2　碰撞分析的过程与步骤

碰撞分析要以客观事实为依据。首先，应忽略他人急于给出的结论，或他人不愿意看到的意见。其次，抛开碰撞后对现场情形的各种推断，消除对任何车辆碰撞时的偏见，对碰撞事故现场的实际情况，按照一定的顺序进行分析。通过前面的分析和解释可知，分析车辆碰撞行为典型的流程可以概括为以下步骤。

步骤 1：利用交通模板按照一定的比例绘制出车辆的轮廓，并按照相同的比例绘制碰撞后车辆的情况。

步骤 2：对于每一辆车，研究其损坏情况（或分析损坏车辆的照片），并显示车辆挤压或变形的轮廓。

步骤 3：沿车体损坏轮廓部位，用箭头指针指示碰撞作用力主方向，如图 5.22 所示。

步骤 4：确定碰撞损坏区域中最大损坏、嵌入或变形的位置，判断车辆所受碰撞力的主方向，并将此分析结果用受力箭头显示在车体轮廓中。这项工作可能需要通过对比几个不同的结果，然后才能做出合理的推断。

步骤 5：仔细考虑碰撞作用力主方向与车辆质心位置的相互关系。车辆质心位置大多数情况下在前后轴的中间。然而，当作用力方向靠近质心的时候，质心位置稍有变动，可能导致车体旋转方向的改变。在此情况下，就需要更加精确地确定车辆质心位置。在车体轮廓上绕质心位置用一个曲线箭头表明车体的旋转方向。

步骤 6：将车辆放在最大接合位置。将两辆车变形后的轮廓对齐，或使用两车的剖面图沿两车变形轮廓对齐。调整车辆啮合姿态，使两车最大接合位置相互对应，确定碰撞作用力箭头位置。此后，再次检查车辆损坏情况并调整车辆轮廓，标明车辆碰撞时的最大接合位置，将调整后的轮廓黏紧靠在一起。

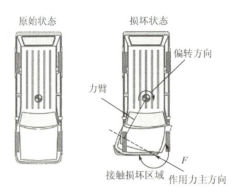

图 5.22　车辆接触碰撞损坏区域的程度

步骤 7：仔细比较碰撞车辆车体的旋转方向和速度。这是估计从初始接触到最大接合时车辆之间的角度变化的基础。原始轮廓的位置（车辆没有损坏的情况下）表示车辆碰撞时的初始接触位置。

步骤 8：按照同样的方法，研究寻找车辆在分离时的位置。

步骤 9：分析碰撞后的车辆运动态势图。寻找第一接触位置的痕迹，主要是轮胎上形成的不规则痕迹，有时痕迹也会遗留在固定的物体上。寻找最大接合部位时的痕迹，如碰撞摩擦、沟痕、刮擦和飞溅痕迹等。尽可能紧密地把两车的轮廓放在同一画面上，并呈现最大嵌入状态时轮廓的啮合位置。在第一接触位置或最大嵌入位置没有任何迹象的情况下，如果有目击者，则根据目击者的陈述放置车辆轮廓的相对位置，或根据相关理论，确定车辆轮廓的相对位置。

步骤 10：仔细思考每辆车如何从其最大嵌入位置运动到停止位置，中间又是如何旋转和平移的。如果有必要，改变最大嵌入位置，使其符合车辆在旋转时形成的损坏。这些痕迹也可能是几次碰撞形成的。如果存在不一致的地方，则需要对力的作用方向和车体的旋转重新进行研究分析。

步骤 11：经过上述分析，力图能够解释清楚车辆在碰撞过程中形成的各种痕迹，如车轮摩擦、沟痕、刮擦和飞溅痕迹等，并显示在图片上。与碰撞不相关的情况，则需要做出解释。

5.3.3　应用举例

两车迎面相撞是交通事故的常见形态。图 5.23 所示为 Ford Crown 出租车和 Lexus 300 四门轿车的碰撞事故现场。两车碰撞后受损情况分别如图 5.24～图 5.29 所示。其中，Ford Crown 整备质量为 1 885kg，Lexus 300 整备质量为 1 640kg。

依据车辆碰撞过程的基本步骤的分析过程如下。

步骤 1：绘制被撞车辆的轮廓。绘制车辆轮廓可以使用交通模板或计算机软件，绘制受损车辆轮廓是为了确定车架变形后的状态、车辆变形部位、变形大小等情况，以分析判定碰撞作用力主方向的作用点和作用线。至于车辆前风窗玻璃的破损情况、发动机盖变形等情况是不需要绘制的。图 5.30 显示了本事故车辆碰撞后 Ford Crown 出租车和 Lexus 300 四门轿车受损后的轮廓及碰撞相对位置。

图 5.23　Ford Crown 出租车和 Lexus 300 四门轿车的碰撞事故现场

图 5.24　Ford Crown 出租车受损情况

图 5.25　Lexus 300 四门轿车受损情况

图 5.26　Ford Crown 出租车前部受损情况

图 5.27　Lexus 300 四门轿车前部受损情况

图 5.28　Ford Crown 出租车左侧受损情况

图 5.29　Lexus 300 四门轿车左侧受损情况

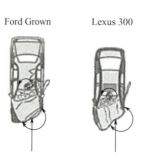

(a) 作用力主方向

(b) 最大嵌入状态

图 5.30　车辆碰撞后的轮廓及碰撞相对位置

步骤 2 和 3：对车辆的受损情况进行分析研究，从而确定车辆受损区域损坏的程度和损坏后的形状。结合车辆受损照片可得，Ford Crown 出租车碰撞后车辆轮廓清晰地表明车辆前部超过一半多一点的部分受到了损坏，受损区域沿车辆左侧延伸到左前轮，左前轮被向后推移。绘制车辆接触损坏的情形，如图 5.30 所示。

用同样的方法分析 Lexus 300 四门轿车的损坏情况。需要注意的是，轿车前端超过一半的区域受到损坏，图 5.27 显示了轿车损伤的部位延伸到左前轮，实际上在轿车的左前门还有一些被擦掉的黄色油漆碎片。绘制车辆接触损坏的情形，如图 5.30 所示。

步骤 4 和 5：确定最大挤压变形和碰撞力主方向。由图 5.26 和图 5.27 可知，两车最大挤压变形位于每辆车的左前轮处，两车左前轮均被向后推移。碰撞作用力应作用于变形的中心部位。两车右侧导致的损坏向车内牵拉，这一现象与作用力指向车辆的正后方向的特征一致。有时初学者会认为作用力应指向车辆的左前方，约 10 点钟的方向。但实际情况并非如此，如果碰撞作用力沿 10 点钟的方向，那么该力可以分解为分别指向车辆后方和右方的两个分力，其作用效果会使车辆的轮廓向右侧和后方发生挤压变形，这显然是不正确的。

本例中每一辆车的作用力主方向均是在车辆质心的左侧。因此，车辆碰撞后将发生逆时针方向转动。Ford Crown 出租车整备质量和 Lexus 300 四门轿车整备质量相差不大，作用于两车的碰撞力相等，且力臂近似相等，一般情况下，两车应有类似的旋转结果。

步骤6：将两车按最大嵌入状态放置在一起，如图5.30(b)所示。每一辆车碰撞作用力主方向必须在同一条直线上，这是一对作用力与反作用力，分别作用于两车。

步骤7：调整每辆车的最大嵌入位置以分析初始接触位置。在本例中，两车发生的旋转大致相同。因此，车辆初始接触的相对位置基本与两车的最大嵌入位置是相同的。然而，实践中车辆在道路上的位置，在从两车第一次接触到最大嵌入的过程中却是不断变化的。

步骤8：判断两车分离时的位置。两车最大嵌入后车体变形部分开始恢复，两车分别产生预期转动和位移，直到它们不再接触。经过分析，两车初始接触、最大嵌入、开始分离的相对预期位置如图5.31所示。

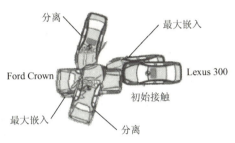

图5.31 两车初始接触、最大嵌入、开始分离的预期位置

步骤9：根据碰撞后车辆的状态分析车辆碰撞后的运动过程，并确保所有的分析判断结果均在车辆碰撞分析图上得以显示。车辆碰撞后的照片如图5.24~图5.29所示。在碰撞事故现场搜集的数据资料，如碰撞后停止位置、金属痕迹、散落物碎片、轮胎痕迹及其他相关信息等均需显示在碰撞后态势图上，如图5.32所示。

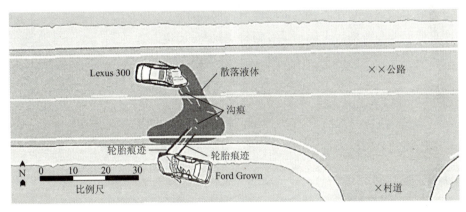

图5.32 车辆碰撞后运动态势图

损坏分析的结果显示两车经历从初始接触到最大嵌入，再到最后分离的相对运动。初始接触在最右侧沟痕的右侧位置，如图5.32所示。初始接触后两车相互推动，随着每一辆车挤压变形的增大，车体前端降低压向地面，形成沟痕。

步骤10：重新检查两车碰撞后运动过程的分析结果，如图5.33所示。

步骤11：对碰撞过程中的所有信息进行解释。例如，车辆从初始接触到停止的过程中前轮轮胎地面痕迹、路面沟痕、液体散落物和散落的车辆零部件等信息。

本实例利用图 5.23～图 5.33 很好地解释了事故的发生过程，许多道路右侧发生的迎面相撞事故均有相似的过程。通常情况下，两车碰撞时车辆前部重叠约 1/3～1/2。碰撞作用力主方向指向车辆的后部，作用力矩使车体沿逆时针方向旋转。两车碰撞分离后向各自的右侧移动。两车可能继续向前运动，也可能一车推动另一车向后运动。无论怎样，两车均向右运动。

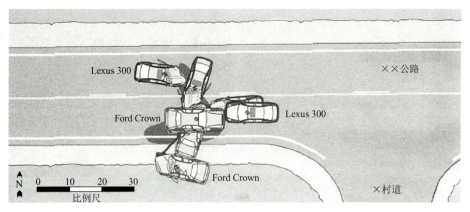

图 5.33　车辆碰撞后运动过程分析

思　考　题

1. 车辆碰撞的过程包括哪几个阶段？各有何特点？
2. 碰撞对车辆运动与受力状态有哪些方面的改变？
3. 两车迎面偏心碰撞后车辆运动有何特点？
4. 利用碰撞分析规范的 11 步骤分析法，分析两车任意角度碰撞过程。

第 6 章
计算机系统辅助道路交通事故重建

知识学习目标

通过本章的学习，了解目前世界上道路交通事故重建软件系统的发展现状，掌握 PC-Crash 软件的安装、调试与运行环境设置，熟悉 PC-Crash 的系统界面菜单组成及功能，系统掌握运用 PC-Crash 重建道路交通事故的一般步骤和主要要求，能够利用 PC-Crash 快速分析重建汽车与汽车之间的碰撞事故及汽车的单方事故，学会汽车与两轮车及汽车与行人碰撞事故的重建方法。

能力培养目标

掌握利用 PC-Crash 分析重建道路交通事故的基本技巧，准确把握利用 PC-Crash 重建道路交通事故的一般过程，能够正确使用 PC-Crash 重建汽车与汽车之间的碰撞事故、汽车单方事故，学会汽车与两轮车及汽车与行人碰撞事故的重建方法。

教学重点

1. PC-Crash 重建道路交通事故的一般过程；
2. PC-Crash 运行环境的设定及 PC-Crash 的正确操作；
3. 汽车与汽车间碰撞事故的分析与重建；
4. 汽车单方事故形态的分析与重建；
5. 汽车与两轮车及汽车与行人碰撞事故的分析与重建。

道路交通事故重建基础

1. PC-Crash 重建道路交通事故的一般步骤。
2. PC-Crash 优化器的科学使用及应用技巧。
3. PC-Crash 功能及参数的选择与设定。
4. 运用 PC-Crash 重建汽车与两轮车碰撞事故。
5. 运用 PC-Crash 重建汽车与行人碰撞事故。

6.1 计算机系统辅助道路交通事故重建概述

就像世界上没有完全相同的两片树叶一样，世界上也不存在两起完全相同的道路交通事故。然而，系统研究道路交通事故成因、科学认识道路交通事故过程、客观认定事故责任、准确评价交通安全状况，无论对于交通管理部门，还是对于车辆设计制造部门、保险部门，以及交通安全科研机构和公安机关都是十分重要的。道路交通事故的不可重复性，道路交通事故模拟的不完整性及较大的风险和成本，使道路交通事故重建工作具有格外重要的意义。因此，道路交通事故分析重建技术日益受到国内外交通安全研究人员的重视，其不仅是分析研究道路交通事故成因的重要方法，同时也为道路交通事故科学防治提供重要指导。

随着计算机技术的快速发展，利用计算机模拟仿真技术重建道路交通事故过程已经成为一种客观、高效的道路交通事故分析手段，特别是随着3D图形技术、3D扫描技术、点云数据处理技术和渲染技术的深入应用，道路交通事故重建工作在道路交通事故调查研究中的成效，不仅受到高等院校和科研院所的重视，而且受到了道路交通事故调查与处理者的认同和关注。

6.1.1 国外道路交通事故重建技术研究现状

本书第1章介绍了道路交通事故重建的分类及发展历程。本章将根据重建道路交通事故基础理论依据的不同及开发的计算机重建系统，介绍道路交通事故重建系统近年来的发展概况。

1. 基于能量守恒定律的事故重建系统

运用能量守恒定律分析重建道路交通事故是一个重要的途径，其分析的基本思路如下。首先，测量车辆的变形量，根据变形部位和变形量大小确定碰撞能量损失，进一步确定碰撞力；其次，依据碰撞能量损失确定碰撞中车辆速度的变化，进而确定车辆碰撞后的速度；最后，确定车辆碰撞前的速度。基于能量守恒定律所研发的道路交通事故再现仿真软件主要包括 SMAC、Crash、EES-ARM 等软件系统。

SMAC 是20世纪70年代由 NHTSA 资助美国康奈尔大学航空实验室研究开发的。SMAC 能够依据事故车辆结构参数、车辆碰撞初速度、车辆行驶方向、碰撞角度、车辆损坏程度、车辆最后停止位置及地面轮胎痕迹，比较精确地模拟车辆碰撞过程的速度变化曲线、行驶轨迹及损毁结果。在模拟碰撞事故时，SMAC 假设车辆碰撞点位置已知，通过反复调整输入的车辆初速度、行驶方向等不确定参数，比对模拟计算结果与实际碰撞结果，以期获得令人满意的结果。SMAC 是一个开放式的重建过程，逻辑判断过程复杂，计算过程需要获得车辆碰撞区域的刚度、变形特性及摩擦特性参数，模拟仿真比较耗时。在 SMAC 成功经验的基础上，1986 年，EDS 公司开发了 PC 版商业软件 EDSMAC。1994 年，McHenry Software 公司发布了 M2SMAC。1996 年，ARSoftware 公司发布了 WinSMAC。

Crash 是 NHTSA 资助美国康奈尔大学航空实验室开发的。最初，Crash 用于协助 SMAC 用户初步估计车辆碰撞初速度，后来用于事故调查，以了解事故损毁的严重程度，Crash 从而成为一个独立的车辆碰撞事故分析软件。Crash 放弃了传统以动量关系和制动距离来计算车辆碰撞前后速度变化的方法，而是根据汽车前部的挤压变形量与碰撞能量损失的经验公式计算速度的变化量。此外，Crash 采用车辆旋转轨迹和动量守恒方法重建事故全过程。在计算过程中，假定碰撞结束瞬间车辆接触面速度相同，且车辆碰撞变形与挤压力存在线性关系，碰撞过程为塑性变形，同时忽略车辆碰撞前后汽车的旋转动能、噪声、热能等能量损失。Crash 依据车体碰撞变形量推断能量吸收量，其碰撞解析精度随车辆变形刚度而变化。Crash 设定了车体碰撞面法线方向的变形，而未设定切向变形能量的吸收问题，且在大量的车辆事故中，车辆的变形刚度信息难以准确获得，因此，Crash 在事故模拟计算时会出现误差比较大的情况。Crash 的升级版本有 Crash 2、Crash 3、Crash 97 及 Crash 2000。在 Crash 的基础上，不同的软件公司对其进行了改进，开发了不同的 Crash 类软件，如 EDC 公司的 EDCRASH、McHenry Software 公司的 MSMAC 3D、ARSoftware 公司的 WinCRASH，以及 Fonda Engineering 的 CRASHEX 等。

2. 基于动量守恒定律的事故重建系统

基于动量守恒定律的事故重建系统以动量守恒定律为基础，根据以下步骤确定相关参数并对碰撞过程进行分析研究：确定碰撞法切平面，确定碰撞弹性恢复系数和碰撞冲量比，确定汽车碰撞后的速度，运用动量守恒定律计算碰撞前的车速。基于动量守恒定律研发的软件主要包括 PC-Crash、IMPAC、J2DACSH 和 CARS 等。其中，PC-Crash 是典型的代表。

PC-Crash 是奥地利格拉茨技术大学车辆安全研究所的 Hermann Steffen 领导的研发团队开发的事故重建软件，目前最新版本为 PC-Crash 12.0，该软件是以 Kudlich-Slibar 模型为基础研究开发的事故重建软件，可依据模拟需求选择动力学模式（Kinetics Model）或运动学模式（Kinematics Model）对事故过程进行分析重建。PC-Crash 软件自带庞大的车型数据库，包含世界上不同年代、不同品牌、不同型号的车辆数据，并可以根据使用条件对车辆数据进行修改，一起事故模拟中最多可以支持 32 辆车，模拟结果可以以二维或三维形式呈现。为了提高重建的效率，PC-Crash 还包含碰撞事故分析的优化器，用户可以选择遗传算法和蒙特卡洛算法对车辆碰撞前的速度、碰撞点位置、碰撞点离地高度、接触平面、碰撞方向、车辆位置、车体表面摩擦系数和车辆碰撞弹性恢复系数等进行优化计算。近年来，PC-Crash 还研发了各品牌型号的车辆三维模型，模拟汽车主动安全装置（ABS、ESP 等）的功能模块，支持三维扫描点云数据的处理，集成了多体模型、有限元模型的分析能力。此外，PC-Crash 还包含诸多分析工具（如车体刮擦痕迹分析、车辆装载受力分析、车辆临界速度分析等），以及大量的试验数据材料和案例，软件功能更加强大，故而受到越来越多用户的欢迎和认可。

3. 基于有限元分析的事故重建系统

有限元分析法基于汽车的碰撞变形对汽车碰撞过程进行研究分析计算。与其他方法相比，有限元分析法不仅考虑车辆材料在高速运动下的应变率效应，还考虑材料的弹塑性特性，因此，可以达到较高的计算精度，同时可以对事故过程进行 3D 动画显示、对车身等关键部件在事故中的变形状况进行较直观和准确的反映。

用有限元分析法进行车辆碰撞事故再现的典型软件包括 LS－DYNA、PAM－CRASH 等。其中，LS－DYNA 是由美国 Livermore Software Technology Corporation（LSTC）的 J.O. Hallquist 博士主持开发的显式非线性动力分析的通用有限元程序，LS－DYNA 程序以 Lagrange 算法为主，兼有 ALE 和 Eider 算法；以显式算法为主，兼有隐式求解功能；以非线性动力分析为主，兼有静力分析功能。LS－DYNA 目前有 140 多种金属和非金属材料模型可供选择，可用于进行车辆碰撞的有限元分析。

这些事故再现软件都是用于科研目的的计算机软件，主要用于辅助专家快速、高质量地进行事故搜集、分析，进而研究事故形成机理，并寻求避免事故的策略。随着汽车碰撞试验的深入开展，以及汽车碰撞特性参数及经验的积累，道路交通事故再现分析的可靠性在不断提高。

6.1.2　我国道路交通事故重建技术研究现状

与国外相比，我国道路交通事故分析与再现研究起步较晚，实车碰撞试验缺少必要的数据积累，碰撞瞬间事故车辆的塑性变形的研究基础也较为薄弱。但经过多年的研究积累，我国在道路交通事故分析与再现研究方面取得了丰硕的研究成果。

从 20 世纪 80 年代末至今，西安公路交通大学（现长安大学）、吉林工业大学、清华大学、湖南大学、合肥工业大学、上海交通大学、东北大学、哈尔滨工业大学、山东大学、苏州大学等先后开展了对道路交通事故分析的理论和计算机分析系统的研发进行了探索。1991 年，清华大学汽车研究所建立了国内第一座汽车碰撞模拟试验台；在此基础上，1995 年，清华大学研究开发出用于汽车碰撞事故分析的计算机模拟软件 TRAWIN 和用于多刚体动力学分析的软件系统 MUL3D。2002 年，吉林大学交通安全实验室许洪国课题组开发出交通事故快速分析系统（Traffic Accident Fast System，TAFS）；2007 年，该课题组研究开发出汽车滚翻事故再现模块（Roller Accident Reconstruction，RAR），实现了对整个汽车滚翻过程的二维与三维再现。2009 年，哈尔滨工业大学交通研究所裴玉龙团队运用动量守恒、角动量守恒与能量守恒等基本理论研究开发出道路交通事故仿真分析与再现系统 RACARS V1.0，并实现了整个碰撞过程的二维和三维动态演示功能。

目前，国产软件中相对成熟、应用效果较为明显的交通事故重建系统是长安大学魏朗教授研发团队开发的软件 Crashview。1995—1998 年，西安公路交通大学魏朗等人与日本汽车研究所合作开发出车对车碰撞事故计算机模拟分析系统；2003 年，魏朗等人在完成车辆碰撞事故分析计算方法研究的基础上，建立汽车三维四轮动力学计算模型，并引入 OpenGL 三维图形技术，开发出一套实用型道路交通事故计算机辅助分析系统 TACAR V1.0。TACAR V1.0 涵盖汽车对汽车碰撞、汽车碰撞两（三）轮车、汽车碰撞行人、汽车碰撞固定物及车辆坠崖等基本交通事故形态,并实现了实车碰撞交通事故的三维模拟再现。2009 年,TACAR V1.0 升级成为 TACAR V2.0。TACAR V2.0 作为一种实用型的道路交通事故分析鉴定系统,能够准确再现汽车对汽车碰撞(包括正面相撞、侧面相撞、追尾相撞、对向刮擦、同向刮擦)、汽车对两(三)轮车碰撞(包括摩托车)、汽车碰撞行人、车辆坠崖、车辆碰撞固定物、摩托车对两(三)轮车碰撞、摩托车碰撞行人等由公安部定义的主要道路交通事故形态。2011 年,TACAR V2.0 升级成为 Crashview。Crashview 涵盖了 16 种公安部定义的主要道路交通事故形态的分析计算与模拟再现模块。Crashview 可根据来自事故现场的地面痕迹检测数据和事故车辆参数,计算道路交通事故发生前车辆的正常行驶速度和碰撞瞬间的速度,实现事故轨迹二维重构,以及事故过程三维模拟再现。除了屏幕显示输出功能外,系统还可打印事故过程文本及轨迹描述并实现事故计算数据的数据库存储。

6.2　PC‑Crash 与道路交通事故重建

　　PC‑Crash 是目前道路交通事故重建领域功能较为强大、应用较为普遍、软件界面与操作较为友好的交通事故重建系统。2018 年 10 月,DSD 公司发布了新版本 PC‑Crash 12.0。由于 PC‑Crash 拥有强大的数据库和图形库,以及丰富的演示案例库和培训案例,集成了 MADYMO 软件和有限元计算,系统本身较为复杂和庞大,典型安装后容量超过 16GB,因此本章难以系统地对其强大功能进行全面讲解,仅介绍利用 PC‑Crash 进行道路交通事故重建工作的基本技能、基本步骤和基本操作。更深入的学习请参阅其他相关资料。

6.2.1　PC‑Crash 的发展历程

　　1986 年,Hermann Steffen 在奥地利格拉茨技术大学机械学院读博士期间开展"3D Simulation of Compressible Fluid Flow"项目研究,取得了较大成功。1987—1992 年,Hermann Steffen 就职于世界知名的李斯特内燃机及测试设备公司,并成为新研发项目"发动机热力流场分析"的负责人。该项目成果大大提高了该公司在发动机开发过程仿真领域的声望,并成就了后来全球知名的 AVL‑FIRE 系统。

【Hermann Steffan 与 PC‑Crash】

　　1990 年,Hermann Steffen 获得道路交通事故分析专家资格,并成立了 DSD 公司。1993 年,Hermann Steffen 回到奥地利格拉茨技术大学工作,开辟了该校一个新的研究领域,并作为项目负责人承担碰撞生物力学的研究,同时着手研发交通事故模拟软件 PC‑Crash;同年,Hermann Steffen 于 ISATA 发表论文 *PC‑Crash*, *A Simulation Program for Car Accidents*,标志着 PC‑Crash 的诞生。1996 年,Hermann Steffen 和 Andreas Moser 在 SAE 发表论文 *The Collision and Trajectory Models of PC‑Crash*;同年,William E. Cliff 和

【PC‑Crash, A Simulation Program for Car Accidents】

道路交通事故重建基础

Darcy T. Montgomery 在 SAE 发表论文 *Validation of PC-Crash-A Momentum-Based Accident Reconstruction Program*，标志着道路交通事故模拟软件 PC-Crash 正式走向世界。

【PC-Crash研发大师 Andreas Moser】

自 1993 年至今，经过 Hermann Steffen、Wolfgang Neubauer 和 Andreas Moser 的紧密合作，PC-Crash 的功能不断得到丰富和完善，几乎每年都会有升级版本，逐渐成为道路交通事故模拟和道路交通事故重建领域系统软件的引领者。PC-Crash 12.0 界面如图 6.1 所示。

早期的 PC-Crash 主要将车辆视为刚体，运用动量守恒定律和角动量守恒定律，依据车辆行驶的轨迹和现场遗留的各种痕迹物证，根据车辆发生事故时第一次接触的位置及碰撞后车辆的停止位置，分析重建碰撞前车辆行驶的速度及其他相关参数。随着对软件的深入研究与开发，以及多刚体模型、网格模型、有限元模型的应用，PC-Crash 的模型更加丰富，功能也更加强大，可以对事故过程做更全面和系统的分析。

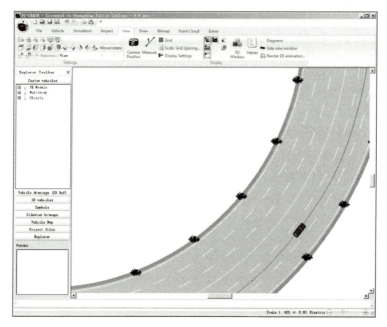

图 6.1　PC-Crash 12.0 界面

需要说明的是，PC-Crash 仅仅是一种用于道路交通事故分析与重建的工具。利用 PC-Crash 对道路交通事故分析与重建的成效主要取决于人员的素质和技能，主要包括车辆发生事故过程中对模型参数的选择、现场证据的理解和使用、对交通事故进行调查的经验及对 PC-Crash 软件的理解和应用水平。一个优秀的事故重建师能够科学地利用各种证据材料，正确利用该软件所建立的平台和环境，重建出接近实际事故过程的结果。

国内最早与 DSD 公司的合作是从 1998 年郑州华昶高科技有限公司引进 PC-Crash 5.0 开始的。一些科研院所及公安交管部门利用 PC-Crash 开展了科学研究与案例验证，一些高等院校利用 PC-Crash 开展本科与研究生交通安全课程与专业教育，进行科研项目的研究，并取得了一些应用成果。与此同时，PC-Crash 在世界各国的应用也迅速推广，并逐渐在车辆保险、车辆安全设计、道路交通事故模拟与重建等领域得到广泛应用。从 PC-Crash 进入我国以来，软件先后经历了 PC-Crash 5.0、PC-Crash 5.1、PC-Crash 5.2、PC-Crash 6.0、PC-Crash 6.1、PC-Crash 6.2、PC-Crash 7.0、PC-Crash 7.1、PC-Crash 7.2、PC-Crash 7.3、PC-Crash 8.0、PC-Crash 8.1、PC-Crash 8.2、PC-Crash 8.3、PC-Crash 9.0、PC-Crash 9.1、PC-Crash 9.2、PC-Crash 10.0、PC-Crash 10.1、PC-Crash 10.2、PC-Crash 11.0、PC-Crash 12.0 等版本，充分证明 DSD 公司对 PC-Crash 软件的重视程度和项目团队对 PC-Crash 的开发力度，同时也证明了 PC-Crash 具有强大的生命力。

【2018年新版 PC-Crash 12.0】

6.2.2 PC-Crash 的特点

PC-Crash 作为交通事故模拟分析的强大工具，为事故分析重建师带来了许多便利。下面从十个方面介绍 PC-Crash 在应用中的突出特点。

1. 基本特点

(1) PC-Crash 的计算单位可以直接在公制与英制之间切换。

(2) PC-Crash 可以直接在不同的语言间切换，而不用重新启动。

(3) PC-Crash 的用户可自定义菜单和工具栏设定系统运行界面。

(4) PC-Crash 可通过 Explorer 工具栏检索、浏览工程文件及位图、车辆 DXF 文件，并可实现自由拖放输入。

(5) PC-Crash 具有自动保存功能，用户可以自定义保存的时间间隔。

(6) PC-Crash 可撤销之前 50 次的操作。

(7) PC-Crash 工程文件可以保存为早前指定的版本（如 PC-Crash 7.0、PC-Crash 7.1、PC-Crash 7.2、PC-Crash 7.3 等）。

(8) PC-Crash 输入窗口支持鼠标滚轮输入。

(9) PC-Crash 系统自带 DSD（可以预览指定车辆图片）和 KBA 车辆数据库，便于用户设定车辆参数。

(10) PC-Crash 可通过互联网查询车辆碰撞测试数据库 ReconData。

(11) PC-Crash 支持输入谷歌 SketchUp 绘图（包括高程信息）文件。

2. 模拟仿真

(1) PC-Crash 最多可模拟同时涉及多达 32 辆车的交通事故。

(2) PC-Crash 模拟分析拖车事故，牵引钩偏移量可以手工设定。

(3) PC-Crash 可利用 NHTSA 车辆数据库接口进行 Crash 3 碰撞数据分析。

(4) PC-Crash 可利用 Crash 3 碰撞计算模型，计算等效能量速度。

(5) PC-Crash 可通过前/后制动力分配模型。

(6) PC-Crash 支持 ABS 制动模型。

(7) PC-Crash 支持 ESP 模型。

(8) PC-Crash 可对车辆侧翻刚度进行调整与设定。

(9) PC-Crash 可利用事故过程序列事件表设定事故中的反应、加速、制动及转向等参数。

(10) PC-Crash 中车辆可通过降低速度或增加制动力的方式进行事故自动避让的模拟。

（11）PC-Crash 可对道路条件进行自由设计（包括高度、弯道半径、边坡、坡度、摩擦系数等）。

（12）PC-Crash 基于动量守恒定律和角动量守恒定律，可运用 Kudlich-Slibar 碰撞模型对碰撞和刮擦事故进行分析。

（13）不受碰撞次数限制的二维或三维碰撞分析计算模型。

（14）PC-Crash 可自动检测与计算二次碰撞。

（15）PC-Crash 内置优化器，可以对碰撞速度、接触点位置、接触点高度、车辆位置、碰撞角度、接触面、车体摩擦系数、碰撞弹性恢复系数共八个碰撞参数进行优化计算。

（16）PC-Crash 中的碰撞优化器可提供基因遗传算法和蒙特卡洛算法（PC-Crash 10.0 以后版本）。

（17）PC-Crash 利用碰撞后速度进行后推计算。

（18）PC-Crash 可进行车辆侧翻和跳跃计算。

（19）PC-Crash 可进行风速对车辆影响计算，包括空气阻力、压力和举升力。

（20）PC-Crash 改进了车辆悬挂碰撞模型。

（21）PC-Crash 可通过 Securing Load 计算工具，计算车辆装载安全性。

（22）PC-Crash 可对不同车辆间的多次碰撞进行分析计算。

（23）PC-Crash 在分析追尾碰撞时，可利用 Side View Window 分析工具分析车辆间的相互接触及作用情况。

（24）PC-Crash 可进行基于具有结构强度和变形计算的网格碰撞模型分析。

（25）PC-Crash 可进行基于刚度的碰撞模型分析。

（26）PC-Crash 在刚体碰撞模型计算中使用了经过试验验证的碰撞刚度数据库。

（27）PC-Crash 有两种轮胎模型（Linear 和 TM Easy）可供选择使用。

（28）PC-Crash 可通过 Tire Contact Calculation 分析工具计算轮胎与车体之间的接触车体痕迹与轮胎痕迹。

（29）PC-Crash 可根据轮胎参数计算车轮直径。

（30）PC-Crash 可使用 DXF 文件指定详细的车辆形状，并且可根据碰撞结果修改车辆形状。

（31）PC-Crash 可导入 DXF 和 VRML 场景图或位图文件。

（32）PC-Crash 系统包含北美地区的交通标志和标线图形符号库。

（33）PC-Crash 系统包含全球 37 000 余个地区坐标，可根据日落的时间确定太阳照射条件的变化。

（34）PC-Crash 可创建透明动画，图像重叠时可进行透明设置。

（35）PC-Crash 通过二维平面动画生成并可显示模拟数值窗口。

（36）PC-Crash 在绘制道路时，可设定道路的坡度和摩擦系数等道路条件。

（37）PC-Crash 的系统集成 MADYMO 功能，可对碰撞时乘员的情况进行模拟。

3. 运动学计算

（1）PC-Crash 可自动计算事故的可避让性。

（2）PC-Crash 的运动学模块可快速对碰撞前、碰撞中和碰撞后的运动进行计算，以及进行行人行走的连续计算。

(3) PC‐Crash 可设定车辆的运动学和动力学（默认模式）路径。

(4) PC‐Crash 对每一辆车最多可设定六个碰撞后位置和制动水平，以追踪轮胎痕迹，并利用滑移进行计算，确定碰撞后的速度。

(5) PC‐Crash 的运动模拟向导可帮助用户进行车辆运动分析。

(6) PC‐Crash 可指定铰接式客车和转向桥转向系统的转向运动学特性。

4. 动力学计算

(1) PC‐Crash 进行动力学计算时使用二维或三维动力学计算模型。

(2) PC‐Crash 进行动力学计算时使用指定车辆的运动学和动力学（默认模式）路径。

(3) PC‐Crash 进行动力学计算时使用具有多种动力学转向模型选项。

(4) PC‐Crash 进行动力学计算时使用可自动计算事故的可避让性工具，逐渐降低速度或增加制动水平，直到碰撞得以避免。

5. 多刚体模拟

(1) PC‐Crash 进行多刚体模拟时，使用多刚体行人模型，摩托车、两轮车带乘员和两轮车未带乘员的多刚体模型。

(2) PC‐Crash 在一个模拟工作中可使用多个多刚体模型，并可模拟在斜坡上的情况。

(3) PC‐Crash 可实现移动载荷的模拟。

(4) PC‐Crash 多刚体系统可在车体表面上进行加载。

6. 有限元计算模块

(1) 支持 Gmsh 网格文件的导入，支持对壳体、立方体、固体棒在约束和边界条件，不同负载条件，以及使用不同材料（弹性、弹塑性、热弹塑性）条件下的计算。

(2) 多处理器支持。

(3) 位移、应力和应变的彩色可视化。

(4) 可进行批处理。

(5) 支持零件分组。

(6) 部件可彩色显示。

7. 绘图程序

(1) 系统集成绘图程序，用于绘制和修改现场图和车辆 DXF 图形形状。

(2) 系统集成环形交叉口和十字路口的绘图工具。

(3) 绘图程序可按照设定条件生成三维道路。

(4) 三维绘图可直接以 DirectX、DXF 和 WRL 格式导入，并可以 DXF 和 WRL 格式输出。

(5) 可创建三维对象的凸出功能。

(6) 驾驶人视线可动态显示。

(7) 三维道路坡度可通过高程线和三角剖分来设计。

(8) 在绘图程序中可任意编辑命名图层，模拟数据、位图，背景图片可进行图层组织。

(9) 绘图程序对表面可进行纹理化处理。

(10) 可定义、导入和导出默认线类型。

(11) 使用操作命令，可根据绘图参数（起始点、结束点、相对长度等）进行绘图操作。

(12) 交通信号灯对象、相位图可作为绘图元素。

(13) 具有绘图对象的捕捉功能。

(14) 支持块定义。

(15) 使用约束分析法。

(16) 具有3点和4点测量网格选项。

(17) 可多场景位图导入。

(18) 图像可投射为斜坡。

(19) 具有图形文件的透明度设置和白色区位图透明选项。

8. 图表–值

(1) 仿真结果可以图表形式呈现。

(2) 图表生成可依据滤波器进行选择。

(3) 可严格按照比例导出DXF格式图表。

(4) 数值窗口中计算结果以文本输出。

(5) 数值窗口可以二维动画呈现。

9. 三维视图

(1) 以三维车辆、二维场景、三维DXF图和修改矫正过的图形进行三维显示。

(2) 可输入DirectX、VRML和FCE车辆模型。

(3) 以固定或移动的照相机、摄像机位置生成三维视频动画，可利用Windows媒体播放器播放。

(4) 动画可保存为序列图片文件。

(5) 可直接在计算机屏幕输出模拟动画。

(6) 可使用图形库中的三维动画（如行走的行人）。

(7) 用于构建或导入复杂三维场景的工具，包括利用全站仪测量文件或汽车内部创建的场景。

(8) 摄像机可以旋转和俯仰方式生成模拟动画。

(9) 可显示三维摩托车和骑行中的自行车。

(10) 可将各种纹理显示为天空。

(11) 图像可投射为斜坡。

(12) 可加载背景图。

(13) 支持激光扫描仪数据文件输入（ASC、XYZ、RGB格式）。

10. 打印

(1) 可打印输入/输出值报告，包括所有碰撞和轨迹参数。

(2) 打印协议可由用户配置。

(3) 系统具有标准事故分析报告的文件模板。

(4) 用户可创建和使用打印输出模板。

6.2.3　PC-Crash 运行的环境要求

PC-Crash 是一个十分庞大的道路交通事故分析重建计算机软件系统，有单机版与网络版之分。完整安装 PC-Crash 12.0 和三维模型库，至少需要 18GB 的硬盘存储空间。PC-Crash 要求在微软 Windows Vista、Windows 7、Windows 8 或 Windows 10 环境下运行。PC-Crash 包括 32 位和 64 位两个版本，分别在 32 位和 64 位操作系统环境下运行，要求要有最小分辨率为 1024 像素×768 像素和 32 色彩的视频卡，以及一个支持 DirectX 10 图形加速的视频卡以显示复杂的三维场景。

【PC-Crash运行条件及要求】

PC-Crash 运行的软件环境在系统安装时会自动检测，并安装缺少的组件，为运行 PC-Crash 做好运行环境的准备，之后便自动进入 PC-Crash 系统本身的安装，如图 6.2 所示。

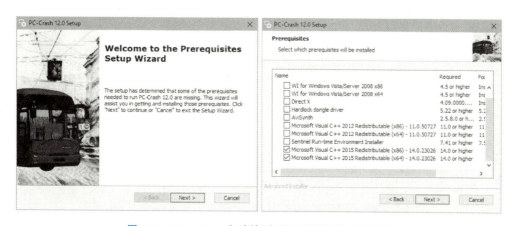

图 6.2　PC-Crash 自动检测运行环境安装必要组件

6.3　PC-Crash 运行环境的设定

在车辆运动过程中，自身运行条件和环境条件千变万化，事故的发生是人、车、路、环境几方面因素综合作用的结果，因此，配置 PC-Crash 的运行环境无疑是非常复杂的。

在模拟分析环境下，需要配置 PC-Crash 的事项主要有四个方面。一是运行所需文件的目录和路径；二是模拟分析环境各要素的颜色；三是模拟分析时需要显示的要素；四是一般参数设置。PC-Crash 运行环境配置如图 6.3 所示。

运行环境配置错误可直接导致初始参数赋值错误，最终导致计算错误；使系统找不到所需的模型与文件；使分析环境要素不清晰，分析界面混乱；使一些关键要素无法及时显示等。对于一些默认设置的修改，应当在有确切依据的条件下进行，不建议初学者随意修改一些模型、算法、参数等的默认设置。

需要说明的是，PC-Crash 运行环境配置可以通过 Default Settings 对话框和 Options 对话框进行设定。图 6.4 所示为通过 Options 对话框设定 PC-Crash 运行环境。尽管二者界面不同，设置的内容也不完全相同，但二者相互协调，同一个参数在其中一处修改之后，在另一处也会同时得到调整。

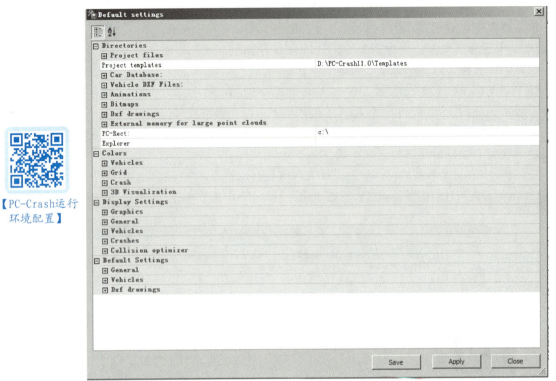

【PC-Crash运行环境配置】

图 6.3　PC‑Crash 运行环境配置

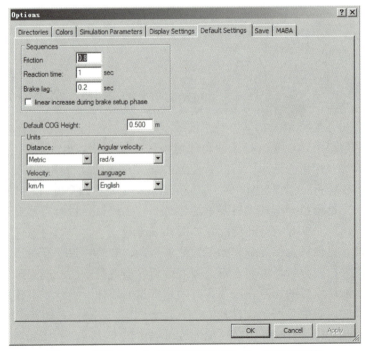

图 6.4　通过 Options 对话框设定 PC‑Crash 运行环境

在模拟结果三维呈现环境下主要配置的事项有以下四项。一是显示信息设置（单位Logo、天空图片、背景颜色、雾的颜色、路面颜色等）；二是显示与车辆有关信息的设置（车辆编号、车辆形状、车辆速度、轮胎痕迹、碰撞摩擦锥角等）；三是屏幕动画显示设置（动画呈现速度、动画呈现时长、摄像机位置等）；四是字体显示设置（文字显示的位置、显示字体的大小、显示字体的颜色及文字信息备注等）。PC‐Crash 三维模拟呈现环境设置如图 6.5 所示。

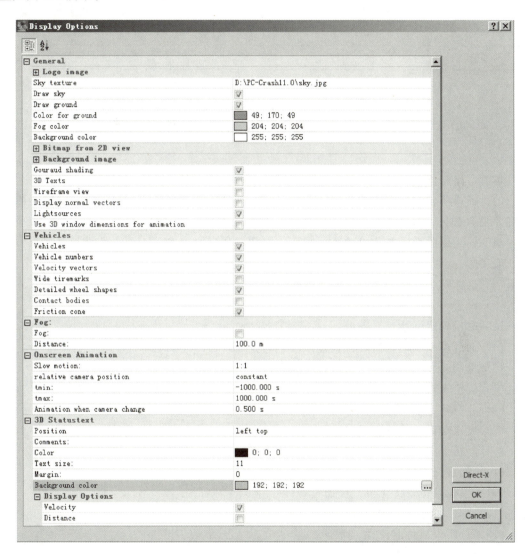

图 6.5　PC‐Crash 三维模拟呈现环境设置

需要说明的是，在进行车辆碰撞模拟分析时，利用一些专门工具（如 Tire Contact Calculation、Collision Optimizer、EBS Calculation 等）或菜单、功能按钮、快捷键时也经常需要进行参数或环境配置，以满足局部分析或调试分析的需要。PC‐Crash 常用功能键及含义如表 6‐1 所示。

【PC-Crash三维模拟环境设置】

表 6-1 PC-Crash 常用功能键及含义

键　名	功　能	键　名	功　能
F1	帮助	F7	位置与速度
F2	图表	F8	碰撞模拟
F3	前窗口	F9	3D 窗口显示
F4	数值	F10	运动学计算
F5	屏幕刷新	Ctrl+P	打印
F6	序列事件	Shift+F12	屏幕拷贝

6.4 PC-Crash 重建道路交通事故的基本步骤

尽管道路交通事故的当事方和事故的形态多种多样，但利用 PC-Crash 重建道路交通事故的目标是明确的，就是要依据案件的证据材料对道路交通事故过程做出科学的还原与呈现。根据 PC-Crash 系统设计的原理和 PC-Crash 系统平台的工作特点及道路交通事故发生演变的逻辑关系。本节以两车相撞事故为例，介绍利用 PC-Crash 重建道路交通事故的一般步骤。

（1）全面熟悉案件的证据材料，准确分析事故过程。
（2）设置与确认软件运行环境。
（3）测量确定交通要素参数。
（4）加载事故车辆数据，检查并修改车辆参数，选择合适模型。
（5）绘制或导入事故现场图及现场照片，矫正比例尺。
（6）确定车辆碰撞点位置，并根据变形情况设定两车相互嵌入的相对位置。
（7）分析确定事故过程的序列事件。
（8）设定车辆的行驶路径。
（9）分析设定车辆事故时的中间位置和停止位置。
（10）加载三维模型。
（11）模拟分析及优化事故碰撞过程。
（12）生成重建结果的曲线和动画。
（13）分析事故可避让性。
（14）打印事故分析报告。

下面对该过程逐步予以简要介绍，旨在阐明利用 PC-Crash 重建道路交通事故的一般过程。本部分介绍不能代替 PC-Crash 的操作说明，更加详细的操作技能及一些专用工具的使用请参阅 PC-Crash 操作说明书和 PC-Crash 技术说明书。

启动 PC-Crash 之后，其工作环境如图 6.6 所示。此时 PC-Crash 工作区域的中心为坐标系的原点，并且规定水平向右为 X 轴的正方向，垂直向上为 Y 轴的正方向，垂直屏幕向外为 Z 轴的正方向，此后加载的所有要素的坐标均为相对于此原点的坐标。

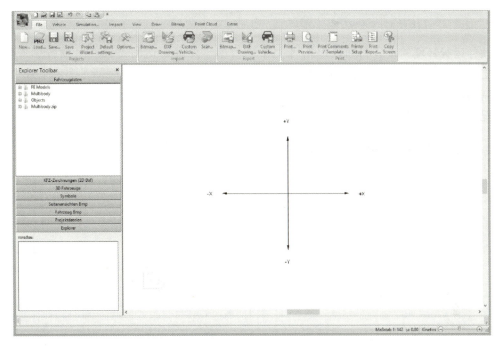

图 6.6　PC – Crash 的工作环境

1. 全面熟悉案件的证据材料，准确分析事故过程

重建交通事故是指对已经发生的交通事故进行客观与科学的推演。在重建之前必须通过查阅卷宗来熟悉事故过程，确保重建人员对事故过程有一个全面的把握和系统的了解；查阅证据材料通常包括交通事故现场图、现场照片、现场录像、现场勘查笔录、检验鉴定报告、事故当事人或目击证人的证人证言，通过 Google 照片了解案发地道路环境条件，了解行车记录仪及车载事件记录仪的信息。若有必要，重建人员可以赴案发地实地调查。之后，应按比例制作交通事故的初步分析图，如图 6.7 所示。

图 6.7　交通事故过程的初步分析

2. 设置与确认软件运行环境

软件运行环境的设置和确认包括各类车辆模型、要素的访问路径、车辆数据库的选择、工程文件及引用文件的保存目录等；同时，还要对驾驶人反应时间、车辆装载情况、车辆制动协调时间等参数根据国家标准和研究成果进行选择，根据驾驶人年龄、性别、健康状况，以及车辆类型等进行软件运行环境确认，如图 6.8 所示。

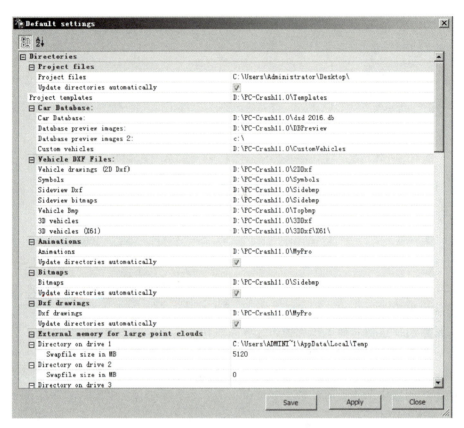

图 6.8　软件运行环境的设置与确认

3. 测量确定交通要素参数

对软件数据库中没有收录的车辆要进行各参数的实际测量，根据车辆类型修改程序运行所需要的参数；对现场图中记录不清或遗漏的道路参数（如道路坡度），可进行现场实地测量；通过查表无法满足交通事故分析需要时，需要进行现场实际测量获得（包括车辆长宽高、前后悬参数、道路附着系数、车体摩擦系数、车辆装载、车辆质心高等参数），并在程序运行中使用，以确保重建过程符合交通事故的实际。

4. 加载事故车辆数据，检查并修改车辆参数，选择合适模型

PC‑Crash 12.0 有六个车辆数据库：DSD 2016、KBA 2016、DSD Japan 2016、ADAC 95、Vyskocil 和 Specs，其中，DSD 2016、KBA 2016、DSD Japan 2016、ADAC 95、Vyskocil 可在 PC‑Crash 中直接调用，Specs 数据库可通过 WINSPECS 进行查询，这些

数据库为提高交通事故重建的效率带来了极大的便利。

车辆数据库包括车辆几何参数（Vehicle Geometry）、车辆悬挂属性（Suspension Properties）、乘客与货物（Occupants & Cargo）、后轮制动力（Rear Brake Force）、拖带挂车（Trailer）、车辆外形（Vehicle Shape）、碰撞参数（Impact Parameters）、车辆稳定性控制（Stability Control）、引擎与动力系统（Engine Drivetrain）、轮胎模型（Tire Model）、驾驶模型（Driver Model）、挂车转向（Trailer Steering）及空气阻力（Air Resistance）特性选项卡，如图 6.9 所示。这些参数的设置直接关系到事故重建的结果，务必认真审核，确保与发生事故时车辆的实际情况相吻合。

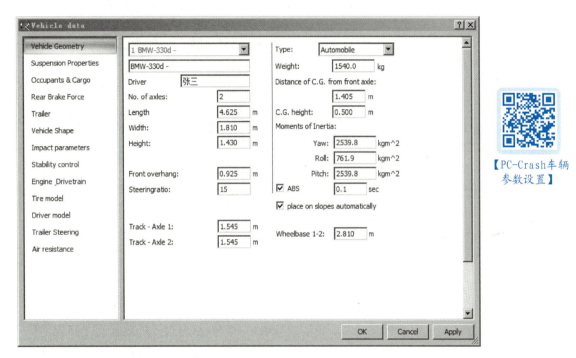

【PC-Crash车辆参数设置】

图 6.9　车辆信息设置选项卡

"车辆几何参数"选项卡中的质心位置（Distance of C. G. From Front Axle）与质心高度（C. G. Height）必要时需要进行修改，当质心位置发生改变时，车辆绕质心沿 X、Y、Z 轴的转动惯量会在程序运行时自动计算；车辆质心高度为 0 时，PC - Crash 仅模拟车辆在 XOY 平面内的运动，无法计算车辆的俯仰和翻滚，进行三维模拟时，需要将质心高度设置一个正的数值（轿车一般为 0.5m，中型客车一般为 0.9m，载货汽车一般为 1.1m，准确值需要实际测量）。车辆悬挂属性分为硬（Stiff）、普通（Normal）和软（Soft）三类，轿车与载货汽车不同。对于载货汽车，当车辆静止时：悬架变形量为 0.1m 时，可设为硬；变形量为 0.2m 时，可设为普通；变形量为 0.3m 时，可设为软。对于轿车：变形量为 0.02m 时，可设为硬；变形量为 0.05m 时，可设为普通；变形量为 0.1m 时，可设为软。其他选项卡设置一般不会有更多歧义，对于无法或不能确认的选项，在车辆类型无误的情况下，建议选择默认值。

5. 绘制或导入事故现场图及现场照片，矫正比例尺

重建道路交通事故时必须在某一确定的交通环境下，在重建工作中经常使用现场比例图、航拍俯视图和 Google 地形图。由于道路交通事故卷宗中提供的事故现场图往往没有严格按比例绘制，因此 PC‐Crash 提供了道路场景绘制工具。PC‐Crash 自带的绘图工具可以绘制路段和交叉口，如图 6.10 所示，道路要素均可在对话框中设置。

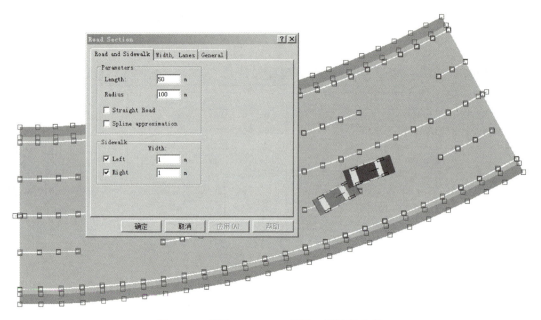

图 6.10　利用 PC‐Crash 绘图工具绘制路段

重建工作使用的事故现场图可以将严格按比例绘制的现场图直接导入系统中，并对导入图片进行比例矫正，以确保交通事故现场的车辆、道路和道路设施等要素均严格按照比例显示，如图 6.11 所示。校正图形比例尺可以首先用图形选择工具选中要校正的现场图片，然后运用 Scale Bitmap 工具 1:n 进行校正。校正时先将现场图中标注准确尺寸的部分尽可能放大，然后从尺寸一端按住鼠标左键，拖动鼠标至尺寸的另一端。松开鼠标左键，屏幕弹出尺寸校正窗口，如图 6.12 所示，按实际尺寸输入，即可对图像进行校正。此时，车辆、道路等要素按同一比例显示。

为了使重建结果更加接近实际，有时需将现场的航拍俯视图或 Google 地形图一起叠加在工作窗口，按上述方法导入需要叠加的图片，然后进行比例校正，同时将现场的航拍俯视图进行去白处理（White Areas Transparent），把事故过程要素置于更加直观的场景中进行重建。图 6.13 所示为现场照片与现场图叠加处理。通常现场的航拍俯视图和 Google 地形图的方位不同，此时还需要旋转 Google 地形图，并进行亮度和对比度的处理，以改进图片叠加后的视觉效果。

现场重建环境还可以根据需要进一步完善，如增加道路交通标志、标线、交通信号灯、行道树、护栏、房屋建筑物等安全设施与管理设施等，这些模型在 PC‐Crash 模型库（Symbols、Custom Vehicles 和 3D Vehicles）均有提供。

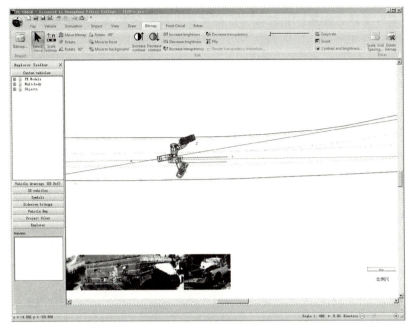

图 6.11　将事故现场图导入 PC‑Crash 工作窗口

图 6.12　尺寸校正窗口

图 6.13　现场照片与现场图叠加处理

6. 确定车辆碰撞点位置，并根据变形情况设定两车相互嵌入的相对位置

确定碰撞时两车碰撞点的位置无论对交通事故调查、交通事故认定，还是交通事故重建工作都是至关重要的。在汽车主动安全装置 ABS 和 ESP 不断普及的情况下，两车剧烈碰撞时的第一碰撞点可以通过现场调查各类痕迹确定。对于碰撞不太剧烈的事故，路面痕迹越来越少，碰撞点的确定往往存在一定的困难。但车辆碰撞作为一种自然现象，依然受到自然规律的支配。有许多方法和途径可以确定车辆碰撞时的碰撞点，限于篇幅，本节不再对该问题展开讨论。车辆发生碰撞时，两车有较大的作用力，势必导致两车产生较大的相互嵌入和变形。在碰撞点确认之后，应当根据现场图和两车的变形情况，设定两车的相互位置，并按变形的大小，同时考虑两车碰撞变形最大时的弹性变形和剩余变形，在剩余变形量的基础上确定两车相互嵌入的情况。两车碰撞时的碰撞点、接触面、摩擦锥角及碰撞力等因素如图 6.14 所示。

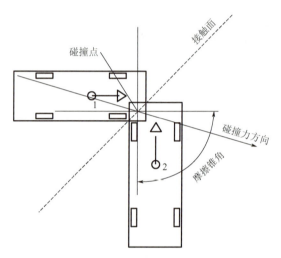

图 6.14　两车碰撞时的碰撞点、接触面、摩擦锥角及碰撞力等因素

上述案例中，根据现场勘查和变形测量结果，两车在碰撞点的嵌入情况如图 6.15 所示。

图 6.15　两车在碰撞点的嵌入情况

7. 分析确定事故过程的序列事件

交通事故发生过程中，每一辆车都会经历一系列不同的事件。在 PC - Crash 中，车辆在发生事故的过程中的行为是通过设置驾驶过程中的序列动作（Sequence）来完成的。例如，转向、制动、加速、反应等，通过对每一个序列事件设定其执行的参数或属性，如加速度值、加速时间、转向角度等，程序在运行时这些序列动作被逐个执行，从而完成车辆在事故过程中的运动，如图 6.16 所示。

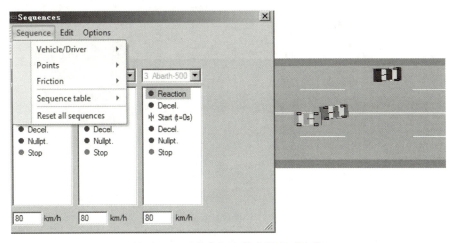

图 6.16 设定车辆事故中的序列事件

PC - Crash 中的序列事件分为三类。第一类是关于车辆行驶过程运动状态改变的事件（Vehicle/Driver），包括加速（Accelerate）、制动（Brake）、驾驶人反应（Reaction）及碰撞速度突变（Crash）。第二类是关于车辆运动中某一瞬间改变的特殊事件（Points），包括停止（Stop）、时间位移归零（Zero）、同步（Synchronization）、车速限制（Min/Max Velocity）、车辆几何参数变化（Geometry Change）、车体形状变化（Change Vehicle Drawing）、挂车脱钩（Trailer Disconnection）。第三类是关于车辆运动环境改变的事件（Friction），主要包括干燥路面轮胎与地面摩擦系数的变化（Dry Friction）、湿滑路面轮胎与地面摩擦系数的变化（Wet Friction）。

在序列菜单中列出了对话框的序列，每一个图标代表一个行为事件。这些序列事件由事故重建人员利用自己的专业知识，根据事故的演变过程予以设定，它们可以按事故重建人员决定的顺序放置在图标 Start (t=0s) 的下面或上面。PC - Crash 在运行时总是从 Start (t=0s) 开始执行，如图 6.17 所示。向下执行为 Forward Simulation，向上执行为 Backward Reconstruction，通过操作工具条 来完成车辆的运动过程。

8. 设定车辆的行驶路径

在执行交通事故的序列事件过程中，需要确定车辆的行驶方向及运动线路。PC - Crash 中设定车辆的行驶路径的方法很多，分析车辆的行驶路径时可以根据车辆在地面上遗留的轮胎痕迹，结合车体痕迹及驾驶人与目击证人的陈述确定。在 PC - Crash 环境中可以通过描点的方法对不同车辆分别设置车辆的行驶路径，以操控车辆的运动，如图 6.18 所示。也可以在序列事件中通过输入车辆转向盘转角或转向轮偏转角的方法操控车辆的运动。需要说明的是，在运动学和动力学条件下，运动路径对车辆的操控表现是不同的。在运动学条件下的模拟，车辆将按设定路径行驶；在动力学条件下的模拟，由于受到力的作用，路径仅是对车辆的操控策略，而车辆实际的行驶轨迹未必沿设定的线路行驶。

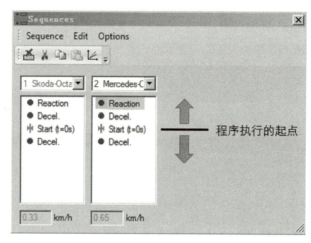

图 6.17　程序执行的流程

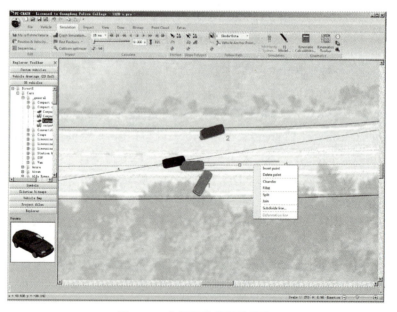

图 6.18　车辆行驶路径的设定

9. 分析设定车辆事故时的中间位置和停止位置

设置车辆在事故中的中间位置和停止位置（图 6.19）的目的是验证重建工作的客观正确性。PC‐Crash 用户通过调整车辆在运动过程中的参数，努力使车辆在运动中的"痕迹"与实际事故中的痕迹物证相吻合。事故车辆的最终停止位置的确定相对容易，中间位置的确定往往有一定的难度。但对于中间位置可以确定的案件，往往可以加快事故分析重建工作的进度。特别是在车-车碰撞事故分析中，PC‑Crash 还自带一个功能强大的自动计算工具——优化器。优化器在工作过程中能根据初始条件计算分析车辆在事故中运动的中间位置和停止位置，并与事故中车辆实际的中间位置和停止位置进行比较，计算总误差。没有中间位置或停止位置，优化器将无法进行计算和优化。

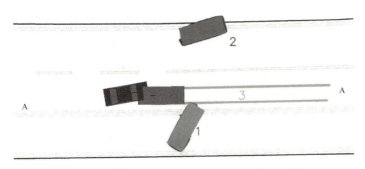

图 6.19　设置事故车辆的中间位置和停止位置

10. 加载三维模型

PC‑Crash 软件的突出优势是其包含丰富的模型，特别是三维模型。这些三维模型包括交通环境中的各类要素，如动物、两轮车、公共汽车、轿车、卡车、挂车、急救车、行人、马、树木等，可以帮助用户重建更加逼真生动的交通事故场景。加载三维车辆模型时需要根据车辆的品牌型号在模型库中找到相应的模型，通过拖放的方式用鼠标拖动需要加载的模型至欲赋予的车辆，同时在显示环境中通过单击图标 ▇▇ 等方式选定 `3D models in 2D view (DirectX)`，以确保已经加载的三维模型能够正常显示，如图 6.20 所示。

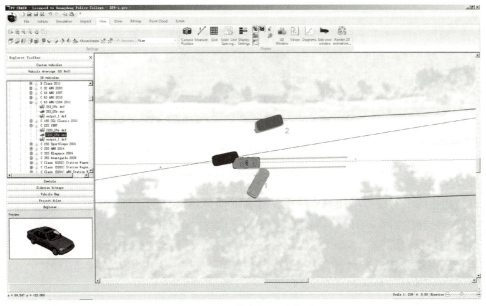

图 6.20　加载车辆三维模型

197

11. 模拟分析及优化事故碰撞过程

设置和加载重建道路交通事故过程的各类要素之后，需要对交通事故过程进行初步的模拟分析，以检查环境及设置的正确性，以及车辆控制策略的有效性，进而对事故过程进行模拟分析。这也是事故重建工作的关键环节。事故模拟时首先还需明确一些事项，单击图标 , 弹出 Vehicles 对话框，如图 6.21 所示。

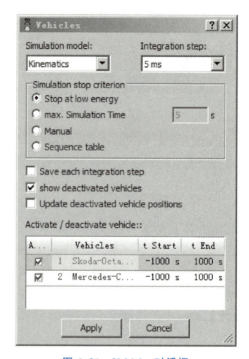

图 6.21　Vehicles 对话框

需要首先明确的事项如下。

（1）模拟的模型——运动学模拟（Kinematics）与动力学模拟（Kinetics）。根据重建工作需要可以选择不同的模拟方式，当只需研究车辆的运动情况而不需要考虑受力情况，如仅需 Backward Reconstruction 时，只需选择运动学模拟。除了考虑车辆的运动情况之外，还需要考虑车辆运动时的受力时，则需要选择动力学模拟。

（2）单方模拟与多方模拟。根据重建工作需要选择参与模拟事故方，模拟时可以选择一方或多方。

（3）数据密度（Integration step）。系统默认值为 5ms，也就是说系统每隔 5ms 做一次判断并计算车辆参数，当车辆碰撞路灯杆、行人多刚体时，如果车速很高，5ms 内车辆可能已经穿越，而检测不到碰撞事件，故需要将计算时间间隔减小为 1ms、0.1ms 或更小，具体根据需要进行选择。当然，时间间隔越小系统计算量越大，模拟过程与计算机配置有关。

（4）数据保存间隔（Save each integration step）。运用 PC - Crash 进行事故重建时，经常需借助图表分析重建过程与结果，计算时间间隔越小，图表数据密度就越大，重建结果文件也越大。系统默认值为 5ms。

（5）模拟停止准则（Simulation stop criterion）。PC - Crash 在什么情况下停止计算，

系统共设计了四种条件，即动能降到足够低（Stop at Low Energy）、达到设定最大模拟时间（Max. Simulation Time）、手动停止（Manual）、序列事件表（Sequence Table）。系统默认动能降到足够低时停止运算。用户也可根据需要选择不同的停止条件。

事故模拟时，用户通过操纵工具条 按钮实现。模拟时用户根据车辆变形、路面痕迹等特征，以及当事人及目击证人陈述，再结合交通事故调查分析的经验，初步设定车辆的初始速度；并利用 Position & Velocity 工具设置窗口调整车辆的位置和姿态。经过反复试算、调整、修改，直到模拟的结果与事故的证据一致，与车辆在现场图上的中间位置和停止位置吻合或误差达到一个较小的期望值，如图6.22所示。

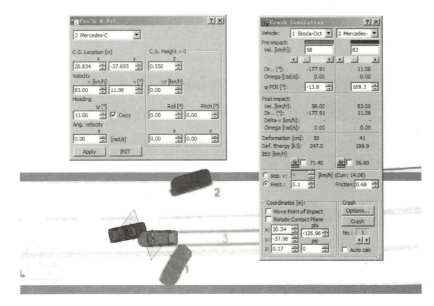

图 6.22　车辆模拟时初始参数的输入与调整

利用手工方法模拟交通事故的过程是一个费心、费力又费时的工作。为了提高事故重建工作的效率，PC-Crash 提供了一个加快交通事故重建工作效率的优化器（Collision Optimizer）。该优化器提供的优化方法包括遗传算法（Genetic Method）和蒙特卡洛算法（Monte Carlo Method），在 PC-Crash 9.0 以前的版本中还有线性优化算法（Linear Method）。目前，用户可以进行优化的参数主要包括车辆碰撞前的速度、碰撞点位置、碰撞点离地高度、接触平面、碰撞方向、车辆位置、车体表面摩擦系数和车辆碰撞弹性恢复系数。在该优化器中还可以设置不同车辆的速度范围，等效能量速度值，中间位置位移、角度，以及这些参数的权重值。计算结果允许存在一定误差。用户可根据事故的特点选择优化方案，并进行事故过程的模拟，如图6.23所示。

需要强调说明的是，优化器仅是一个计算工具，优化计算的结果还必须经得起实践检验。优化器最初是为 PC-Crash 初学者和缺乏事故重建经验的用户开发的，有丰富事故重建经验的专家在使用 PC-Crash 分析重建事故过程时通常并不依赖优化器。在优化器的使用中，为了区分参数对结果的影响，一次优化参数不宜选择太多（一般一次最多不超过三个参数）。碰撞速度和碰撞点位置对重建结果较为敏感，一般优化时首先选择这两个参数，这也是 PC-Crash 对优化器的默认选项。

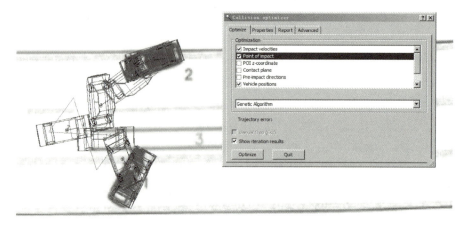

图 6.23 利用优化器分析车辆碰撞过程

12. 生成重建结果的曲线和动画

PC‑Crash 重建事故过程的结果可以以多种方式呈现,如以数据、图表、动画等途径。PC‑Crash 有强大的模型和算法支持,可以将用户关心的参数数值及其变化过程以用户需要的方式展示。图 6.24 所示为以图表方式呈现重现结果。

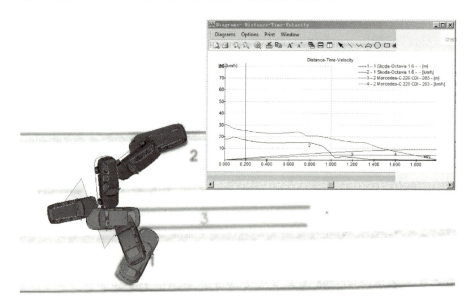

图 6.24 以图表方式呈现重建结果

除了以图表方式呈现重建结果之外,PC‑Crash 还可以以三维动画的方式呈现重建结果,如图 6.25 所示。呈现时可以设定动画播放的速度,摄像机的位置,在屏幕显示车辆运动的位移、速度、加速度等参数值的变化;还可以将生成的三维动画以视频文件的形式保存起来。视频文件可以是连续的图片集,以及 AVI、MPG 等格式文件。生成的视频文件可以使用 Media Player 等常见的播放器进行播放。

图 6.25　以三维动画的方式呈现重建结果

13. 分析事故可避让性

PC‑Crash 不仅可以分析重建道路交通事故的过程，还可以利用自带的道路交通事故避让性分析工具（Avoidance in time）进行事故的避让性分析，如图 6.26 所示。事故避让的策略可以对其中一方或事故双方，采取在一定初始速度条件下，通过降低车速或增加车辆制动力水平的方式逐渐调整参数值，直到两车不发生碰撞，获得事故得以避让的条件。

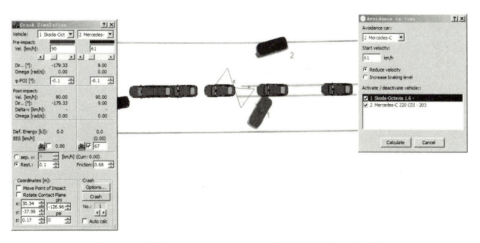

图 6.26　利用 Avoidance in time 工具分析事故的可避让性

14. 打印事故分析报告

运用 PC‑Crash 分析重建交通事故的最终结果需要出具一份完整的交通事故分析报告，内容由 PC‑Crash 设定，篇幅取决于事故参与方的多少及事故过程条件的变化。报告内容主要包括车辆与驾驶人基本信息、车辆运动初始值、事故终止结果值、事故中序列事件的参数值等。单击打印注释与模板图标 ，可以对打印报告进行注释，用户可选择不同的模板，并根据需要对模板进行修改，如图 6.27 所示。单击打印报告图标 ，打印分析报告，如图 6.28 所示。

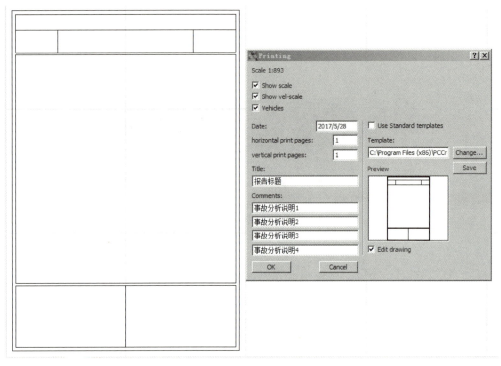

图 6.27　交通事故分析报告打印模板选择与修改

【小汽车与小汽车间事故重建】

图 6.28　打印交通事故分析报告

至此，交通事故分析重建的一般步骤已经介绍完毕。需要说明的是，本部分对每一步骤仅进行简单介绍。PC-Crash 的功能图标下均有许多选项，还有许多专用工具的使用均未介绍，读者可参考 PC-Crash 操作手册或相关培训资料。对于交通事故重建过程，PC-Crash 还提供了工程向导工具 ，在新建工程文件时，用户可以根据事故的类型，选择不同的工程模板快速建立工程文件，按事故形态的需求设置事故重建的步骤。

6.5 汽车与两轮车碰撞事故重建

有关统计数据表明，我国每年的交通事故致人死亡数中，两轮车（摩托车和电动自行车）交通事故几乎占到了一半，高等院校、科研院所及公安交管部门均高度重视并开展了深度调查，对受伤机理、事故分析鉴定等做了相关研究。NASTHA、EEVC、JARI、ISO 为规范摩托车碰撞安全性的研究工作，颁布了 ISO 13232《摩托车 对乘员碰撞保护装置研究评价的试验分析规程》。随着计算技术的不断发展，一些计算机仿真系统相继问世，如美国的 SMAC、Crash、HVE，奥地利的 PC-Crash 等，日本、德国、法国等国也相继研发了自己的碰撞软件。这些软件的广泛应用为两轮车交通事故分析与重建提供了极大的便利。

分析汽车与两轮车碰撞事故的方法主要有制动痕迹法、骑车人及两轮车抛距法、散落物法、视频图像法，分析汽车与两轮车碰撞事故的主要任务是确定碰撞时汽车与两轮车的行驶速度。

6.5.1 汽车与两轮车碰撞事故概述

1. 汽车与两轮车碰撞事故的类型

汽车与两轮车碰撞事故主要分为同向碰撞、相向碰撞和转弯碰撞三类。

（1）同向碰撞，主要发生在前车突然减速或停止，后面尾随车辆由于判断失误而来不及制动或操作不当。同向碰撞的主要表现形式为汽车追尾两轮车相撞、两轮车追尾汽车相撞、汽车与两轮车同向侧面刮擦接触碰撞。

（2）相向碰撞，多为汽车与两轮车相对正面发生碰撞，碰撞时车辆相对运动速度较大，事故往往造成较为严重的后果。

（3）转弯碰撞，是指汽车与两轮车在某一方转弯过程中以一定角度发生碰撞。此类事故通常发生在十字路口、丁字路口、胡同或在直道上做 V 形转向处。在我国，道路交叉路口是汽车与两轮车碰撞事故的多发路段，由于在路口行驶的非机动车辆和机动车辆方向不同，造成的转弯碰撞是最常见、最普遍的两轮车事故类型。

2. 汽车与两轮车碰撞事故的特点

汽车和两轮车的碰撞有以下显著的特点。

（1）汽车与两轮车质量相差悬殊。质量相差悬殊造成的后果，一方面是这类事故无论是车身还是驾驶人，总是两轮车一方受伤；另一方面，也是更重要的一点，由于两轮车质量比汽车小很多，碰撞不一定会显著改变汽车原来的运动状态。

（2）两轮车碰撞后人车分离。碰撞前，两轮车和驾驶人可以看成一个整体，即看成质点的运动，然而碰撞的冲击大都造成人车分离。在事故现场，驾驶人和两轮车的停止位置一般都是分开的，有时还相隔很远。

（3）两轮车驾驶人的身体与汽车为一次碰撞。无论是两轮车迎面撞击汽车，还是汽车从侧面撞击两轮车，两轮车驾驶人都是和汽车发生直接的一次碰撞。

在两轮车迎头撞击汽车侧面的情况下，碰撞发生时，两轮车被汽车阻挡突然停车，而驾驶人却因为惯性朝前方冲出，头部撞在汽车上，对于车顶低的小轿车，驾驶人会飞越车顶落在轿车另一侧。由于人体与汽车的碰撞属于完全非弹性碰撞，如果汽车是停驻的或速度很慢，则两轮车驾驶人一般在撞击点处跌落；但若汽车正以较高速度行驶，则由于摩擦力的作用，两轮车与驾驶人将被汽车拖带着抛向汽车运动的前方。在汽车从侧面撞击两轮车的情况下，驾驶人会受到车头的直接撞击，朝汽车的前方抛出；如果是小轿车，两轮车与驾驶人往往先摔倒在小轿车发动机罩上，与风窗玻璃碰撞，然后才被抛出。

人体与汽车的碰撞接近完全非弹性碰撞，碰撞后二者以同一速度运动，但由于汽车在发生碰撞事故后采取紧急制动，使人体脱离汽车，抛落在汽车停止位置的前方。在驾驶人被抛出的同时，两轮车受撞击倒地朝前方翻滚或做刮擦地面的滑动。

3. 汽车与两轮车碰撞事故的过程

绝大部分汽车与两轮车碰撞事故的发生过程一般可分为以下三个阶段。

（1）碰撞前阶段，即驾驶人从开始意识到危险的存在到刚要发生碰撞的过程。在此阶段，汽车运行的实时速度、加速度、行驶方向、位置和驾驶人在此瞬间的操纵动作在很大程度上决定了是否发生交通事故和事故后果的严重程度。在汽车与两轮车碰撞事故研究过程中，碰撞前，两轮车及其驾驶人可看成一个整体在运动，即作为一个质点的运动。

（2）碰撞阶段，即汽车与两轮车及其驾驶人从接触到彼此分离的过程。这个过程通常在 150ms 左右完成，瞬间产生的巨大碰撞冲击力，使两轮车及其驾驶人第一次达到最大的加速度。两轮车驾驶人与汽车无论是迎面相撞还是侧面撞击，均为一次碰撞过程，由于惯性作用朝前方冲出，头部与汽车前部相撞（对于车顶低的小轿车，两轮车驾驶人也有可能飞跃车顶落在汽车的另一侧）。而在汽车从侧面撞击两轮车的情况下，两轮车驾驶人会受到汽车头部的直接撞击，朝汽车前方抛出；如果是小轿车，两轮车驾驶人往往先摔倒在小轿车发动机引擎盖上，而且驾驶人很有可能与前风窗玻璃碰撞，然后才被抛出，如图 6.29 所示。

图 6.29　两轮车驾驶人碰撞后与汽车接触

（3）碰撞后阶段，即两轮车和其驾驶人脱离与汽车接触瞬间至最终停止的过程。两轮车与汽车质量相差悬殊，两轮车从几十千克到上百千克，而汽车即使是小轿车最少也有一吨多重，往往造成两轮车及驾驶人一方严重受伤。碰撞时，巨大的冲击力一般会导致驾驶人与两轮车分离，有时还隔得很远。这将增加事故现场鉴定工作的复杂程度，此时可以运用被抛出驾驶人的抛射运动或利用两轮车倒地后产生的刮痕印迹来计算碰撞瞬时的车速。碰撞过程结束后遗留在地面的轮胎印记、划痕、散落物的分布情况、车辆变形、驾驶人抛射距离等信息是汽车与两轮车碰撞事故再现和责任认定的重要依据。

6.5.2 运用 PC‑Crash 重建汽车与两轮车碰撞事故

运用 PC‑Crash 进行两轮车与汽车碰撞事故的模拟时，由于两轮车与驾驶人在碰撞后常会相互分离而不能将二者视为一个整体，因此，此类事故一般采用多刚体模型进行重建。利用多刚体模型分析重建道路交通事故会比刚体模型要复杂得多，并且模拟计算时也无法使用优化器加快重建进程，用户需要掌握更多的事故理论知识并积累事故分析的经验。在 PC‑Crash 工作环境下利用多刚体模型，不仅可以模拟汽车与两轮车的碰撞事故，还可以模拟汽车与行人、汽车与汽车之间的交通事故。

PC‑Crash 包含丰富的多刚体模型，包括行人多刚体模型、乘客多刚体模型，以及两轮车多刚体模型等。每一个多刚体系统均由一系列刚体和关节组成，这些组成刚体的尺寸、质量及形状均可在系统中设定，同时每个关节承载力的大小均可设定，如图 6.30 所示。

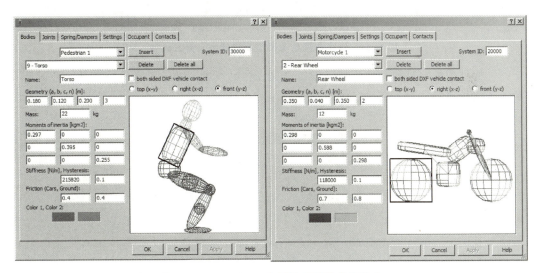

图 6.30　PC‑Crash 多刚体系统及参数设定

模拟汽车与两轮车碰撞事故时，其基本思路如下。首先，根据事故现场遗留的信息做初步推断，得到一个初始时刻的假定情形，输入计算机仿真模型中。其次，通过此假定情形的正向仿真模拟碰撞发生状态和运动过程，与实际事故情况进行对比，不断修正仿真初始假定情况，以达到与事故现场吻合的目的。不断重复此过程，从而获得相对满意的结论。

利用 PC‑Crash 重建汽车与两轮车碰撞事故，其基本步骤如下。

（1）根据交通事故现场图、现场照片等证据材料，构建事故发生的场景。

（2）根据需要选择汽车、两轮车及其驾驶人的模型，载入汽车、两轮车及驾驶人的基本参数信息，并定义各部分刚度；此步骤内容 PC-Crash 已做了默认值设定，用户仅需根据事故方的信息做局部修改，如几何尺寸、质量、质心高度、关节承载力大小等，如图 6.31 所示。

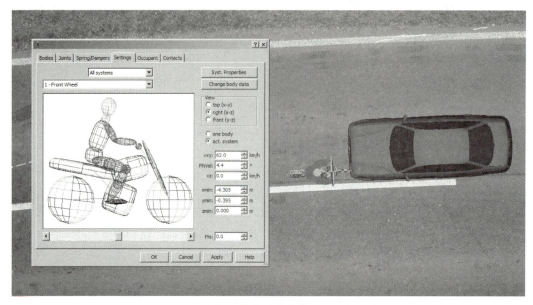

图 6.31　汽车与两轮车碰撞事故现场及参数检验

（3）根据现场痕迹和其他证据，设置碰撞发生时车辆制动策略和运行轨迹，以及汽车与两轮车初始接触位置。通过三维窗口观察比对两轮车与汽车接触的部位，使刮擦、碎裂与变形痕迹能够相互吻合。

（4）反复调整事故过程中车速、位置、姿态等参数，利用工具条中的各按钮功能进行模拟，直至汽车、两轮车及其驾驶人的最终停止位置基本与实际事故现场相吻合，软件仿真结束。

虽然 PC-Crash 在实现汽车与两轮车碰撞事故模拟时，汽车与两轮车或两轮车驾驶人的接触位置，以及两轮车驾驶人的抛距可以很好地得到拟合，但是碰撞发生后，两轮车及其驾驶人被抛出后的运动情况和终止时刻的姿态等要素很难很好吻合。这说明使用 PC-Crash 模拟事故的过程一方面是一个非常费时、费心的工作，另一方面由于影响的因素很多，人们很难将事故发生时的影响因素（如两轮车驾驶人姿态、汽车姿态、多刚体系统每一部分的几何与力学参数）——调整到事故发生时的状态。

（5）针对上述的汽车与两轮车碰撞事故，PC-Crash 模拟完成后，可以得到汽车整个仿真过程中的速度、加速度和滑移距离的变化曲线，如图 6.32 所示。在 PC-Crash 的 Diagram 选项卡中，可以得到 Vehicle 和 Multibodysystems 的加速度、撞击力和能量值的变化情况。根据图 6.33 所示，人体头部的加速度三次达到峰值：第一次与汽车前风窗玻璃发生撞击；第二次与第一次间隔很短，是前风窗玻璃反弹；第三次是落地后与地面发生碰撞。

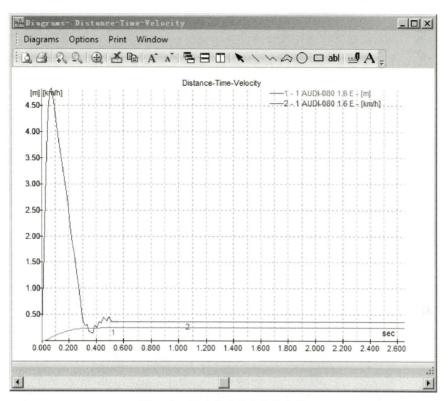

图 6.32 汽车位移速度变化曲线

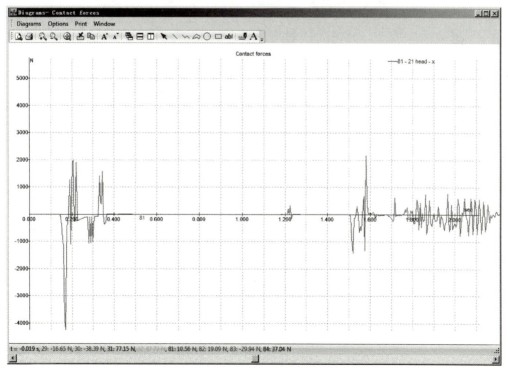

图 6.33 事故两轮车驾驶人头部受力曲线

【小汽车与两轮车间事故重建】

（6）在三维窗口中生成事故重建结果，如图 6.34 所示。用户可以根据需要从任意角度、任意比例、多种播放速度观察碰撞过程中两轮车驾驶人、两轮车与汽车间的相互接触情况，以及事故中各要素的运动情况，验证痕迹的吻合程度。

图 6.34　三维窗口中生成事故重建结果

6.6　汽车与行人碰撞事故重建

6.6.1　概述

汽车与行人之间的碰撞事故是交通活动中的常见事故形态。研究行人交通事故既是事故调查分析的需要，也是研究车辆被动安全设计和行人保护策略的基础。利用 PC - Crash 建立汽车与行人碰撞多刚体模型，重聚事故整个过程，分析碰撞后车辆和行人的最终位置，以及车辆的受损情况、行人的损伤部位等信息，从而推断出车辆瞬时碰撞速度和行人初始状态，是模拟分析汽车与行人碰撞事故的重要方法。

20 世纪 60 年代中期，Robertson 等人开始从事汽车与行人碰撞事故中行人安全问题的研究。Severy 和 Brink 于 1963 年和 1966 年用不同体形的假人模型进行碰撞试验，并利用统计学原理分析假人抛距与车速之间的关系，开创了汽车与行人碰撞事故问题的研究。后来，Yang、Ishikawa、Happee 分别建立了多刚体假人模型，使数值仿真汽车与行人碰撞事故成为可能。Andreas Moser 等将行人模型引入事故再现软件 PC‑Crash 中。Ford 公司运用 LS‑DYNA 假人模型进行交通事故仿真,研究行人在交通事故中所受的伤害。Rooij 利用多刚体车辆模型,把子系统试验法与整体假人试验法相结合进行事故重建再现。

汽车与行人碰撞后,行人的运动状态与汽车外形尺寸、汽车行驶速度、行人身高、行人速度大小和方向等有关,如表 6‑2 所示。

表 6‑2 汽车与行人碰撞后行人运动状态与各因素的关系

条件\碰撞形式	A	B	C	D
高度比 h/H	$<\frac{1}{2}$	$-\frac{1}{2}$	$\geqslant 1$	>1
碰撞位置 s/S	<1	$\leqslant 1$	$=1$	>1
初始转动方向	+	+	+	+
二次转动方向	+	+	+−	−
$\dfrac{V_{头\text{-}车}}{V_{碰}}$ 头部碰撞速度	1.0~1.4	0.8~1.2	1.0	0~1.0
$\dfrac{V_{分离}}{V_{碰}}$ 行人速度	0.6	0.75	0.8	1.0

接触点位于行人质心上部(碰撞形式 D),如大客车、平头载货汽车等与成年人碰撞、轿车与儿童碰撞时,碰撞可能直接作用在行人的胸部甚至头部。行人身体上部被直接向远离汽车的方向抛向前方。如果汽车不采取或不及时采取制动,行人将遭受碾轧。

如果碰撞接触点位于行人质心，行人整个身体几乎同时与汽车接触（碰撞形式 C），行人的运动状态基本同碰撞形式 D。在大多数情况下，碰撞作用在行人质心下面（碰撞形式 A 和 B），一般的船形轿车与成年人的碰撞事故均属于这种形式。汽车保险杠碰撞行人的小腿，随后行人的大腿及臀部倒向汽车发动机罩前缘，然后行人的上身和头部与发动机罩前部，甚至风窗玻璃发生二次碰撞。表 6-1 中的 h/H 值越小，行人的头部碰撞速度就越大。碰撞速度越高，汽车前端越低，行人身材越高，头部碰撞风窗玻璃的概率就越大。实验表明，当碰撞速度小于 15km/h，对于 A 和 B 两种形式的碰撞，模拟假人被撞击后直接抛向前方。当汽车（轿车）速度很高，并且在碰撞时驾驶人没有采取制动措施，可能会使行人从车顶掠过，直接摔跌在汽车后面的路上。

车辆根据外廓形状大致可分为长头形车辆和钝头形车辆两种类型。汽车与行人碰撞事故根据车辆的外廓形状就可分为行人与长头形车的碰撞和行人与钝头形车的碰撞，如图 6.35 所示。其中，行人与长头形车碰撞事故的分析更为复杂。本节主要研究利用 PC-Crash 辅助人与长头形车碰撞事故的分析与重建。

【汽车与行人碰撞事故类型】

图 6.35　汽车与行人碰撞事故类型

行人与长头形车碰撞事故中最常见的事故形态是轿车与行人碰撞事故，因此，本节以轿车与行人碰撞事故为例讲解事故重建的过程与方法。轿车与行人碰撞事故重建的主要任务是通过对事故道路环境留下的痕迹、车损情况和参与方受到的伤害情况的调查，对交通事故发生过程做出合理的分析解释。为提高事故重建的准确性，还应根据现场信息对参与方碰撞接触位置、碰撞车辆前后速度的变化及驾驶人的反应做出相应的推断。

分析汽车与行人碰撞事故首先需要重点研究分析事故现场图，并明确以下几个重要问题：行人进入车道的时间、地点，并预估行人的行走速度、方向等基本信息；汽车碰撞行人的地点；汽车与行人之间的碰撞角度；行人损伤部位与车辆碰撞部位的对应关系。其次，从事故现场信息及驾驶人的笔录中找出事故重建需要的数据，具体包括：车辆类型，道路交通状况，天气条件，碰撞地点，驾驶人采取制动的地点，车身的擦痕、损坏，行人的基本信息（年龄、身高、体重）等。另外，根据法医的尸检报告明确行人详细的受伤情况。最后，根据调查到的数据进行事故分析重建。

当前，国外汽车与行人碰撞事故重建主要基于计算机仿真技术，根据已知的人车停止位置、车辆变形、地面痕迹和人体损伤等信息，利用运动学和动力学的知识来推导其他相关未知信息，重建事故发生过程。

6.6.2 汽车与行人碰撞事故的过程

在汽车与行人碰撞过程中，行人一般会受到保险杠、发动机罩前缘、发动机罩和风窗玻璃的撞击。行人与车辆发生碰撞时，首先小腿与保险杠发生接触，由于行人重心高于碰撞点，行人会在惯性作用下倒向车体，行人的腿部和髋部一般会与发动机罩前缘发生碰撞，而后行人的胸部和头部一般会与发动机罩或风窗玻璃发生碰撞。行人碰撞后的抛距、运动形态和损伤主要与车辆前部结构的尺寸、轮廓等外形特征，瞬时碰撞车速，行人初始姿态，以及行人步速等参数有关。

1. 轿车与行人碰撞事故的过程

本节主要以轿车与行人碰撞事故为例研究分析汽车与行人碰撞事故的重建过程。轿车与行人发生碰撞后从人的运动特征来讲，通常可以分为接触阶段、飞行阶段和滑移阶段，如图 6.36 所示。

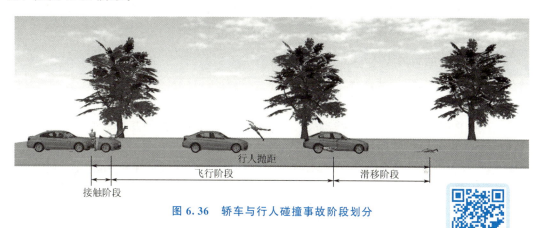

图 6.36　轿车与行人碰撞事故阶段划分

对于轿车而言，多数情况下（除非车辆制动失效、驾驶人精神失常、肢体功能失效或人为故意等）一旦车辆与行人发生碰撞，驾驶人均会采取制动措施，车辆很快停止。

【轿车与行人碰撞事故重建】

（1）接触阶段。行人首先与轿车前部发生接触，由于惯性的作用，行人身体上部会倒向发动机罩，在人身体与车体接触的过程中在摩擦力和车体表面作用与人体支持力作用下，人体速度不断增大。当车辆紧急制动时，由于车体与人体之间的摩擦力无法使人体获得足够大的减速度，人体与车体分离继续向前飞行；如果车辆速度较高，由于车体与人体之间的摩擦力无法使人体获得足够大的加速度，而使人体与车体之间产生较大的速度差，随着车辆继续向前行驶，人体落后于车体而坠落地面。

（2）飞行阶段。行人与车辆发生碰撞后被瞬时加速，车辆紧急制动使行人与车辆脱离，行人在空中飞行，直至坠落地面。

（3）滑移阶段。行人坠地与地面接触后，坠落地面时沿路面滑移的动能被人体与地面间摩擦力做功所消耗，直至最终停止，这一过程即为滑移阶段。

2. 影响行人碰撞后形态的因素

总结仿真试验、实车试验及真实事故案例的相关结果可知，影响行人与车辆碰撞后抛距和姿态的因素主要如下。

(1) 车辆前部接触部位的轮廓形状。
(2) 车辆前部接触部位的结构、刚度与几何参数。
(3) 车辆与行人接触过程中的运动状态（如匀速前进、加速前进、制动减速等）。
(4) 行人外形尺寸参数。
(5) 碰撞前行人的运动速度大小与面部朝向。
(6) 行人与车辆接触时四肢与躯体的相对姿态。
(7) 车辆与行人接触瞬间形态（车辆与行人接触部位和行人与车辆接触的角度）。
(8) 车体表面的刚度系数。
(9) 人体衣着与车体表面的摩擦系数，人体衣着与路面之间的摩擦系数。

上述影响因素之间的交互作用对碰撞过程也会产生一定的影响。

在交通事故重建过程中，为了便于分析，一般还需做出以下假定：一是车辆的刚度系数远远大于行人肢体的刚度系数；二是忽略车体表面在碰撞过程中的变形；三是在模拟过程中，行人肢体与躯干不会分开。

6.6.3 汽车与行人碰撞事故过程分析

1. 汽车与行人碰撞事故的概念术语

为了便于分析汽车与行人碰撞事故，首先介绍用于分析事故的基本术语。

(1) 行人抛距 S，指碰撞点至行人静止点之间的距离。行人抛距可分解为横向抛距和纵向抛距；其中，横向抛距为其在汽车行驶方向的分量 S_X，纵向抛距为垂直行驶方向的分量 S_Y，如图 6.37 所示。

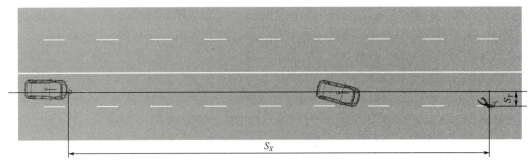

图 6.37　汽车与行人碰撞事故的横向抛距与纵向抛距

(2) 行人横偏距 Y_C，指汽车与行人臀部的接触点至头部与发动机罩接触点之间的垂直于汽车纵轴的距离，如图 6.38(a) 所示。

(3) 上抛距 X_C，指在汽车上接触点至行人头部碰撞点之间的平行纵轴的水平距离，如图 6.38(b) 所示。

(4) 展距 L_C，指从地面到头部与汽车发动机罩接触点行人身体包容汽车外廓的展开长度。它可分为静展距和动展距。前者为行人围绕汽车的外廓展开时，从地面开始至头部与汽车的接触部位的展距，如图 6.38(b) 所示；后者为行人围绕汽车的外廓展开时，地面至头部碰撞点的展距。

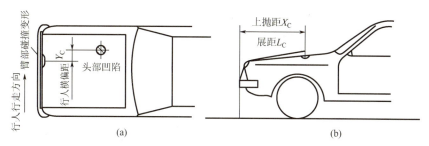

图 6.38 汽车与行人碰撞事故的基本术语

2. 确定汽车与行人碰撞点的约束方法

为了确定一起汽车与行人碰撞事故是否可以避免,首先必须知道事故碰撞接触地点。交通事故现场一般都或多或少地会留下各种痕迹,碰撞事故接触点总是借助这些痕迹分析得到的。对于行人交通事故,可能存在行人鞋底与路面的擦痕、行人携带物体位置或轨迹的不规则等。通常还要利用某些有规律的物证,如行人的抛距、制动印迹、玻璃碎片等物体的抛距,并将它们的规律曲线绘制到速度-位移坐标系上,如果存在单调的数学关系,则它们必定相交于一点,该点即为事故的碰撞接触地点,如图 6.39 所示。

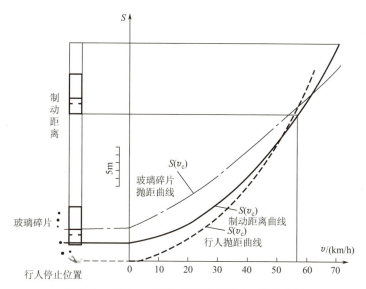

图 6.39 行人、车辆、散落物的速度-位移曲线

通常,人们可以根据路面的状态和种类,确定车辆制动过程中的最小减速度 a_1 和最大制动减速度 a_2,从而获得车辆制动位移与速度关系的上限方程和下限方程,分别为

$$S_1 = f(v_c, a_1)$$
$$S_2 = f(v_c, a_2)$$

对于确定的碰撞速度 v_c,碰撞点的可能范围就限定在 P_1 和 P_2 之间,如图 6.40(a) 所示。

在实际中,车辆的碰撞速度 v_c 一般都是未知的,但其他条件现场是可以测量的。根据测量的结果就可以获得车辆碰撞速度的范围,如图 6.40(b) 所示。

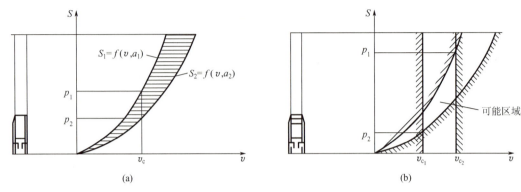

图 6.40 车辆的速度约束

为了缩小约束区域，提高分析精度，通常把当事人的陈述、目击者的证言及符合物理规律的各种速度-位移曲线全部绘制在同一个速度-位移坐标系中，从而把碰撞速度和位移（确定碰撞点）限制在更小的范围内，此即为后面所讲的约束方法的基本原理。

根据分析工作的需要，人们一般选择三种不同的约束方法：碰撞点约束、碰撞速度约束，以及事故过程中的速度-位移约束。这种综合约束的方法意味着约束以外的取值将被排除。

对于碰撞点约束一般是一些纯粹的地点陈述，如路边停止汽车之间的间隙、目击者证词、行人携带物体或牵领宠物位置。碰撞点约束在速度-位移坐标系中以水平线的形式出现。

对于碰撞速度约束，一般将从痕迹导出的最小速度和最大速度作为约束值。例如，行人横偏距（最大速度）、横抛距（最小速度）、上抛距（速度范围）。从行人动力学特性也可得到碰撞速度推断。例如，行人从汽车顶盖直接抛到车后。另外，碰撞后保险杠和发动机罩前端残留变形深度也可作为碰撞速度的约束。这些碰撞速度约束在速度-位移坐标系中用垂直直线表示。

速度-位移约束直接描述事故现场痕迹与碰撞速度及运动方向的关系。除了制动位移以外，主要是行人抛距（有时使用行人落地后的滑移距离）、玻璃（或塑料、漆片）碎片的位置及碰撞时从车体分离抛出的其他物体。这种约束主要使用曲线描述。速度-位移约束在坐标系中以痕迹的终止位置为坐标的原点，位移坐标取与汽车运动平行的方向。

6.6.4　PC - Crash 约束方法

汽车与行人碰撞事故重建的重要内容是确定碰撞时车辆的行驶速度和碰撞点位置，PC - Crash 作为世界著名的交通事故分析与重建软件，开发了专门的工具（Limit method），以帮助事故重建师确定车辆的行驶速度和碰撞点位置。

根据上面所讲原理，将尽可能多的散落物、人体、车辆等的速度-位移曲线绘制在同一个坐标系中，寻找它们的交集，从而确定碰撞车速和碰撞点，事故重建师根据卷宗材料确定行人抛距和车辆制动减速度的取值范围，从而确定碰撞速度。在 PC - Crash 中，Limit method 是一种图形方法，其主要功能是利用车辆轮胎的痕迹、车辆的制动距离和行人的纵向抛距来确定汽车与行人碰撞事故中车辆的碰撞速度和碰撞点的位置。下面通过一个具体案例来分析说明 Limit method 的应用。

2009年10月×日，晚9时许，驾驶人王某驾驶车号牌为粤×·×××××的Golf GT轿车沿××道路行驶，当行驶至岔路口时，与正横过马路的行人李某发生碰撞，导致李某当场死亡。警察勘查现场后，现场图、现场照片如图6.41所示。道路条件为双向两车道，混凝土路面，路面水平良好，死者李某的尸体与轿车沿行驶方向距离29.5m。死者李某身高1.80m，体重80kg，现需要根据案卷材料分析事故时碰撞点位置和车辆行驶速度。

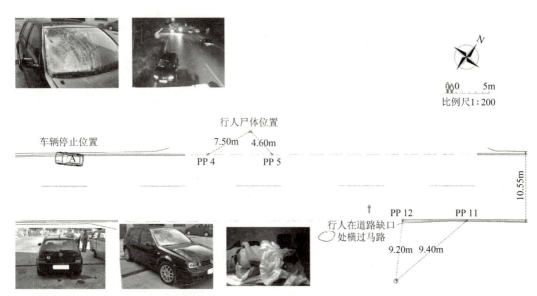

图6.41 汽车与行人碰撞事故现场图与现场照片

在PC-Crash环境中，单击图标 ，打开Limit method工具对话框，如图6.42所示。需要说明的是，利用Limit method工具生成的曲线图原点位于车辆的最终停止位置，使用该工具时建议将车辆的前端位置作为相应的坐标系原点，水平轴 X 轴表示位移，竖直轴 Y 轴表示速度，如图6.42所示。

1. 事故参数设置

使用Limit method工具时首先需要做如图6.43所示的参数设置。

首先需要说明的是，为了便于结合现场图与速度-位移曲线进行分析观察，利用Limit method工具生成的曲线图可以按 X 轴或 Y 轴进行镜像操作，最终的 X 轴、Y 轴的正方向应以实际坐标轴的指示为依据。

（1）行人停止位置：X 轴方向上的正值表示行人的静止位置在车辆停止位置沿正方向一侧，X 轴方向上的负值表示行人静止位置在车辆停止位置沿负方向一侧。行人停止位置的 Y 坐标值不影响计算结果。此设置表明行人最终位于车辆的前方还是后方。本案例中行人最终停于 X 轴正方向29.5m处。

（2）车辆停车减速度：车辆停车减速度的最小值和最大值应根据现场道路条件和车辆的实际制动情况予以设定。本案例中根据路面痕迹和驾驶人笔录材料，可知减速度在 $2\sim 6m/s^2$。根据车辆减速度范围绘制的速度-位移曲线在图上显示为红色曲线，曲线始于车辆的停止位置。

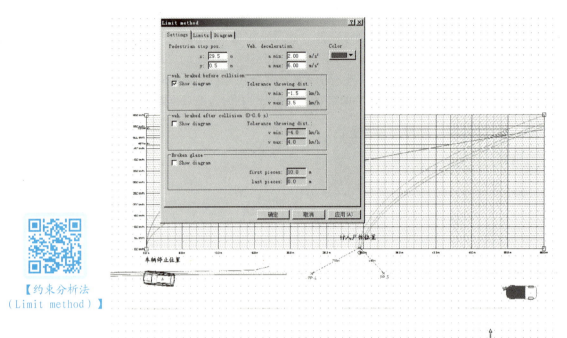

图 6.42　Limit method 工具的应用

【约束分析法
（Limit method）】

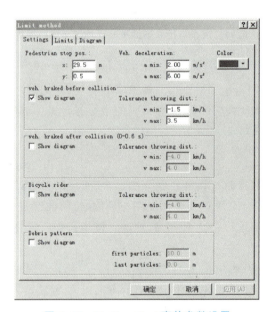

图 6.43　Limit method 事故参数设置

（3）车辆碰撞前制动：对于行人，无论是碰撞时车辆已经制动的抛距曲线图，还是碰撞后车辆立即制动（0～0.6s）的抛距曲线图，均可得以显示。如果用户不能确定车辆碰撞前是否已经制动，则可以显示两种曲线图。对于每一个曲线图，需设定一个抛距曲线的速度误差范围。车辆碰撞前已经制动的抛距曲线显示为绿色。浅绿色曲线是车辆碰撞时制动的抛距曲线，深绿色曲线是基于指定误差范围的曲线图。

计算人体抛距采用的经验公式为

$$X_c = 0.017\ 8av_c + 0.027\ 1\frac{v_c^2}{a}$$

式中，X_c、a、v_c 分别表示行人的纵向抛距、制动减速度和碰撞速度。

（4）车辆碰撞后制动：车辆碰撞后制动的曲线图显示为蓝色。浅蓝色曲线是车辆碰撞时没有速度误差范围的抛距曲线，深蓝色曲线是基于指定误差范围的曲线图。行人的抛距曲线始于行人的静止位置，并且这些曲线图与车辆的速度-位移曲线图一同显示在同一张曲线图上。

计算人体抛距采用的经验公式为

$$X_c = 2.5 + 0.71\ v_c + 0.045\ 2\ v_c^2 + 0.000\ 016\ 4\ v_c^3$$

式中，X_c、v_c 分别表示行人的纵向抛距和碰撞速度。

如果现场有散落物，还可以对散落物的位置进行设定。系统中指定第一片散落物和最后一片散落物的位置，抛距曲线在图中显示为棕红色曲线。

2. 约束条件设置

约束条件选项卡可以对速度和位移分别设定两个约束条件。位移约束条件可以设定行人横过马路时可能的区域；速度约束条件可以设定碰撞时车辆可能的速度范围。

基于车辆速度和行人抛距的约束条件，经过系统计算在曲线图中便可得到一个车辆速度曲线和行人抛距曲线的交叉区域，这个交叉区域在曲线图中显示为蓝色阴影区域。

如果指定了行人抛距的约束条件，那么车辆行驶速度范围就会在曲线图的速度轴上得以显示；如果指定了车辆行驶速度的约束条件，那么行人抛距的范围即可在位移坐标轴上得以显示。由此，在指定车辆可能的碰撞点范围后，就可以计算确定碰撞时车辆行驶速度的范围；或在指定车辆可能的碰撞速度范围后，就可以确定碰撞点的范围。本案例中，根据岔路口结构和现场痕迹，指定行人抛距在 X 轴正方向 42～50m，如图 6.44 所示。

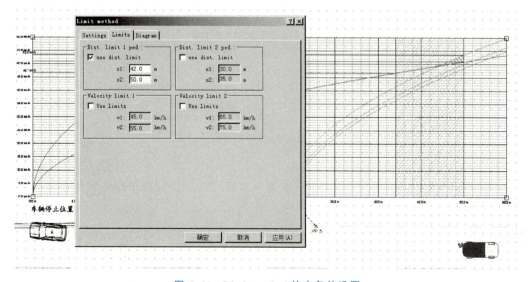

图 6.44　Limit method 约束条件设置

3. 曲线绘图设置

曲线绘图选项卡可以根据案例分析的需要，科学设置曲线图的布局和比例，使观察和分析工作更加简洁方便。用户可以对以下事项进行设置。

（1）范围：指定曲线图显示的最大速度和最大位移的范围。

（2）比例：指定图上速度值的比例，即1km/h的速度值在坐标轴上通过多大的距离来显示。

（3）网格密度：网格的间距可以通过实线和虚线显示，标注字体的大小可以根据需要自行设定。

（4）曲线图位置：在坐标系中，还可以通过指定原点坐标的位置确定曲线图在坐标系中的布局。

此外，还可以通过对曲线图进行对 X 轴和 Y 轴的镜像来改变曲线图的布局，从而使分析工作更加简洁方便。

本案例中，根据现场图幅面指定最大位移为 54.0m，车辆碰撞时最高行驶速度不会超过 65.0km/h。Limit method 曲线绘图设置如图 6.45 所示。

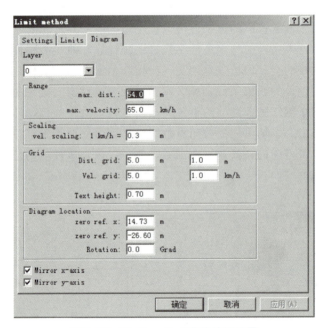

图 6.45　Limit method 曲线绘图设置

综上设定，通过 Limit method 工具绘制的曲线表明，本案例中车辆碰撞行人时的速度值应在 46.7～53.5km/h。据此，分析重建人员可以进一步分析车辆的行驶速度和事故时的碰撞点位置。

6.6.5　汽车与行人碰撞事故的重建

运用 PC-Crash 对汽车与行人碰撞事故进行分析重建时，有两种行人模型可以选择使用，即简单行人刚体模型和复杂行人多刚体模型。

当需要分析研究行人的速度、位移，驾驶人与行人的可见性、车辆与行人事故避让性等问题时，可利用简单行人刚体模型。PC-Crash 模型库中还包含丰富的行人三维运动模型，由此可以对行人车辆事故做出更加逼真的运动分析，并可通过三维窗口进行观察分析。图 6.46 所示为利用简单行人刚体模型进行模拟分析。

【行人事故的刚体分析】

图 6.46 利用简单行人刚体模型进行模拟分析

当需要分析研究关于汽车与行人碰撞事故的更详细的问题，如人体的伤情、碰撞时人体与车体的接触部位、碰撞后人体运动的姿态等问题时，简单行人刚体模型将无法满足分析研究问题的需要，此时一般需要采用复杂行人多刚体模型。利用复杂行人多刚体模型分析重建道路交通事故比简单行人刚体模型要复杂得多，并且目前在进行模拟计算时无法使用优化器加快重建的进程，用户需要更多的事故理论知识和事故分析的经验。

本节仍以 6.6.4 节所用案例为例，在 PC-Crash 软件环境下分析重建该起汽车与行人碰撞事故。

1. 熟悉案情

通过查阅卷宗熟悉事故过程，确保对事故过程有一个全面的把握和系统的了解。证据材料主要包括交通事故现场图、现场照片、现场录像、现场勘查笔录、行人体内酒精浓度鉴定报告、车辆检验鉴定报告，以及 Golf GT 车辆驾驶人询问笔录、目击证人的证词等材料。重建人员可根据事故处理经验，利用专业知识分析构想事故的发生过程。

2. 建立车辆模型

（1）从汽车数据库中输入一辆汽车，如 Golf GT。

（2）打开 Vehicle Data 对话框（Vehicle | Vehicle Settings），必要时，通过 Vehicle Geometry 选项卡修改车辆的几何形状和质量参数。

（3）选择 Vehicle Shape 选项卡，检查相关设置，本案例中事故车辆 GOLF GT 的实际外形参数如图 6.47 所示。利用该选项卡可以修改汽车车身的默认形状，使车辆纵向横截面注释的尺寸参数可以更加符合实际、更加准确，这对于行人与车辆碰撞事故模拟是至关重要的。

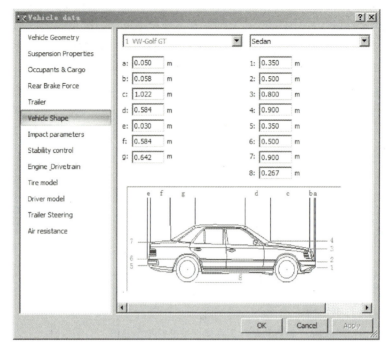

图 6.47 本案例中事故车辆 Gdlf GT 的实际外形参数

如果需要用较为真实的三维汽车模型来模拟汽车与行人碰撞事故，那么修改车辆外廓形状的尺寸参数是没有意义的，用户必须遵循下面指定的步骤。

（4）在浏览工具窗口打开 3D Vehicle 部分，选择 DirectX｜Cars 选项卡，在树形图中找到车辆 Golf GT 的 DXF 格式文件，并拖放到工作区域指定车辆的四方图上面，松开鼠标左键，即可将 Golf GT 的 DXF 网格模型加载给指定车辆，如图 6.48 所示。

图 6.48 为车辆 Golf GT 加载 DXF 网格模型

用户也可以在工作区域右击，在弹出的快捷菜单中选择 Vehicle DXF 命令，然后对车辆加载 DXF 格式文件，如图 6.49 所示。

此时，在车辆的碰撞和运动分析中将使用 DXF 网格模型，可以对行人在遭遇碰撞过程中人体的伤情、碰撞时人体与车体的接触部位、碰撞后人体运动的姿态等问题进行分析和模拟。

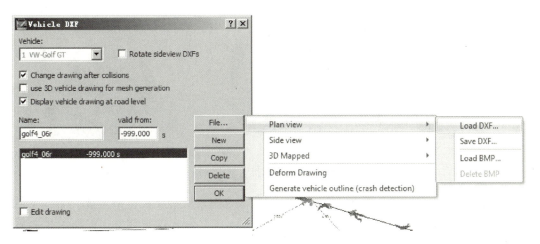

图 6.49　对车辆加载 DXF 格式文件

如果车辆的 DXF 格式文件加载之后，车辆仍然以简单的方格显示，则需检查设置选项，选中 Display Settings｜DXF Cars 选项。

（5）根据 Limit method 方法中介绍的方法初步确定车辆的行驶速度为 50km/h，并注意检查序列事件（Sequences）中制动选项设置是否与实际相一致。

3. 建立行人模型

（1）在浏览工具栏中单击 Custom Vehicles 按钮，打开 Multibody｜Pedestrians 文件夹，选择行人多刚体模型 20140221.mbdef 文件，利用小拖车工具 将该文件拖动至工作区域。审视案卷材料信息，认真、仔细比对人体和车体的受损情况，如图 6.50 所示。

图 6.50　分析车辆受损形态判定行人位置和姿态

根据痕迹形成原理将复杂行人多刚体模型置于合适的位置，并单击多刚体系统图标 ，设定人体的各项参数，检查人体多刚体模型的身高、体重、碰撞弹性恢复系数、与路面摩擦系数等各项参数是否和汽车与行人碰撞实际事故过程相一致。图 6.51 所示为加载复杂行人多刚体模型。

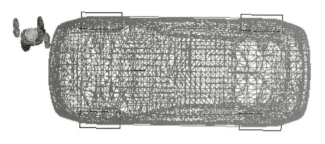

图 6.51　加载复杂行人多刚体模型

行人在事故时的姿势、轿车与行人的相对位置等因素对事故重建结果会产生非常大的影响。事故分析人员可以参考目击证人和驾驶人的笔录、行人的损伤部位与伤情等来确定行人的初始状态。PC–Crash 中 Multibody System 属性设定中提供了 top、right、front 三个不同的视角方向,便于修改人体的运动姿态,如图 6.52 所示。

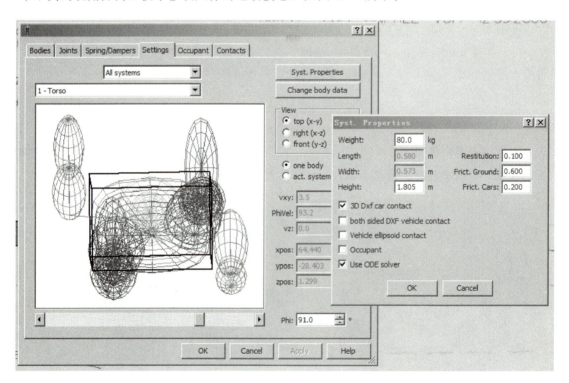

图 6.52　修改行人多刚体各项参数

根据现场勘查记录和现场图各类痕迹,结合 Limit method 方法,确定车辆与行人碰撞时的位置,并根据行人行走的平均速度设定行人行走速度为 3.5km/h。

（2）在研究分析汽车与行人碰撞接触的过程中,反复利用 3D Visualization 窗口,不断移动摄像机的位置,观察比对前保险杠、引擎盖和前风窗玻璃与人体的接触位置和人体的姿态,并与行人的受伤部位和伤情进行对照,确保接触情况与实际碰撞过程相符,如图 6.53 所示。

图 6.53　利用 3D Visualization 窗口调整人体位置与姿态

4. 行人多刚体碰撞模拟

利用工具条 上各按钮功能，对汽车与行人碰撞事故过程进行单步模拟和连续模拟，用户会发现一开始车辆与复杂行人运动的速度非常慢，这是因为在碰撞的过程中系统在做大量的计算。车体表面网格与复杂行人多刚体模型接触、碰撞、运动的各项参数，以及大量的数据，计算系统在后台自动执行后才显示在计算机屏幕上。

【行人事故的多刚体分析】

需要注意的是，由于行人多刚体的每一组成部分体积较小，为了确保系统能检测到表面接触，系统运算最大积分步长一般不超过 0.1ms 或 0.05ms，如图 6.54 所示。积分步长越小，模拟时间越长，模拟的效果也越细腻，用户可以根据模拟的效果调整积分步长的值。当模拟结果出现异常（如头部穿越风窗玻璃）时，要减小积分步长的值。积分步长的选择有时会影响模拟的结果，不同的积分步长有时会得到不同的模拟结果，特别是人体接触车体表面和碰撞后的运行姿态。

图 6.54　合理选择积分步长

根据模拟的效果，分析参数的偏差，反复调整车辆速度、行人速度、行人姿态、碰撞接触位置等参数，使模拟效果与实际过程相一致，得到事故重建的结果。

【忽略部分要素的汽车与行人碰撞事故重建】

由于利用复杂行人多刚体模型进行模拟时积分步长大大降低了模拟的工作效率，有时为了提高系统模拟的效率，可以将车体网格模型中与碰撞接触计算无关的数据删除，如图 6.55 所示，以减小系统运算的数据量。

图 6.55　删除与模拟无关的车体数据提高模拟效率

5. 汽车与行人碰撞事故视觉效果调整

为了改善汽车与行人碰撞事故的视觉效果，模拟工作完成后，可以加载 Gol GTI 07r.enc 文件，以改变三维窗口的模拟效果，如图 6.56 和图 6.57 所示。

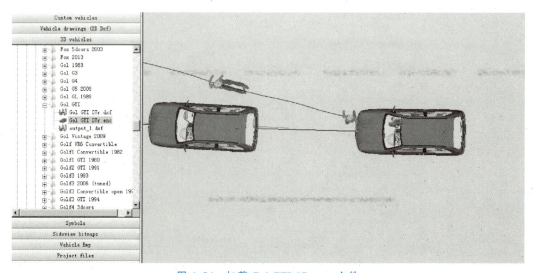

图 6.56　加载 Gol GTI 07r.enc 文件

在计算完成之后，用户可以创建 AVI、MPG 格式的视频文件，在 3D Visualization 中选择 Animation 选项卡，然后单击 Render 按钮，即可按设定参数生成汽车与行人碰撞事故的视频文件，该视频文件可以利用 Media Player 等视频工具播放，如图 6.58 所示。

图 6.57　加载 enc 格式文件后在三维窗口的模拟效果

图 6.58　生成视频文件

6.7　道路交通事故重建中参数的不确定性与敏感性

道路交通事故重建的基本思路：事故证据采集→事故过程分析→建立事故过程模型→分析计算模拟→结果验证。在此过程中，保证事故现场的各种痕迹、散落物、事故参与方相对位置关系的客观和准确，是确保事故重建结果科学并可信的重要依据。事故分析重建过程不仅包括对事故过程序列事件的分析，还包括利用现场信息对碰撞过程进行预估。由于事故现场证据采集人员及汽车性能的个体差异，事故现场证据采集的数据均包含一定的不确定性。特别是车速和碰撞角度对重建结果的影响十分显著，计算模型和初始条件的偏差会导致重建结果偏离事故发生时的状况，需要分析重建人员更加仔细地研究事故现象，减小重建结果与真实情况的偏差。但是，这并不能说明重建结果是错误的，或重建工作对事故分析调查失去意义，因为道路交通事故重建的本质就是利用已经掌握的交通事故证据材料及科学原理对交通事故发生过程做出的推演。重建结果不可能与事故发生时的情景完全一致，而只能是不断接近真实的事故过程。从这个角度来讲，对事故的重建工作是无止境的。

在进行事故重建过程中，输入参数有三个基本特征：概率分布类型、标称值及参数的不确定性。

6.7.1 道路交通事故重建中参数的不确定性概述

在道路交通事故重建过程中，无论是利用传统分析计算方法，还是利用软件系统的辅助分析方法；无论是基于经验公式，还是基于能量守恒定律或动量守恒定律；无论是利用简单刚体模型、复杂多刚体模型，还是利用网格模型或有限元模型，其背后都存在大量的数值运算，涉及众多参数的选择和模型的使用。这些参数有些是确定的，如车辆的质量参数与几何参数；而另一部分参数虽有确定的物理意义，但并不是确定的数值，而是一个取值范围，或者说具有一定的不确定性，如路面附着系数、行人质心高度等。再加上交通事故过程本身就是多元且非常复杂的，一些难以量化的影响因素还无法参与计算，致使重建结果存在一定的或然性。以上便是所谓的道路交通事故分析重建工作中参数的不确定性问题。根据事故重建参数不确定性的来源，事故参数不确定性包括测量的不确定性、模型的不确定性及计算的不确定性。

1. 测量的不确定性

测量的不确定性指从事故现场测量所得的信息由于测量人员素质高低、测量方法和测量工具精度水平不一等导致的测量结果的不准确。例如，现场制动痕迹的长度一般不可能是一个确定的值（如12.62m），而通常应当是一个范围（如12.50～12.76m）；汽车在此制动过程中制动痕迹的变化一般由滚印，到压印，再到拖印，也是一个变化的过程；各段痕迹没有明确的界限，由于滑移率不同，轮胎与路面间的摩擦系数也不同，计算中所使用的路面摩擦系数也就不是一个确定的值，而应是一个区间范围。又如，车辆的质心高度客观上是存在的，但实际测量却是很麻烦的，重建工作中该数值通常是根据车辆类型和装载情况结合分析人员的专业知识和经验估计所得。这些都为事故重建结果带来了一定的不确定性。导致这种不确定性的因素主要有：重复测量，具有一定意义但无法测量，某些物理量可通过特殊值大概估计而得到，交通事故发生的环境条件和人为因素造成各参数的不确定性等。

2. 模型的不确定性

模型的不确定性指事故重建中所建立的数学模型无法很好地满足实际事故过程重建的需要。无论是简单刚体模型还是复杂多刚体模型，在分析事故过程时均存在一定的误差。特别是行人多刚体模型与两轮车多刚体模型本身在结构上与实际行人和两轮车就存在一定的差别，在质量分布和物理特性上也存在不同；不仅如此，行人多刚体模型的姿态对重建结果的影响也是十分显著的，而行人在与车辆发生碰撞的过程中肢体的相对位置是无法获取的（除非有近距高清监控录像），分析重建人员只能通过经验和与结果的比对进行调整。

3. 计算的不确定性

计算的不确定性指因测量的不确定性引起的计算结果的不确定性。交通事故重建过程中的分析与计算可用下式表示：

$$f(x)=f(x_1,x_2,x_3,\cdots,x_n)$$

式中，$f(x)$ 为计算输出结果；n 为输入参数的个数；x 为输入参数，如驾驶人反应时间、车与路面附着系数、车体变形量、制动距离、质心高度、车体质量、行人抛距、协调时间、碰撞弹性恢复系数等。可以看出，在实际应用中重建结果的不确定性是输入参数不确定性的一种累积和传递。

利用 PC‑Crash 进行事故重建时，初始状态参数的设置将直接体现在分析结果中，特别是高敏感参数的选取。事故重建过程中，用户根据模拟结果与事故现场的比较，进行相关参数的调整，直到得到允许范围内的计算结果。

道路交通事故重建涉及人、车、路等要素的相互作用，因此，事故重建过程涉及的证据参数多、参数的选取和调整也包含很多不确定性，使参数分析也更加复杂。道路交通事故重建工作中涉及的常见参数如表 6‑3 所示。

表 6‑3 道路交通事故重建工作中涉及的常见参数

参数类别	参 数	参数属性
准确参数	车辆长、宽、高、前悬、后悬、轴距、轮距、整备质量、车辆类型；	车辆参数
	轮胎型号与尺寸、数量；	轮胎参数
	车辆头部风阻系数，车辆侧面风阻系数，车辆尾部风阻系数，车辆底部风阻系数；	车身性能参数
	发动机最大功率转速、最高车速，车辆各挡位传动比、转向转动比	车辆动力参数
测量参数	车身形状参数；	车辆参数
	人-车位置参数，车辆、行人轨迹参数，事故现场碰撞点位置，车重、前/后排乘员质量，车顶载质量，行李箱质量；	事故后果参数
	汽车、行人运动轨迹；	事故参与方轨迹参数
	事故现场碰撞点位置；	事故参数
	路面坡度，弯道半径；	道路参数
	风向，风速，阳光照射方向及时间	环境参数
经验参数	质心位置，ABS 及持续时间，悬架特性，轮胎阻尼系数，轮胎刚度，车体摩擦系数；	车辆参数
	事故参与方碰撞前运动方向，碰撞弹性恢复系数；	事故参数
	摩擦系数；	道路参数
	制动协调时间，加/减速度，车轮转向角，转向角速度，驾驶人反应时间；	事故过程参数
	汽车损坏部位、行人损伤	事故后果参数

进行事故重建时，需要一定的参照标准，分析重建人员需要根据交通事故特点及现场信息构成，修改调整相关参数，确保重建结果最大限度与事故现场相一致。参照标准主要如下。

（1）事故参与方车辆及行人的运动轨迹。
（2）车辆碰撞点位置、中间位置及最终停止位置。
（3）车辆碰撞变形及等效能量速度值。
（4）行人的停止位置与姿态。
（5）车辆接触部位与车体痕迹的相互印证。
（6）车辆及行人散落物位置。

这就要求现场勘查人员要尽可能全面地记录现场情况，交通事故现场图及现场照片应全面反映参照标准中的相关信息。

处理参数不确定性的方法通常是边界值法、偏差法和数理统计法，本节不对这些问题深入讨论，请读者参阅相关文献资料。

6.7.2　事故重建参数对重建结果的敏感性

在道路交通事故分析中，利用车辆发生事故后的制动距离计算车速的计算表达式为

$$v = \sqrt{2\phi g s}$$

式中，速度 v 是路面附着系数 ϕ 和制动距离 s 的函数，可以将上述计算表达式写为

$$v = f(\phi, s)$$

计算结果车速 v 对变量制动距离 s 的敏感性定义为

$$S_s^v = \lim_{\Delta s \to 0} \frac{\Delta v / v}{\Delta s / s} = \frac{s}{v} \lim_{\Delta s \to 0} \frac{\Delta v}{\Delta s}$$

对于计算结果 P 具有 n 个自变量的函数，可以将计算表达式写为

$$P = f(x_1, x_2, \cdots, x_n)$$

计算结果 P 对于自变量 x_i 的敏感性即为

$$S_{x_i}^P = \lim_{\Delta x_i \to 0} \frac{\Delta P / P}{\Delta x_i / x_i} = \frac{x_i}{P} \lim_{\Delta x_i \to 0} \frac{\Delta P}{\Delta x_i} = \frac{x_i}{P} \frac{\partial P}{\partial x_i}$$

计算结果对参数的敏感性计算的其他性质，请读者参阅 Mathematical Methods for Accident Reconstruction。

在道路交通事故重建过程中，影响结果输出的因素很多，为了提高事故重建的效率，重建人员应当根据事故参与方的不同及事故的不同形态，首先考虑和观察对计算结果较为敏感的参数，然后根据分析模型，选择对重建结果影响显著的若干参数进行优化和分析。汽车与行人、汽车与两轮车、汽车与汽车之间等不同参与方的事故，同类参数对计算结果的影响不同。汽车与汽车之间迎面相撞、追尾碰撞及任意角度碰撞等不同事故形态，不同参数对结果的敏感性也不相同。参数的敏感性分析应结合具体的事故形态，甚至是具体案件。

一般来说，根据实验和分析研究证明，对汽车与行人之间事故重建结果较为敏感的参数为汽车碰撞前速度、驾驶人反应时间、减速度、汽车转弯偏角和接触位置。在应用 PC-Crash 进行人-人碰撞事故重建时，若汽车的最终位移误差较大，可针对性地调整汽车碰撞

前速度、驾驶人反应时间、减速度、汽车转弯偏角；如果行人的最终位移误差较大，可优先考虑调整减速度及接触位置作为调节参数，以快速得到满意的仿真结果。

对于汽车与两轮车之间的交通事故，在众多重建参数中，汽车制动距离、两轮车抛距、两轮车驾驶人抛距、两轮车速度、两轮车质量、碰撞角度、两轮车驾驶人与汽车之间的摩擦因数、碰撞弹性恢复系数、两轮车与汽车间的摩擦因数、两轮车驾驶人质量、汽车质量、汽车质心高度、汽车轮胎与路面间附着系数、两轮车高度、两轮车与路面间附着系数、两轮车驾驶人身高、两轮车驾驶人体表与路面摩擦系数影响事故重建的成效。其中，汽车制动距离、两轮车驾驶人抛距、两轮车抛距等参数在所有参数中对重建结果最为敏感。对于事故调查人员，现场采集数据时应优先采集汽车制动距离、两轮车驾驶人抛距、两轮车抛距，确保这些参数的准确性。而对于汽车与路面间附着系数、碰撞角度、两轮车与路面间附着系数、两轮车驾驶人体表与路面摩擦系数、两轮车质量、两轮车驾驶人质量、汽车质量，在事故重建时也要认真核查参数的客观真实性，必要时进行现场试验测量。

对于汽车与汽车之间的交通事故，事故重建中涉及的参数如表6-3所列。但是由于计算机技术、通信技术和网联技术对传统汽车工业的不断改造，现代汽车安装了越来越多的主被动安全装置，有些装置（如ABS、ESP等）在事故全过程中均发挥作用，这使得事故重建工作变得更加复杂。对于传统汽车在事故重建中涉及的参数，汽车制动距离、汽车质量、车辆碰撞速度、碰撞角度、汽车轮胎与路面间附着系数、车辆碰撞弹性恢复系数、车体间摩擦系数、碰撞点位置、汽车质心位置、碰撞接触面角度、汽车质心高度等参数影响事故重建的成效。而车辆碰撞速度、碰撞点位置、汽车质心高度、碰撞接触面角度、碰撞角度、碰撞弹性恢复系数、等效能量速度等对重建结果较为敏感，在重建事故的过程中，在确保测量参数准确且可靠的情况下，参数调整时应给予重点关注。

需要说明的是，道路交通事故重建不仅包括车辆速度分析计算，还包括车辆在事故过程中的运动姿态、车辆在事故过程中的位置与终止位置等。重建结果对事故过程的不同参数具有不同的敏感性，相应地，重建结果对于重建过程中所选择使用的模型也具有一定的敏感性，轮胎模型、驾驶模型、驱动模型、车辆模型、轨迹模型、悬挂模型等对重建结果也有很明显的影响，这些问题的探讨较为复杂，请读者参阅 PC-Crash Technical Manual 等相关文献。

思 考 题

1. 利用 PC-Crash 重建道路交通事故一般包括哪些步骤？
2. PC-Crash 优化器可以进行优化的参数有哪些？应如何设置优化策略？
3. 案例分析：
（1）利用 PC-Crash 重建一起小型汽车之间的交通事故。
（2）利用 PC-Crash 重建一起汽车与两轮车之间的交通事故。
（3）利用 PC-Crash 重建一起汽车与行人之间的交通事故。

第7章
车载电子数据辅助道路交通事故重建

知识学习目标

通过本章的学习，了解事件记录装置在交通运输业的发展历程；车载电子数据在现代汽车中的应用情况；明确车辆事件记录装置的种类及数据记录的原理；掌握汽车安全气囊的工作原理；学会使用 BOSCH 碰撞数据读取仪专门工具对碰撞事故车辆安全气囊控制模块进行数据读取和分析；掌握利用事件数据记录器记录的数据在 PC-Crash 环境下对交通事故过程进行重建的方法和步骤。

能力培养目标

能够依据《机动车运行安全技术条件》GB 7258—2017 的规定，正确使用碰撞数据读取工具（常用的为碰撞数据读取仪）科学获取车载电子信息（通常为安全气囊控制模块记录数据），科学分析读取数据的含义，明确车辆的运行状态，正确分析事故过程；在此基础上，利用 PC-Crash 重建事故的过程。

教学重点

1. 国内外事件数据记录器的标准与法规；
2. 事件数据记录器数据记录的主要内容；
3. 碰撞数据读取仪读取车载电子数据的方法及操作；
4. 利用事件数据记录器记录的数据在 PC-Crash 环境下重建事故的过程。

教学难点

碰撞数据读取仪读取车载电子数据的正确操作及数据解析；利用事件数据记录器记录数据在 PC-Crash 环境下重建事故的过程。

7.1 车载电子数据

随着汽车智能化水平的不断提高，现代汽车为监测和记录车辆的行驶状态，装备了越来越多的控制单元，如 ABS、ESP、安全气囊控制模块等系统，汽车多媒体系统导航定位系统、蓝牙及 Wifi 通信系统，以及行车记录系统等。车辆发生事故时冻结的数据能客观全面地反应人、车、环境等信息，对重建道路交通事故过程提供重要支持。

现代汽车上装备的电子装置很多，但并不是所有的电子装置对车辆的行驶过程数据均有记录。德国 BOSCH 公司生产的碰撞数据读取仪专门工具目前可以对车辆上装备的安全气囊控制模块、动力总成控制模块、行人保护模块及车身翻转模块在车辆发生碰撞、侧翻等时刻的事件记录数据进行读取。为了说明车载电子装置数据的产生和记录原理，本章以交通事故调查中常见的安全气囊控制模块为例，介绍汽车安全装置的工作原理及车辆碰撞事故的提取及辅助交通事故重建的方法。

【车辆电子证据的类型】

7.1.1 安全气囊系统的组成与工作原理

安全气囊系统（Supplement Restrain System，SRS）是国外汽车安装的一种常见的被动安全装置，目前较为普遍的是安装驾驶人安全气囊和副驾驶人安全气囊。车辆一旦发生碰撞，ECU 提供电流引爆安放在转向盘中央及仪表板后面的气囊中的氮化合物，使其迅速燃烧而产生大量的氮气，气体在瞬间充满气囊，整个动作过程约在 0.03s 内完成。这样，在驾驶人与转向盘之间、副驾驶人与仪表板之间立刻形成一种缓冲的软垫，以避免硬性撞击而造成严重伤亡。安全气囊需要与安全带配合使用，否则可能会对乘员造成额外的伤害。

【汽车安全气囊的防护原理】

1. 安全气囊系统的组成

当汽车受到碰撞导致车速急剧变化时，气囊迅速膨胀，承受并缓冲驾驶人或乘员头部与身体上部产生的惯性力，从而减轻人体遭受伤害的程度。汽车安全气囊根据保护对象的不同包括驾驶人安全气囊、副驾驶人安全气囊和乘客安全气囊等；根据保护的碰撞方式不同又可分为正面碰撞安全气囊、侧面碰撞安全气囊和其他安全气囊，如图 7.1 所示。

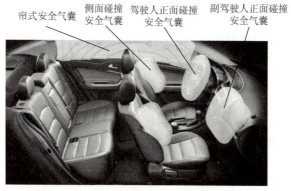

图 7.1 不同保护对象的汽车安全气囊系统

【汽车安全气囊系统的组成】

安全气囊系统主要由传感器、电子控制单元、气体发生器和气囊等主要部件组成。传感器和微处理器用以判断撞车程度，传递及发送信号。气体发生器根据信号指示产生点火动作，点燃固态燃料并产生气体向气囊充气，使气囊迅速膨胀。气囊装在转向盘内紧靠缓冲垫处，其容量在50～90L不等，做气囊的布料应具有很高的抗拉强度，多以尼龙材质制成，折叠起来的表面附有干粉，以防气囊黏着在一起爆发时被冲破；为了防止气体泄漏，气囊内层涂有密封橡胶；同时气囊设有安全阀，当充气过量或囊内压力超过一定值时会自动释放部分气体，避免将乘客挤压使其受伤。SRS电控系统中的传感器，按功能可分为碰撞强度传感器和防护碰撞传感器；其中，碰撞强度传感器按安置位置又可分为左前碰撞传感器、右前碰撞传感器和中央碰撞传感器的前碰撞传感器及中心碰撞传感器两种。碰撞传感器和防护碰撞传感器串联在一起，其功能都是检测车辆发生碰撞时的惯性力或减速度值，并把信号传输给安全气囊系统的控制单元。SRS的控制单元为一独立的控制单元，不与其他系统的控制单元共享，其功能是接收每个传感器发来的信号并判断是否引爆气囊。汽车安全气囊系统传感器安装示意图如图7.2所示。

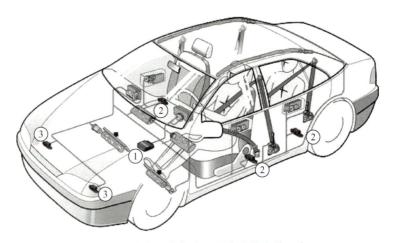

图7.2 汽车安全气囊系统传感器安装示意
①—中心碰撞传感器；②—侧碰撞传感器；③—前碰撞传感器

（1）传感器

一般来说，汽车安全气囊系统配置有左前碰撞传感器、右前碰撞传感器、中央碰撞传感器和防护碰撞传感器。左前碰撞传感器和右前碰撞传感器功能相同，防护碰撞传感器与中央碰撞传感器、左前碰撞传感器和右前碰撞传感器功能有很大区别。防护碰撞传感器的功能是防止汽车安全气囊系统的误操作（即未发生真实碰撞时却导致安全气囊展开）。防护碰撞传感器也需要碰撞惯性力作用才能接通，但所需惯性力小于左前碰撞传感器和右前碰撞传感器接通所需的惯性力，也小于中央碰撞传感器接通所需的惯性力，因此，一旦发生碰撞，防护碰撞传感器优先接通。安全气囊电子控制系统中，碰撞强度传感器用来进行碰撞状态的判断，要求具有较高的可靠性。目前应用的碰撞强度传感器主要有以下几种：滚球式碰撞强度传感器、滚轴式碰撞强度传感器、偏心锤式碰撞强度传感器、水银开关式碰撞强度传感器、电阻应变计式碰撞强度传感器和压电效应式碰撞强度传感器。

除了碰撞强度传感器外，有些系统还需要检测汽车纵向加速度和横向加速度，因此，在车身上装有加速度传感器。该传感器基于差动变压器原理，正常时，差动变压器铁心置于变压器的中位，变压器无输出；当发生碰撞时，铁心发生移动，差动变压器输出信号。

（2）安全气囊控制模块

安全气囊控制模块由安全气囊系统的电子控制单元、信号处理电路、备用电源电路、保护电路和稳压与升压电路等组成，如图7.3所示。

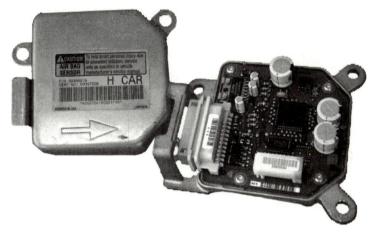

图7.3 安全气囊控制模块的构成

安全气囊系统的电子控制单元是安全气囊控制模块的核心部件，内置A/D转换器、串行通信接口、定时器和存储器等功能电路，负责安全气囊控制模块的所有控制和监测工作，计算和确认碰撞强度，判断是否需要立即展开气囊，并保存碰撞时刻、碰撞方式和碰撞强度，以及气囊展开时警告灯的状态。备用电源包括一个直流稳压器和一个电容储能器。直流稳压器保证恒定，使系统能正常工作而不发生失控。电容储能器利用电容器储能原理储存一定电能，当由于碰撞使电源中断时，电容储能器可作为备用电源向电子控制单元供电120ms以上，使安全气囊系统在失去主电源后仍能正常工作，确保安全气囊的有效保护作用。

（3）安全气囊总成

安全气囊总成有正面（纵向）安全气囊总成和侧面安全气囊总成两类安全气囊总成，按安装位置可分为驾驶人席安全气囊总成、乘客席安全气囊总成、副驾驶人席安全气囊总成和侧面安全气囊总成，四大类。安全气囊总成结构示意如图7.4所示。安全气囊总成主要由气囊、气体发生器、点火器等构成，气囊用尼龙织物制成，内层涂聚氯丁二烯以密闭气体。气体发生器的主要功能是在一定条件下产生气体，使气体膨胀，气体发生器的充气剂是叠氮化钠药片。点火器包括引爆炸药、引药、电热丝等。

图7.4 安全气囊总成结构示意

2. 安全气囊的工作原理

当汽车发生正面碰撞，安全气囊控制系统检测到冲击力（减速度）超过设定阈值时，安全气囊控制模块立即接通充气元件中的电爆管电路，引爆电雷管内的点火介质，火焰引燃点火药粉和气体发生剂，产生大量气体，在 0.03s 内向气囊充满气，使气囊急剧膨胀，冲破转向盘上装饰盖板，并向驾驶人和乘员方向展开，使驾驶人和乘员的头部和胸部压在充满气体的气囊上，缓冲对驾驶人和乘员的冲击，随后将气囊中的气体放出。安全气囊将撞击力均匀地分布在头部和胸部，防止脆弱的乘员肉体与车身产生直接碰撞，大大减少受伤的可能性。从发生冲撞、传感器发出信号到控制器判断引爆电雷管，大约需要 10ms。引爆后，气体发生器产生大量氮气，迅速吹胀气囊。从发生冲撞到气囊形成，进而到安全带拉紧，全过程所需时间为 30~35ms，其工作原理如图 7.5 所示。

【汽车安全气囊的工作原理】

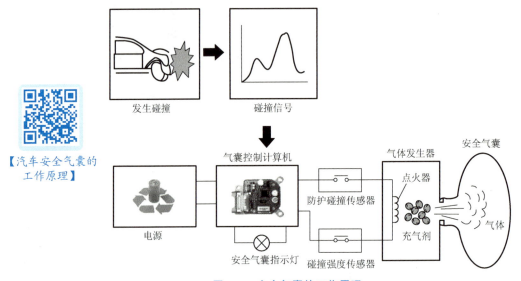

图 7.5　安全气囊的工作原理

如果在较大速度碰撞后，主电源被切断，则电源监控器自动启动备用电源，支持整个系统工作，并使警报工作直至备用电源耗尽。

为了防护二次碰撞带来的人员伤害，安全气囊系统需要在碰撞过程中做出快速响应，因此安全气囊系统设计人员和事故分析人员必须非常清楚二次碰撞的动态过程，这可以通过模拟试验获得。二次碰撞的动态过程与汽车行驶速度和碰撞的障碍物有关，德国 BOSCH 公司利用 Audi 汽车进行了与固定障碍物碰撞的试验研究，试验车速为 50km/h，获得的结论如下。

（1）一次碰撞开始到二次碰撞结束的时间约为 120ms。

（2）二次碰撞开始的时间为一次碰撞后 40ms。

碰撞发生后，安全气囊系统应立即起作用，如图 7.6 所示，其防护过程如下。

（1）碰撞开始 10ms 后，达到引爆系统的引爆极限，引燃器引燃火药，产生大量的炽热气体。此时，驾驶人由于惯性仍然坐在座椅上。

（2）碰撞 20ms 后，安全气囊系统组件中的电雷管引爆，气囊点火；驾驶人开始移动，但还没有到达气囊。此时驾驶人逐渐向前移动,安全带被拉长,人的部分冲击能量被吸收。

(3) 碰撞 55ms 后,气囊完全充满,体积达到最大,驾驶人前冲,与气囊相接触。

(4) 碰撞 60ms 后,驾驶人身体和头部压向气囊,气囊上的排气孔在人体前冲和气压升高的作用下排气,排气的节流孔起吸收人体与气囊弹性碰撞的能量的作用,减轻人与气囊的碰撞力。

(5) 碰撞 80ms 后,驾驶人的头部和身体上部沉向气囊。气囊的排气口打开,其中的气体在高压下匀速逸出,以吸收能量。碰撞 100ms 后,车速已降为 0,这时对车内的乘员来说,事故的危险期已经结束。

(6) 碰撞 110ms 后,大部分气体从排气孔溢出,驾驶人身体基本回到原位。

(7) 碰撞 120ms 后,碰撞结束。

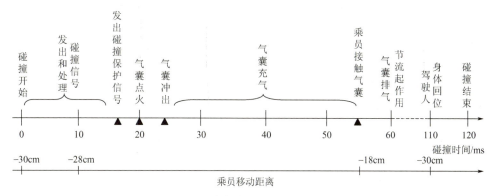

图 7.6 安全气囊系统防护过程示意

7.1.2 安全气囊系统碰撞数据记录

1. 碰撞与点火的判断

为了保证安全气囊在适当的时候打开,汽车生产厂家都规定了气囊的起爆条件,只有满足了这些条件,气囊才会爆炸。虽然在一些交通事故中,车内乘员碰得头破血流,甚至出现生命危险,车辆接近报废,但是如果达不到气囊爆炸的条件,气囊还是不会打开。安全气囊系统碰撞判断的方法如图 7.7 所示。

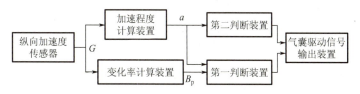

图 7.7 安全气囊系统碰撞判断的方法

在电子控制系统中,纵向加速度传感器将检查到的加速度信号 G 分别送到加速程度计算装置和变化率计算装置中。加速程度计算装置根据信号 G 计算加速度值 a,并将该信号输入第一判断装置和第二判断装置中。变化率计算装置检测信号 G 的变化率 B_p,随后将 B_p 输入第一判断装置中。

第一判断装置根据加速度 a 和变化率 B_p 确定是否发生撞击,并将一个输出信号输入气囊驱动信号输出装置中。第二判断装置计算时间 t_1,这个时间表示加速度 a 超过一个预定值的时间周期,随后,根据 t_1 和 a 判断是否发生撞击,并将结果也输入气囊驱动信号输出装置中。气囊驱动信号输出装置根据第一判断装置和第二判断装置的信号,确定气囊是否需要充气,并可按照其判断结果确定是否产生气囊驱动信号。

加速度信号 G 的变化率 B_p 是确定碰撞类型的参数之一。例如,在车辆发生正面撞击时,加速度信号的变化率 B_p 会产生一个骤变,并且同时车身有变形。当然,加速度 a 本身也应作为判断是否发生撞击的因素,因为在车辆通过粗糙的路面时,加速度也可能骤变,而此时并不需要打开气囊,同时考虑加速度,可以避免气囊的误充气。

另外,还可以用时间 t_1 来判断撞击类型。例如,在车辆发生倾斜撞击或碰撞时,由于撞击的时间相对较长,并且车身不会产生突然的变形,加速度 a 可以在一段时间内保持一个较高的值。同样,在用 t_1 作为判断撞击类型的参数时也还是要考虑加速度 a 的大小。

安全气囊打开需要合适的速度和碰撞角度。从理论上讲,只有车辆的正前方左右大约 60°之间位置撞击在固定的物体上(图 7.8),速度高于 30km/h 时安全气囊才可能打开。这里所说的速度不是我们通常意义上所理解的车速,而是在试验室中车辆相对刚性固定障碍物碰撞的速度,实际碰撞中汽车的速度高于试验速度气囊才能打开。

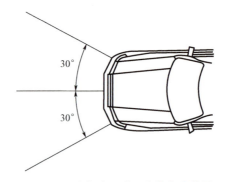

图 7.8　安全气囊系统工作的角度范围

气囊起爆时刻的判断由其逻辑电路来完成,图 7.9 所示为一般气囊点火判断的逻辑电路,按此逻辑计算后由电子控制单元判定气囊是否需要点火。

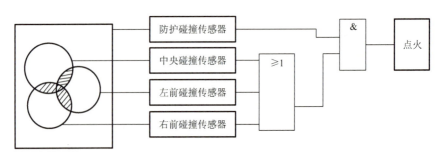

图 7.9　一般气囊点火判断的逻辑电路

气囊点火电路的任务是向引燃器发送引燃电流,该电流一般由点火电压形成的电路和点火储能电路提供。点火储能电路是利用两组电容器来实现储能的,又称气囊后备电源。

当汽车发生碰撞时，气囊点火电路的电源直接取自车上的蓄电池。若汽车上装有双气囊或多气囊，则应设置两条或多条气囊点火电路。

安全气囊的动作过程完全由电子控制单元的工作程序进行控制，按照人们事先设计的工作内容与步骤逐条执行。安全气囊电子控制流程如图7.10所示。汽车的点火开关闭合后安全气囊系统就开始工作。首先把电子控制单元等电子电路复位，紧接着是进行自检，专门由自检子程序对各传感器、引燃器、随机存取存储器、只读存储器、电源等部件逐个进行检查。如果有故障，先执行总的故障，显示灯显示子程序，使故障灯发出闪亮信号，驾驶人迅速把故障码读取开关闭合（或用线接好），读取故障码，查出气囊故障的部位。

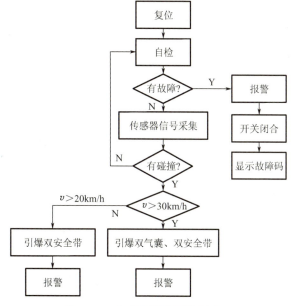

图7.10　安全气囊电子控制流程

如果自检时安全气囊无故障，则启动传感器信号采集子程序，对所有的传感器进行巡回检测。如果没有碰撞，程序又返回自检子程序。如果一直没有碰撞则程序就这样循环下去。

如果有碰撞，经电子控制单元的判断，当碰撞速度小于30km/h时，电子控制单元发出引爆双安全带预紧器的指令，并且发出光电报警指令。如果碰撞速度大于30km/h，则电子控制单元向所有的引燃器发出引爆指令，使两个安全带拉紧，两个气囊胀开，同时发出光电报警指令。

如果在较大速度碰撞后，主电源被切断，则电源监控器自动启动备用电源，支持整个系统工作，并使警报工作直至备用电源耗尽。

2. 安全气囊的数据记录

安全气囊控制模块通过各类传感器不断搜集车辆行驶过程中的速度、加速度、车速变化量、发动机转速、安全带使用情况、制动踏板位置、加速踏板位置、发动机转速等信号，并把这些数据存储于存储单元中。随着新的数据不断形成和出现，车辆行驶的数据便源源不断地记录在控制模块的存储单元中，当数据记录的容量超过安全气囊控制模块存储容量时，新的车辆行驶数据将覆盖以前写入的数据；当车辆遭遇特殊事件（通常是碰撞、侧翻等）时，通过系统的计算达到触发安全气囊控制模块设定的记录阈值时，事件发生前一定时间的数据便被"冻结"在原来的存储单元中，而不会被新的数据所覆盖，如图 7.11 所示。这些"冻结"的数据不能够被读取工具所修改和删除。需要说明的是，安全气囊控制模块信号处理功能通常集成在安全气囊的电子控制单元中，因为事件数据"冻结"的触发算法和安全气囊点爆算法使用相同的信号源，但触发阈值略低。

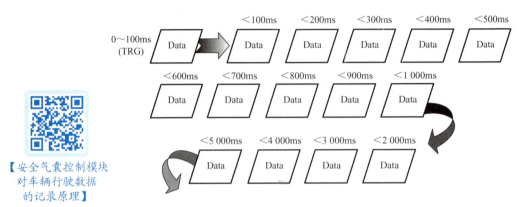

【安全气囊控制模块对车辆行驶数据的记录原理】

图 7.11　安全气囊控制模块对车辆行驶数据的记录原理

事件触发条件与数据记录情况具体可分为以下三种情况。

（1）无动作。如果减速度信号较弱，未达到事件触发的阈值，气囊安全装置事件记录模块不被激活；传感器将继续采集数据，安全气囊事件数据记录模块与安全气囊控制模块接收但不保留数据，系统保持监控状态。

（2）仅激活事件数据记录，不点爆安全气囊。如果碰撞强度足够激活事件数据记录模块，但仍不足以点爆安全气囊，此时，来自车辆其他系统的数据参数（如发动机转速、车速、制动状态、节气门位置、车辆纵向速度改变量等）通过数据通信总线与安全气囊控制模块进行通信，并将相应参数记录"冻结"在安全气囊控制模块的电子抹除式可复写只读存储器中。这些数据日后可以读取，作为调查和管理的依据。

（3）既激活事件数据记录，又点爆安全气囊。当汽车行驶中遭遇剧烈碰撞事件，系统监测的参数使事件数据记录模块和安全气囊控制模块均被激活，此时，碰撞强度足以使安全气囊点爆，事件数据记录模块已经先于安全气囊系统被激活，数据被"冻结"在电子抹除式可复写只读存储器中，今后不能被覆盖、修改和删除。

多数汽车的安全气囊控制模块对特定触发事件记录的数据一般为触发前 5s 至事件触发后 2s 的数据，如图 7.12 所示。这些数据基本可以满足车辆发生触发事件过程分析的需要。国家规定，对于安全气囊控制模块的存储单元，应当至少能够记录三次事件的数据。

安全气囊控制模块存储单元中记录（被"冻结"）的数据（图 7.13 所示）应在车辆生命周期内均可被记录和读取，除非控制模块被更换。

需要说明的是，在安全气囊控制模块监测的各类参数中，其采样频率是不同的，一般地，纵向速度变化量 Δv 为 100Hz、车速为 2Hz、制动情况为 2Hz、节气门位置为 2Hz、ABS 工作状态为 2Hz、发动机转速为 2Hz、汽车加速度为 2Hz 等。

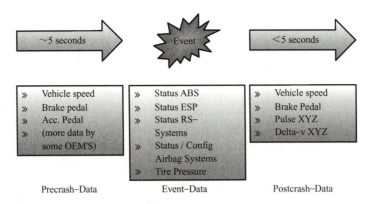

图 7.12　安全气囊控制模块存储单元记录的事件数据记录

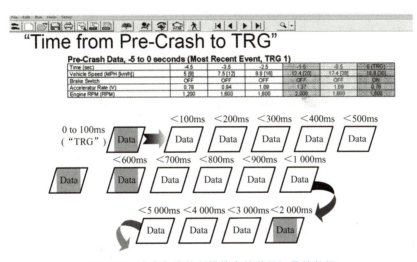

图 7.13　安全气囊控制模块存储单元记录的数据

7.2　事件数据记录器概述

7.2.1　事件数据记录器的定义

事件数据记录器主要指汽车上配备的能够记录车辆在行驶中遭遇特定事件（如速度突变、角速度突变）时，记录与车辆状态和乘员相关数据的一种装置。在轻型汽车中，该装置大多附属于安全气囊控制模块，而在重型载货汽车或大型客车中，则大多附属于发动机控制模块（Engine Control Module，ECM）中。由于事件数据记录器与飞机飞行数据记录器（Flight Data Recorder，FDR）具有一定的相似性，因此事件数据记录器也常常被称为汽车上的"黑匣子"。实际上，事件数据记录器与传统上的"黑匣子"存在较大区别。事件数据记录器并不会像行驶记录仪一样持续监测和记录车辆状态信息，仅在有事件触发时才记录事发前、事发中和事发后较短时间段（通常以 s 为单位）内的数据，主要以车辆运动状态和驾驶人操纵信息为主；同时事件数据记录器不会

【飞机黑匣子与汽车事件数据记录器】

记录汽车使用中的音频、视频数据,与部分汽车上安装的行车记录仪存在较大区别。

美国联邦法规(Code of Federal Regulations,CFR)第 49 篇第 563 部分将"事件"定义为碰撞、达到或超过触发阈值、气囊展开三者中最先发生的形态。事件数据记录器定义为一种能够记录碰撞事件前或碰撞事件发生过程中车辆运动的时间序列数据,这些数据旨在供碰撞事件发生后进行读取。

SAE 关于事件数据记录器输出数据定义的 2017 版标准中,将事件数据记录器定义为汽车一个或多个电子模块中监测汽车和乘员保护系统在事件触发前和事件中的时间序列数据的功能,事件发生后应能读取这些数据。但这些数据不包括冻结帧(freeze - frame)数据(非事件数据记录器数据)、诊断数据、车联网系统数据。

目前,大多数汽车事件数据记录器将车辆速度的突变定义为事件。因此,碰撞导致的交通事故大多属于事件数据记录器的事件范畴,但急加速、急减速导致的事件并不一定是交通事故。为便于理解,本书中所指的事件主要是交通事故中的汽车碰撞。根据安装的时间,事件数据记录器可以分为前装(OEM 生产汽车时就配备)和后装两种类型,本书中介绍的均为前装事件数据记录器。

7.2.2 事件数据记录器的发展历史

【事件数据记录器发展历史】

从 1974 年开始,美国通用汽车公司(GM)在部分车型中首次引入了乘员安全气囊系统。乘员安全系统包含能够持续监测气囊系统和记录数据的传感器,早期记录的数据主要局限于碰撞严重程度和气囊状态。此外,乘员安全系统还包含能够在气囊出现故障时点亮警报灯的显示面板,这被认为是汽车事件数据记录器的原型。随着技术的发展,这些传感器不断升级,通过做出更快和更为精确的气囊是否展开决策,以及控制更多的安全系统(如侧气帘、侧气囊、安全带预紧器、主动安全头枕等)以持续提升汽车安全性。

1990 年,通用汽车公司开始在部分配备了安全气囊的车型中安装诊断储能模块(Diagnostic Energy Reserve Module,DERM)。该模块具备一些记录功能,但没有事发前或速度变化(Delta-v)数据,而是仅记录气囊工作状态和导致气囊展开的碰撞强度等一些诊断数据,部分诊断储能模块还能记录接近展开事件(碰撞强度不足以展开气囊的事件)所产生的一些数据,工程师使用这些记录的信息对安全气囊系统性能进行改进。从当前事件数据记录器的定义来看,这些装置严格上还不属于真正的事件数据记录器。

从 1994 年款车型开始,通用汽车事件数据记录器具备记录 Delta - v 数据的功能。1999 年款部分车型的事件数据记录器(图 7.14)开始具备记录碰撞前车速、发动机转速、节气门开度、制动状态等功能,记录的数据项基本与目前的事件数据记录器数据项接近。

从事件数据记录器的发展历史来看,数据主要的存储单元基本上是汽车被动安全系统控制模块——安全气囊控制模块,从结构上可以将事件数据记录器认为是安全气囊控制模块的一个组件。安全气囊控制模块主要具备三个功能,一是在碰撞事件中决定是否需要展开安全气囊;二是对安全系统进行诊断,检查是否存在故障;三是监测和记录事件相关的数据。通常来讲,安全气囊控制模块或其他能够记录与碰撞相关的时间序列数据的模块都可认为是事件数据记录器。对于不同汽车生产厂家,对安全气囊控制模块也有不同的称谓,如通用汽车公司从 1994 年开始将其称为传感诊断模块(Sensing and Diagnostic Module,SDM),而福特公司则将其称为约束系统控制模块（Restraint Control Module，RCM），如图 7.15 所示。

2006 年，NHTSA 制定并发布的 CFR 第 49 篇第 563 部分，对具备事件数据记录器功能的汽车上的事件数据记录器需要记录的数据项、记录范围和精度等提出要求。尽管该法规没有强制要求所有汽车均要配备事件数据记录器，但该法规发布后，仍然极大地推动了美国国内汽车事件数据记录器的普及。据估计，目前美国境内注册登记和配备事件数据记录器的汽车超过 1.5 亿辆。

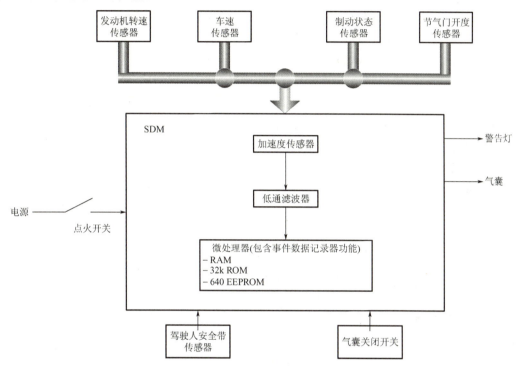

图 7.14　通用汽车 1999 年款事件数据记录器模块结构框图

(a) SDM　　　　　　　　(b) RCM

图 7.15　通用汽车公司的 SDM 和福特公司的 RCM

由于我国对事件数据记录器研究起步较晚，缺乏相关标准要求，因此国内市场上配备事件数据记录器的汽车品牌和车型比例较低，能够通过公开销售的读取工具进行解读的车型较少，主要是丰田、通用、沃尔沃、克莱斯勒等品牌的部分车型。2017 年，《机动车运行安全技术条件》GB 7258—2017 发布，首次将乘用车需配备事件数据记录器写入了标准条款。据了解，与其配套的事件数据记录器技术标准也正在制定中。随着未来这两项标准的实施，预计国内配备事件数据记录器的汽车数量会显著增大。

7.2.3 事件数据记录器记录的数据的作用

【事件数据记录器记录的作用与意义】

事件数据记录器记录的数据中包括碰撞前车辆的状态参数和驾驶人采取的动作等准确且可靠的信息，这其中的一些数据目前只能通过估算和分析得到。对事故进行重建和研究时，使用这些数据可以得出更为准确和稳健的结论，还能支撑相关的执法活动。通过对事件数据记录器记录的数据的深度分析和应用，获取与碰撞相关的交通事故基础大数据，深化对事故致因的认识；再通过深入挖掘事故的特征，对车辆被动安全性改进和相关标准制定及修订、车辆先进安全技术的应用、事故预防对策制定、交通安全改善等都具有非常重要的意义。

1. 道路交通安全改善

研究表明，安装事件数据记录器可以改善驾驶行为从而减少交通事故数量和伤亡人数。但有资料显示，行为的改变与信息反馈紧密相关，如果缺乏重视安装事件数据记录器的机制，事件数据记录器对交通安全改善的效果会随时间弱化。提高驾驶人对事件数据记录器的熟悉程度，会产生更显著的效果。据推算，M1 类车（私家车）安装事件数据记录器后碰撞事故发生的概率可降低 0～2%；M2/M3 和 N2/N3 类（商用车）安装事件数据记录器后碰撞事故发生的概率可降低 0～10%。

2. 高质量的数据促进事故研究

事故前、事故中及事故后的准确的车辆状态信息和驾驶人操纵动作，对于确定事故致因、分析汽车安全新技术的有效性，以及评估驾驶人采取的应对措施，尤其是采取的预防事故发生的措施具有重要支撑作用。因此，事件数据记录器技术对于事故研究和提出政策建议具有极大的社会效益。

3. 支撑事故处理和责任认定

事件数据记录器提供的与事故相关的信息能准确、客观地重建事故过程，进而认定事故责任。研究表明，汽车安装事件数据记录器可以避免约 2% 的传统事故重建，可降低约 10% 的办案成本。此外，事件数据记录器记录的数据可用于证明相关人员是否无辜，其他人员是否存在导致他人伤害或财物受损的过错，进而促进司法公正、支持交警执法和维护社会正义，降低司法成本。

4. 降低保险费用成本

据估计，事件数据记录器记录的数据能在某些案件中降低的保险成本达 20%，在许多其他案件中也能在事故调查数据质量方面发挥积极作用。

7.2.4 美国 CFR 第 49 篇第 563 部分法规

1991 年，NHTSA 特殊事故调查（Special Crash Investigation，SCI）项目组与通用汽车公司合作，首次在事故调查中使用事件数据记录器记录的数据。随后，NHTSA 与车企合作，加强汽车电子传感器对碰撞事故分析评估的应用。

1997 年，美国国家交通安全委员会（National Transportation Safety Board，NTSB）建议加大事件数据记录器记录的数据的使用程度，以发挥其在改善道路交通安全方面的作用，并制订和实施了一项与美国国内和国外车企的合作计划，采用当时已有的或新增的传感器和记录装置,更好地采集实际事故中碰撞波形和其他参数信息。NTSB 建议 NHTSA 尽可能使用事件数据记录器采集碰撞信息。1999 年,NTSB 向 NHTSA 发布了要求在校车和客车上安装事件数据记录器的建议。为回应该建议,1998—2000 年,NHTSA 与企业、学术界及其他政府机构组建了事件数据记录器工作组。2001 年,该工作组发布的最终研究报告就事件数据记录器得出以下结论。

(1) 事件数据记录器通过改进乘员保护系统具有改善公路安全的潜在可能性。

(2) 事件数据记录器可用于所有机动车型,但轻型汽车和重型载货汽车及客车需采用不同类型的事件数据记录器。

(3) 事件数据记录器记录与碰撞相关的一系列数据,(在开放接口且不涉及个人信息时)对于研究人员、调查人员和车辆制造企业都有重要的作用。

(4) 如果驾驶人和从业人员都了解事件数据记录器系统的工作原理,则可以减少碰撞事故的数量并能降低事故的严重程度。

(5) 如果道路上有更多车辆安装事件数据记录器,且有专门对应的机构使用这些数据,那么效果会更好。

(6) 如果事件数据记录器与自动碰撞通知系统和车辆其他电子设备(如 GPS 和移动电话)集成,提供碰撞事故的快速告知和详细信息,会更加高效。

该工作组还指出,NHTSA 已经将事件数据记录器记录的数据加入其机动车安全研究数据库中,大多数事件数据记录器都是专门定制的,因此只有车辆生产厂家才能下载和分析事件数据记录器记录的数据。

基于该工作组的研究和建议,以及消费者对使用事件数据记录器提供车辆安全性的期待,2004 年 6 月,NHTSA 制定了第一版事件数据记录器法规,在 2006 年 8 月发布了 CFR 第 49 篇第 563 部分。

NHTSA 发布的 2006 版事件数据记录器法规并未强制所有车辆都安装事件数据记录器,只有那些自愿安装事件数据记录器的车辆需要符合该法规(2006 年美国国内有 64% 左右的新产轻型车辆配备事件数据记录器)。2006 版法规适用范围:2012 年 9 月 1 日起新生产的总质量不超过 3 855kg、空载质量不超过 2 495kg,且自愿安装事件数据记录器的乘用车、多功能乘用车、轻型载货汽车和客车,但不包括专门针对美国邮政部门销售的可供人进出的厢式载货汽车。2006 版法规主要对数据项、数据格式、数据捕获与记录、耐撞性能、用户手册信息告知等方面进行了规定,主要内容如下。

(1) 标准的数据项。该法规给出了事件数据记录器需要记录的 15 项数据项,同时还列出了除该 15 项以外的可选数据项(即如果事件数据记录器记录了这些数据项,则需要满足相关记录要求)。

(2) 指定的数据格式。强制数据项和可选数据项均需要符合法规要求的取值范围、精度和分辨率要求。

(3) 数据获取与存储。事件数据记录器必须获取和记录满足下列条件和工况的事件中的数据项。

① 在正面气囊展开碰撞中,获取和记录当前的展开数据;在记录了侧向 Delta-v 的侧气囊、侧气帘展开碰撞中,获取和记录当前展开数据;气囊展开事件的存储区必须锁定以防止后续数据的覆盖。

② 对于不满足第一条的事件,获取和记录当前事件数据,最多记录两次事件,并满足以下要求。

a. 如果事件数据记录器永久存储器缓存中以前的事件数据为空，则当前事件数据记录在缓存中。

b. 如果事件数据记录器永久存储器中以前的事件数据不为空，制造厂家可选择用当前的事件数据覆盖以前气囊未展开事件数据，或不记录当前事件数据。

c. 事件数据记录器缓存中储存的以前正面、侧面或侧气帘/气管气囊展开事件数据不允许被当前事件数据覆盖。

（4）事件数据记录器在碰撞试验测试和碰撞耐受性（耐撞性）试验测试时应满足以下条件。

① 需要满足 CFR 第 49 篇第 571 部分 208（乘员碰撞保护）中 S5、S14.5、S15 或 S17 条要求的车辆，在按照 S8、S16 和 S18 项进行碰撞试验时，必须满足下面第三条的要求。

② 需要满足 CFR 第 49 篇第 571 部分 214（侧面碰撞保护）法规要求的车辆，在达到触发阈值或正面气囊点爆条件时，在按照 CFR 第 49 篇第 511 部分 214 法规规定的条件进行碰撞试验时，必须满足下面第三条的要求。

③ 在碰撞试验结束后，标准的数据项中除发动机节气门开度、发动机转速和制动状态以外的其他项，必须以指定的数据格式（见 7.3 节）记录下来，并能通过车辆制造厂家依据数据读取工具部分条款指定的方法，在试验之后 10 天以内可读取，而且试验后数据记录完整状态必须为"是"。

（5）用户手册中关于事件数据记录器的信息告知。汽车制造厂家需要提供关于事件数据记录器的原理和功能等信息，以提高公众对事件数据记录器的认识和了解。

① CFR 第 49 篇第 563 部分法规所覆盖的所有车辆的用户手册中必须提供以下声明：本车配备了事件数据记录器；事件数据记录器的主要功能是在碰撞或接近碰撞条件时，如气囊展开或碰撞路侧障碍物，在较短的时间段内（通常是 30s 或更短），记录与车辆运动和安全系统状态信息的数据。本车事件数据记录器用于记录以下数据。

a. 车辆各种系统的运行状态。

b. 驾驶人和乘员安全带是否系上。

c. 驾驶人踩加速或制动踏板的程度。

d. 车辆行驶速度。

② 手册中还对用户关注的隐私问题进行澄清，表明事件数据记录器不会记录与个人隐私相关的信息。此外，还应对事件数据记录器的读取途径进行阐述。

（6）数据读取工具。所有配备了事件数据记录器的机动车的制造厂家都应该通过授权或其他途径，提供商用的专门工具，以访问和读取该法规所要求事件数据记录器存储的数据。读取工具应在车辆首次开售后 90 天内通过商业途径获取。

7.3　事件数据记录器记录的数据

7.3.1　通用类数据项

不同品牌型号的汽车事件数据记录器记录的数据项存在差异，而且同一款车型由于出厂时间不同，配备的事件数据记录器记录的数据项也有所不同。随着相关法规标准的要求和技术的发展，事件数据记录器记录的数据项逐渐增多，记录频率有所提高。尽管不同的事件数据记录器记录的数据项存在差异,但市场上大多数车型基本都具有 CFR 第 49 篇第 563 部分中所要求的 15 项强制记录数据项,如表 7-1 所示。

表 7-1　CFR 第 49 篇第 563 部分要求的事件数据记录器强制记录数据项

数　据　项	记录间隔/时间 (相对于 0 时刻)	采样频率/Hz	定　　义
纵向 Delta-v	0～250ms 或 0 到事件结束时刻+30ms 两者的最小值	100	从碰撞时刻开始沿纵轴方向累积速度变化
纵向最大 Delta-v	0～300ms 或 0 到事件结束时刻+30ms 两者的最小值	—	累积速度变化最大值
最大 Delta-v 时刻	0～300ms 或 0 到事件结束时刻+30ms 两者的最小值	—	从碰撞开始时刻起,到最大速度变化出现的时间
车辆速度	-5.0～0s	2	车辆相对地面水平速度
发动机节气门开度（加速踏板）百分比	-5.0～0s	2	(与完全踩下位置相比)加速踏板上节气门位置传感器测量值
制动状态开/关	-5.0～0s	2	与制动踏板相连装置监测踏板是否被踩下
碰撞时启动次数	-1.0s	—	碰撞时记录的动力循环次数
下载事件数据记录器记录的数据时的启动次数	下载事件数据记录器记录的数据时刻	—	下载事件数据记录器记录的数据时的动力循环次数
驾驶人安全带使用状态	-1.0s	—	系/未系安全带
正面气囊警告灯状态 ON/OFF	-1.0s	—	碰撞前 1s 气囊系统是否正常工作
正面气囊展开时间（驾驶人侧）	根据具体事件确定	—	驾驶人侧气囊展开所需时间
正面气囊展开时间（前排乘员侧）	根据具体事件确定	—	前排乘员侧气囊展开所需时间
事件次数	根据具体事件确定	—	5s 内发生明显碰撞时间的次数
事件之间的时间间隔	根据需要	—	两次事件记录间隔
记录完整状态	其他所有数据之后	—	表明事件数据记录器所记录的数据是否完整

注:数据项对所有安装了事件数据记录器的相关车型都是强制要求。

7.3.2 可选类数据项

除了表 7-1 中常见的数据项外，部分车型还具备记录表 7-2 中的数据项功能，其中侧向 Delta-v、发动机转速、安全带使用状态、气囊展开时间等数据项在很多事件数据记录器中都已经被记录。个别车型所配备的事件数据记录器还能记录事发前驾驶人转向操纵情况，如在（事发前）什么时间向哪个方向转动了多少度转向盘。

表 7-2 事件数据记录器可选记录数据项

数 据 项	要求记录的条件	记录间隔/时间 （相对于 0 时刻）	数据采样率 /Hz
侧向加速度	如果记录	不适用	不适用
纵向加速度	如果记录	不适用	不适用
垂向加速度	如果记录	不适用	不适用
侧向 Delta-v	如果记录	0～250ms 或 0 到事件结束时刻+30ms 两者的最小值	100
侧向最大 Delta-v	如果记录	0～300ms 或 0 到事件结束时刻+30ms 两者的最小值	不适用
侧向最大 Delta-v 时刻	如果记录	0～300ms 或 0 到事件结束时刻+30ms 两者的最小值	不适用
最大合成 Delta-v 时刻	如果记录	0～300ms 或 0 到事件结束时刻+30ms 两者的最小值	不适用
发动机转速	如果记录	-5.0～0s	2
车辆侧倾角	如果记录	-1.0～5.0s（建议值）	10
ABS 工作状态	如果记录	-5.0～0s	2
稳定控制系统状态	如果记录	-5.0～0s	2
转向盘输入	如果记录	-5.0～0s	2
前排乘员安全带使用状态	如果记录	-1.0s	不适用
前排乘员安全气囊开关状态	如果记录	-1.0s	不适用
驾驶人侧安全气囊距第 n 级展开的时间	如果配备了驾驶人多级正面气囊	每次事件	不适用
前排乘员侧安全气囊距第 n 级展开的时间	如果配备了前排乘员多级正面气囊	每次事件	不适用
驾驶人侧气囊第 n 级展开状态	如果记录	每次事件	不适用
前排乘员侧气囊第 n 级展开状态	如果记录	每次事件	不适用

（续）

数　据　项	要求记录的条件	记录间隔/时间 （相对于 0 时刻）	数据采样率 /Hz
驾驶人侧气囊展开时间	如果记录	每次事件	不适用
前排乘员侧气囊展开时间	如果记录	每次事件	不适用
驾驶人侧气帘展开时间	如果记录	每次事件	不适用
前排乘员侧气帘展开时间	如果记录	每次事件	不适用
驾驶人侧预紧器点火时间	如果记录	每次事件	不适用
前排乘员侧预紧器点火时间	如果记录	每次事件	不适用
驾驶人座椅导轨位置	如果记录	－1.0s	不适用
前排乘员座椅导轨位置	如果记录	－1.0s	不适用
驾驶人人体尺寸类别	如果记录	－1.0s	不适用
前排乘员人体尺寸类别	如果记录	－1.0s	不适用
驾驶人位置类别	如果记录	－1.0s	不适用
前排乘员位置类别	如果记录	－1.0s	不适用

7.3.3　记录要求

事件数据记录器中数据项记录的范围、精度和分辨率与车型和设计年份有关。例如，丰田汽车公司部分车型采用 2002 年版事件数据记录器，车速记录上限为 126km/h；2004 年版和 2006 年版事件数据记录器车速记录上限为 122km/h，记录频率为 1Hz；2012 年版事件数据记录器中车速记录上限则为 200km/h，记录频率为 2Hz。CFR 第 49 篇第 563 部分对常见数据项的记录要求如表 7-3 所示。

表 7-3　CFR 第 49 篇第 563 部分对常见数据项的记录要求

数　据　项	最 小 范 围	精　　度	分 辨 率
侧向加速度	制造厂家确定	制造厂家确定	制造厂家确定
纵向加速度	制造厂家确定	制造厂家确定	制造厂家确定
垂向加速度	制造厂家确定	制造厂家确定	制造厂家确定
纵向 Delta-v	－100～100km/h	±10%	1km/h
侧向 Delta-v	－100～100km/h	±10%	1km/h
纵向最大 Delta-v	－100～100km/h	±10%	1km/h
侧向最大 Delta-v	－100～100km/h	±10%	1km/h

（续）

数 据 项	最 小 范 围	精　　度	分　辨　率
纵向最大 Delta-v 时刻	0～300ms 或 0 到事件结束时刻+30ms 两者的最小值	±3ms	2.5ms
侧向最大 Delta-v 时刻	0～300ms 或 0 到事件结束时刻+30ms 两者的最小值	±3ms	2.5ms
最大合成 Delta-v 时刻	0～300ms 或 0 到事件结束时刻+30ms 两者的最小值	±3ms	2.5ms
车辆侧倾角	−1 080°～1 080°	±10%	10°
车辆速度	0～200km/h	±1km/h	1km/h
发动机节气门开度（加速踏板）百分比	0～100%	±5%	1%
发动机转速	0～10 000r/min	±100r/min	100r/min
制动状态	开、关	不适用	开、关
ABS 工作状态	开、关	不适用	开、关
稳定控制系统状态	开、关或使用中	不适用	开、关或使用中
转向盘输入	顺时针−250°至逆时针250°	±5%	1%
碰撞时发动机起动次数	0～60 000	±1 循环	1 循环
下载数据时发动机起动次数	0～60 000	±1 循环	1 循环
驾驶人安全带使用状态	开、关	不适用	开、关
前排乘员安全带使用状态	开、关	不适用	开、关
正面气囊警告灯	开、关	不适用	开、关
前排乘员安全气囊开关状态	开、关或自动	不适用	开、关或自动
驾驶人侧安全气囊距第一级展开时间	0～250ms	±2ms	1ms
前排乘员侧安全气囊距第一级展开时间	0～250ms	±2ms	1ms
驾驶人侧安全气囊（距第 n 级）展开时间	0～250ms	±2ms	1ms
前排乘员侧安全气囊（距第 n 级）展开时间	0～250ms	±2ms	1ms

车载电子数据辅助道路交通事故重建 第7章

(续)

数 据 项	最 小 范 围	精 度	分 辨 率
驾驶人侧气囊第 n 级展开状态	是、否	不适用	是、否
前排乘员侧气囊第 n 级展开状态	是、否	不适用	是、否
驾驶人侧气囊展开时间	0~250ms	±2ms	1ms
前排乘员侧气囊展开时间	0~250ms	±2ms	1ms
驾驶人侧气帘展开时间	0~250ms	±2ms	1ms
前排乘员侧气帘展开时间	0~250ms	±2ms	1ms
驾驶人侧预紧器点火时间	0~250ms	±2ms	1ms
前排乘员侧预紧器点火时间	0~250ms	±2ms	1ms
驾驶人座椅导轨位置	是、否	不适用	是、否
前排乘员座椅导轨位置	是、否	不适用	是、否
驾驶人人体尺寸类别	第5百分位女性或更大	不适用	是、否
前排乘员人体尺寸类别	儿童	不适用	是、否
驾驶人位置类别	离位	不适用	是、否
前排乘员位置类别	离位	不适用	是、否
多事件时事件序号	1或2	不适用	1或2
从事件1到事件2	0~5s	0.1s	0.1s
文件记录完整状态	是、否	不适用	是、否

注：精度要求只要求在传感器量程内使用。对于2014年9月1日后新生产车型，如果传感器捕捉的测量值超出其设计量程，则相关数据项必须在测量值首次超过量程时进行标示。

7.4 事件数据记录器记录的数据的读取

7.4.1 读取工具

事件数据记录器记录的数据早期大多需要通过各汽车生产厂商专用的工具进行读取，市面上缺乏针对不同品牌汽车事件数据记录器读取的通用工具。2000年3月，美国Vetronix公司碰撞数据读取仪的出现，使公众可以获取事件数据记录器数据下载和解读工具，极大地促进了事件数据记录器的普及和应用。碰撞数据读取仪最早是美国通用汽车公司授权Vetronix公司对基于SDM开发的一套数据读取工具，早期仅支持读取通用汽车公司

【碰撞事故读取仪起源】

的 SDM。随后逐渐支持除通用汽车公司以外的品牌车型。2003 年，碰撞数据读取仪开始支持读取部分福特汽车的事件数据记录器。后来，德国 BOSCH 公司收购了 Vetronix，负责碰撞数据读取仪的后续开发。随着越来越多的汽车制造厂家授权碰撞数据读取仪读取所生产的汽车上配备的事件数据记录器，碰撞数据读取仪已经成为当前覆盖汽车品牌最多、使用最广泛的事件数据记录器解读工具。图 7.16 所示为美国使用公开可获取工具读取不同汽车品牌事件数据记录器的历程。

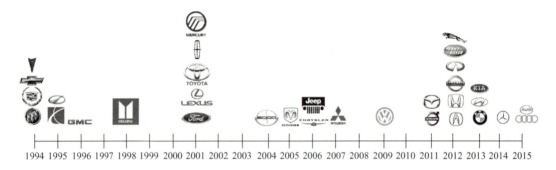

图 7.16　美国使用公开可获取工具读取不同汽车品牌事件数据记录器的历程

碰撞数据读取仪由接口模块、解析软件、与计算机连接的串口线、与车辆连接的 OBD Ⅱ 接口线、各种不同型号的安全气囊控制模块专用连接线、转接适配器、电源适配器（包括交流和车载点烟器直流供电）组成，碰撞数据读取仪基本配置如图 7.17 所示。接口模块和不同安全气囊控制模块的连接线如图 7.18 所示。碰撞数据读取仪解析运行于微软 Windows 操作系统，能够从安全气囊控制模块中读取事件数据记录器原始数据，并将其转译成易于理解的表格和图形报告。碰撞数据读取仪不断更新和升级，包括新增支持车型、新的安全气囊控制模块连接线和新的解析软件。用户应尽量使用最新版的解析软件，保证碰撞数据读取仪支持的车型最多，使用效果最佳。

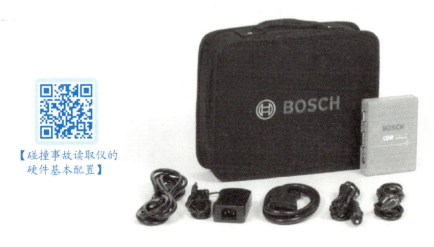

【碰撞事故读取仪的硬件基本配置】

图 7.17　碰撞数据读取仪基本配置

图 7.18　接口模块和不同安全气囊控制模块的连接线

碰撞数据读取仪软件具备车辆识别代码 VIN 解析、报告生成和打印、简要图表生成、不同车型事件数据记录器数据说明和支持车型列表等特性，其软件界面如图 7.19 所示。

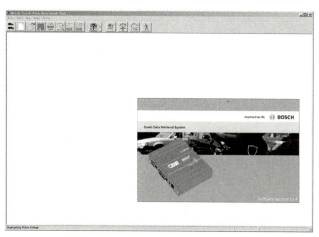

图 7.19　碰撞数据读取仪软件界面

【碰撞数据读取仪软件系统与功能】

7.4.2　读取方法

1. 读取流程

使用碰撞数据读取仪读取汽车事件数据记录器记录的数据主要有两种方法。一种是通过车载数据连接口进行读取，另一种是通过直接读取安全气囊控制模块获取事件数据记录器记录的数据。典型的读取操作流程如图 7.20 所示。

【利用碰撞事故读取仪读取事件数据记录器数据方法】

2. 通过车载数据接口读取

（1）硬件连接

如果车辆碰撞后电气系统未破坏，可以给车辆上电，则事件数据记录器记录的数据可以借助数据连接口（Data Link Connector，DLC）连接车辆通信总线进行下载。用于车辆诊断的 DLC 是标准化的，通常位于驾驶人膝部上方的面板上，该接口除了能够连接碰撞数据读取仪外，还支持其他车辆诊断工具。图 7.21 所示为通过 DLC 连接碰撞数据读取仪读取事件数据记录器记录的数据。

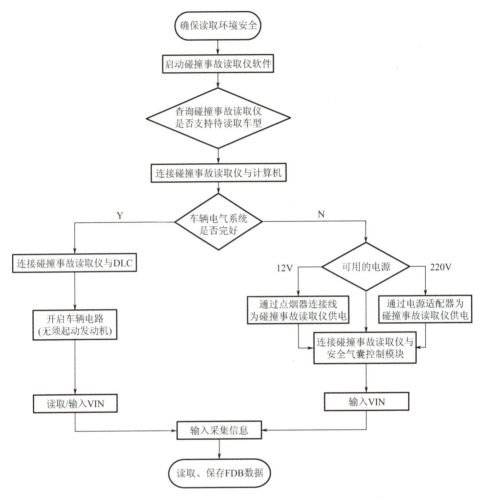

图 7.20 典型的数据读取操作流程

【碰撞数据读取仪读取事件数据记录器记录数据的DLC模式】

图 7.21 通过 DLC 连接碰撞数据读取仪读取事件数据记录器记录的数据

（2）操作步骤

① 确保车辆处于安全的环境，停靠稳定，电路正常。

② 核对碰撞数据读取仪是否支持待读取车辆的事件数据记录器。碰撞数据读取仪帮助文档包含不同国家销售的汽车车型所配备的事件数据记录器是否被碰撞数据读取仪支持的情况，如图 7.22 所示，其中代码 6 表示中国境内销售，代码 7 表示在全球销售市场中的该车型所配备的事件数据记录器均能被碰撞数据读取仪支持。在解读国内销售的车型所配备的事件数据记录器时，查询碰撞数据读取仪帮助文档中该车型前的国家代码，如果为 6 或 7，则可以使用碰撞数据读取仪进行解读。目前，碰撞数据读取仪支持国内销售的部分车型，包括以下几种。

a. 通用：别克、凯迪拉克。

b. 丰田：卡罗拉、凯美瑞、汉兰达、阿尔法、皇冠、锐志、普拉多、普锐斯、威驰等。

c. 凌志：IS、LS、LX、RX、CT200h。

d. 沃尔沃：S60、S80、V60、XC60、XC70 等。

e. 克莱斯勒：200、300 等。

f. 道奇。

g. Jeep：切诺基、指南针。

h. 林肯。

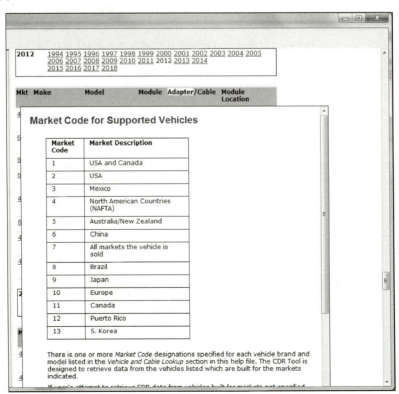

图 7.22　碰撞数据读取仪帮助文档关于车型所在国家代码

③ 检查待读取的车辆能否通电，蓄电池是否具备足够电量，车辆起动钥匙是否可用。

④ 查找并检查车辆 DLC 位置，确定是否需要使用转接适配器。

⑤ 通过 DLC 连接线缆，连接碰撞数据读取仪接口模块中的 vehicle 接口与车辆 DLC。通过接口模块与计算机 USB 接口连接线缆，将碰撞数据读取仪与计算机连接。

⑥ 确定接口模块与计算机的通信 COM 接口，v17 版本后的碰撞数据读取仪软件支持自动识别碰撞数据读取仪与计算机的 COM 接口连接，如图 7.23 所示。

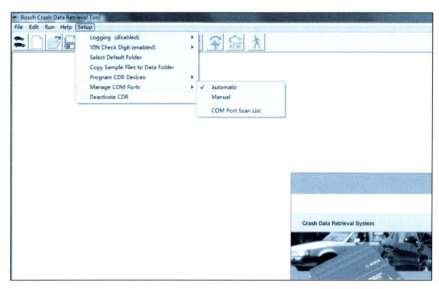

图 7.23　选取碰撞数据读取仪与计算机连接的 COM 接口

⑦ 在计算机中启动碰撞数据读取仪解析软件，新建采集案例，选取待读取车辆品牌，如图 7.24 所示。通过 DLC 读取车辆 VIN。部分车型不支持碰撞数据读取仪通过 DLC 读取其 VIN，此时可手动输入 VIN（图 7.25）。输入（或记录）案例采集信息，包括采集人、采集日期和时间、事故日期等（图 7.26）。

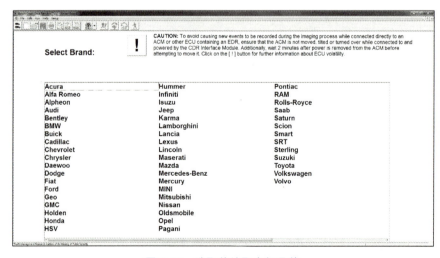

图 7.24　选取待读取车辆品牌

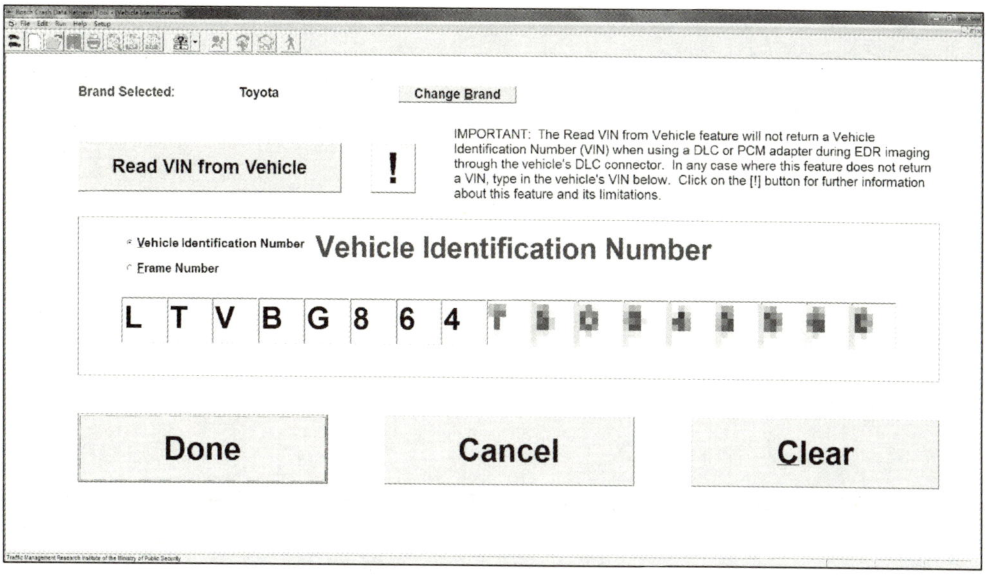

图 7.25　手动输入车辆 VIN

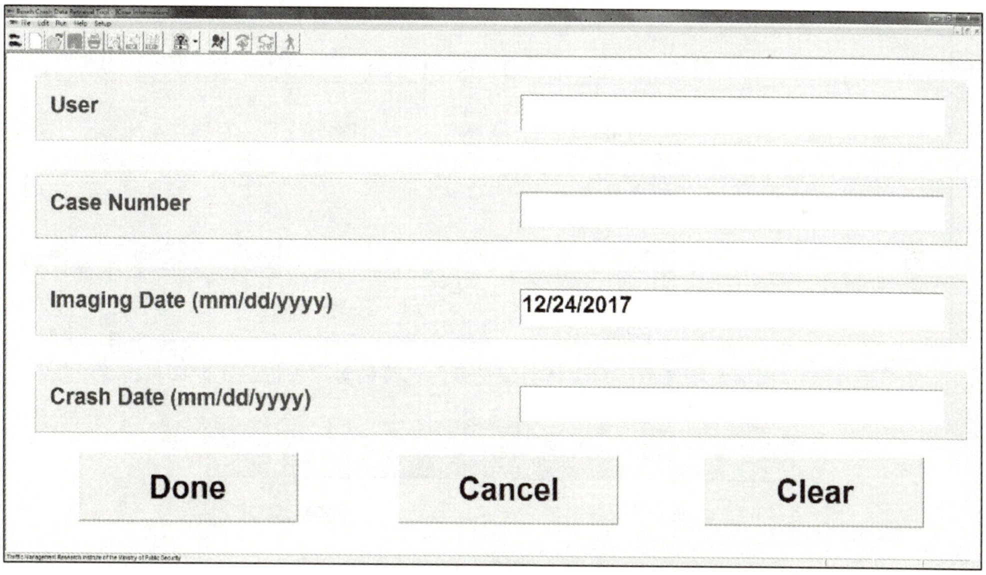

图 7.26　输入（或记录）案例采集信息

⑧ 插入待读取车辆的钥匙，将其旋转至 ON 状态为车辆通电（无钥匙起动车辆也需要为车辆通电），绝大多数车型并不需要起动发动机。部分车型也可不需将车辆设置为通电状态。

⑨ 使用碰撞数据读取仪采集安全气囊控制模块中的事件数据记录器记录的数据，碰撞数据读取仪软件会对事件数据记录器记录的数据重复读取三次并进行校验，校验通过后才会形成最终的记录文件（图 7.27）。如果事件数据记录器记录的数据读取成功，将其保存至计算机的存储设备中（图 7.28），v17 版本后的事件数据记录器记录的数据文件格式为碰撞数据读取仪 x，需要用事故碰撞读取软件打开。

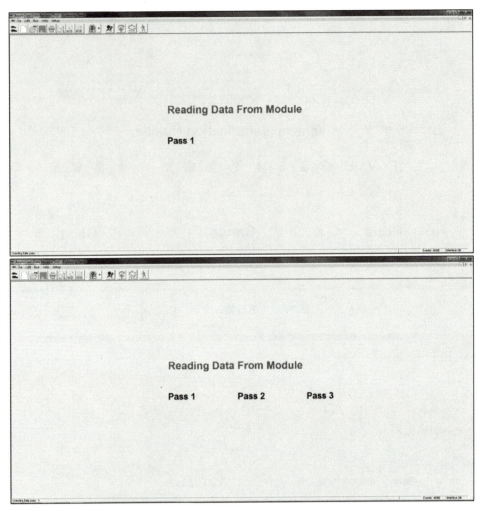

图 7.27 碰撞数据读取仪对事件数据记录器记录的数据进行三次读取和校验

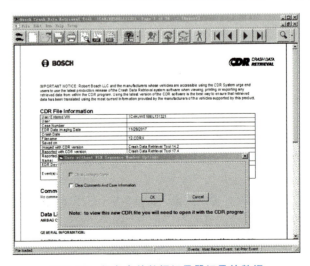

图 7.28 保存事件数据记录器记录的数据

⑩ 浏览查看事件数据记录器报告。图 7.29 所示为碰撞数据读取仪生成的事件数据记录器报告。为便于文件分享，还可以在碰撞数据读取仪软件中输出 PDF 和 CSV 两种通用格式文件（图 7.30）。

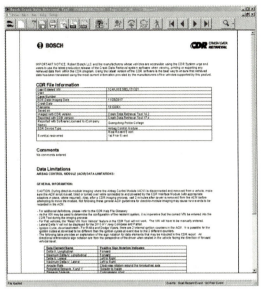

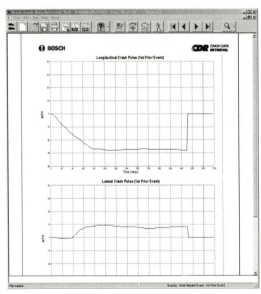

图 7.29　事件数据记录器数据报告

3. 通过直接连接安全气囊控制模块读取

当车辆在碰撞中损坏严重导致电气系统受损无法上电时，需要通过直接连接安全气囊控制模块读取事件数据记录器记录的数据。安全气囊控制模块需要从事故车辆上拆卸下来，不同车型安全气囊控制模块的安装位置可能存在区别，大多数车型中安全气囊控制模块通过螺栓连接固定在中控下方变速杆区域附近的地板上（图 7.31）。由于不同车型采用的安全气囊控制模块型号可能存在差异，碰撞数据读取仪提供了与所有支持安全气囊控制模块相应的适配连接线。

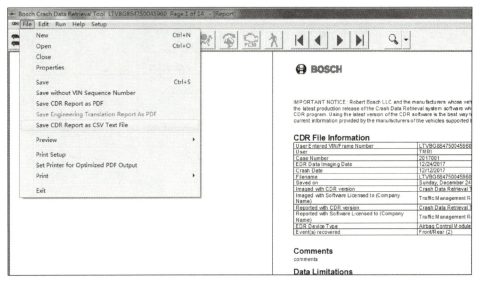

图 7.30　导出事件数据记录器报告为 PDF 和 CSV 格式

图 7.31　未拆卸的安全气囊控制模块

【安全气囊控制模块的拆卸方法】

　　　　　通过安全气囊控制模块读取事件数据记录器记录的数据的操作步骤与通过 DLC 读取时类似，但首先需要根据安全气囊控制模块型号选取适配的连接线（如图 7.32 标注框中所示），将安全气囊控制模块与碰撞数据读取仪连接，并通过电源适配器给接口模块供电才能读取。在读取过程中，应将安全气囊控制模块置于水平面上，确保其稳定放置，必要时可采取夹具进行固定。操作碰撞数据读取仪解析软件进行读取时，首先需要手动输入安全气囊控制模块待读取车辆的 VIN，然后按照与 DLC 读取时相同的步骤进行事件数据记录器数据下载和解析。图 7.33 所示为通过安全气囊控制模块直接读取事件数据记录器记录的数据。

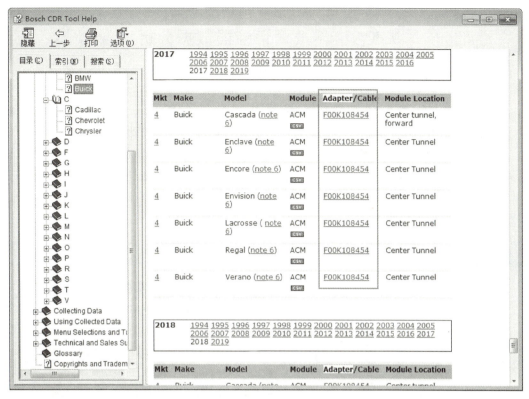

图 7.32　查询不同车型事件数据记录器适配的安全气囊控制模块连接线

图 7.33　通过安全气囊控制模块直接读取事件数据记录器记录的数据

【碰撞事故读取仪读取
ACM数据的Desktop模式】

7.5 事件数据记录器数据分析

汽车事件数据记录器记录的数据具有精度高、数据项多、记录时间较长等特点，可为道路交通事故分析和重建提供客观和翔实的数据支撑，有利于科学、准确、全面地重建事故过程。尽管事件数据记录器记录的数据具有上述各种优点，但仍然会受到诸多因素的影响，在事故重建中直接使用事件数据记录器记录的数据存在得出错误结论的风险。为了确保事故重建的准确性和科学性，必须对事件数据记录器记录的数据进行分析和审查，评估数据的有效性、局限性和准确性，并与其他包括痕迹、物证在内的证据进行相互验证后，方能正确地应用到事故调查中。

7.5.1 分析流程

典型的事件数据记录器数据分析流程如图 7.34 所示。第一，应在分析事件数据记录器记录的数据前对车辆进行勘验，对现场进行勘查（也可通过现场照片、录像等进行），将可能对事件数据记录器记录的数据结果精度有影响的事故车辆状况和道路环境因素进行分析。第二，由于目前事件数据记录器记录的数据主要用于确定事故车辆在事故发生前的行驶速度、碰撞过程中的 Delta-v、事故发生过程中驾驶人的处置措施等，因此，应利用其他事故材料和信息，采用基于传统的理论方法，如动量守恒、能量守恒，或基于道路监控视频等其他资料，对车速、形态等进行重建。第三，在提取事件数据记录器记录的数据和获取解读报告后，应及时阅读碰撞数据读取仪生成报告中的数据局限性声明，了解读取的事件数据记录器数据报告中各数据项的记录范围、频率和精度，以及影响数据结果精度的可能因素。第四，对事件数据记录器结果报告中的数据进行初步校核，重点确认数据是否存在一些较为明显的异常。例如，数据是否由于碰撞断电导致记录不完整，车速值是否超过记录上限等。第五，将第二步中采用基于理论计算和其他方法重建的 Delta-v、车速等数据，以及车辆勘验时的车辆状态情况（如安全带使用、气囊展开）与事件数据记录器数据报告中的结果数据进行比对和交叉验证。第六，

图 7.34　典型的事件数据记录器数据分析流程

对于存在显著差异的数据,应综合分析产生差异的原因,并判定事件数据记录器记录的数据是否有效,对于经过交叉验证未发现存在显著差异的数据,可以应用到事故重建中。

7.5.2 数据完整性

作为车载电子器件,事件数据记录器必须具备足够的电量以保证发生事件后能够完整地记录相关数据。实际中,碰撞可能导致供电系统损坏,造成事件数据记录器无法完整记录甚至不能正确记录车辆某些数据项,进而使事件数据记录器报告中的结果存在偏差。例如,驾驶人在事发时的安全带处于锁扣状态,但由于断电导致事件数据记录器数据报告中没有将实际的锁扣状态信息写入,记录显示为未锁扣。

数据完整性主要通过事件数据记录器数据报告中的事件记录状态项判定。对于通用汽车事件数据记录器记录的数据,该数据项为 Event Recording Complete,对于丰田汽车事件数据记录器记录的数据,该数据项为 Recording Status,若结果为 Complete,表明数据记录完整,否则不完整。另外,通过事件数据记录器中的 Delta-v、减速度历程值也可对数据记录完整性进行判定,当相关数据项未达到事件数据记录器规定的时长(如 150 ms)而无记录,或显示为 N.A 时,则表明数据记录不完整。

对于记录不完整的数据项,需要特别注意记录结果是否有效,如安全气囊警告灯、安全带锁扣状态等项目记录值容易出现偏差,需要与其他证据交叉验证后方能采用。对于在时间尺度上记录不完整的数据项,应谨慎使用。例如,对于记录范围为 150ms 的 Delta-v,在 120ms 时刻记录结束,且最后一个记录点是记录的最大值,则该值不能作为最大 Delta-v。

需要注意的是,由于断电等因素导致记录不完整而出现的事件数据记录器数据结果偏差并不影响实际数据项的状态或数值,而只影响安全气囊控制模块将数据项状态或数据正确记录的能力。

7.5.3 Delta-v

Delta-v 是车辆碰撞强度的一个重要指标,Delta-v 的大小与车辆的塑性变形量存在很大的相关性,是事故重建中的一个重要参量。研究表明,事件数据记录器记录的 Delta-v 与实际值相比偏小,在应用时需要注意。首先,实际的碰撞波形持续时间比事件数据记录器能够记录的时间范围更长。部分早期的事件数据记录器模块只能记录 100ms 的碰撞波形(Delta-v 或减速度),但许多事故中碰撞波形持续时间都超过 150ms,因此,无法记录完整的 Delta-v,进而可能导致实际记录的 Delta-v 偏小。其次,由于事件数据记录器内部唤醒算法导致记录的 Delta-v 比实际值偏小。事件数据记录器大多具有一个触发阈值,只有 Delta-v 或减速度超过阈值时,事件数据记录器才被唤醒,相关记录和控制气囊展开的功能才被激发。因此,所有在唤醒之前的 Delta-v 或减速度不会被记录。另外,许多早期的事件数据记录器模块只能记录纵向 Delta-v,不能记录侧向 Delta-v,因此,也无法得到合成的 Delta-v。但实际上,很多事故中的碰撞并不是完全沿车辆纵向,即 Delta-v 存在侧向分量。对这类事故进行分析时,需要特别注意纵向 Delta-v 可能无法代表车辆总的 Delta-v,Delta-v 的使用需要紧密结合碰撞形态。

对于两车之间的碰撞事故，如果通过事件数据记录器获取了其中一辆车的 Delta-v（Δv_1），则可以根据动量守恒定律计算另一车的 Delta-v（Δv_2），如式（7-1）所示。

$$m_1 \Delta v_1 = -m_2 \Delta v_2 \tag{7-1}$$

7.5.4 碰撞前的速度

事件数据记录器记录的车速值是在动力总成控制模块中采用变速器输出轴转速、主减速比、轮胎半径等参数进行计算得到的。因此，在使用事件数据记录器中记录的碰撞前车速值时，应记录驱动轴轮胎半径，确定是否与出厂时的规格相同。如果事发时的轮胎规格与出厂时不一致，应对事件数据记录器记录的车速进行修正。

由于事件数据记录器记录的碰撞前车速由驱动轴车轮转速换算得到，因此对于车辆在某些特定运动状态下的记录值需要仔细分析。典型场景包括以下几种。①车轮抱死情况下，记录的车速值可能为0，但车辆仍然处于滑移运动状态，实际车速并不为0。②车辆离地腾空后，车轮仍处于转动状态，但车辆在空中的速度与记录速度存在较大差异。③车辆处于原地打滑状态时，记录的车速并不为0（车轮在旋转中）。④车辆事发前由于失控等原因存在旋转、侧滑等运动，事件数据记录器记录的车速值误差同样较大，不能直接使用。

此外，事件数据记录器记录车速由于传感器和其他因素影响，记录值本身也存在误差，部分事件数据记录器在数据声明部分会提供误差值、记录方式和记录范围，在应用事件数据记录器记录的车速值时，必须考察这些因素，通过进一步分析得到最终的数值。例如，部分丰田汽车的事件数据记录器模块车速记录精度为2km/h，记录上限为122km/h，记录方式为向下圆整。若事件数据记录器记录的触发前某时刻车速值为80km/h，则实际值可能在80~82km/h内。若某车中碰撞前车速记录一直（或多个连续记录）为122km/h，但发动机转速、制动状态、加速踏板状态等项目存在明显的变化，有可能是实际车速超过了记录上限，从而导致记录值均为上限值，此时的记录车速值不能作为实际车速使用。

因此，在使用事件数据记录器记录车速前，应综合分析事发时车辆的状况、运动状态、事件数据记录器本身的特点，确认车速的有效性后方能使用。

7.5.5 PDOF

PDOF 代表了车辆碰撞时刻受到的外力合力方向，对于分析碰撞角度和形态具有重要作用。传统分析 PDOF 的方法主要根据车辆的变形形态和变形量大小进行。由于 Delta-v 与 PDOF 和车辆的动量改变 ΔP 方向相同，对于记录了纵向 Delta-v 和侧向 Delta-v 的事件数据记录器数据，可以计算合成 Delta-v，进而得到 PDOF，如图 7.35 所示。可根据式（7-2）计算 PDOF 的方向角，根据式（7-3）计算总的 Delta-v。

$$\theta = \arctan\left(\frac{\Delta v_{\text{lateral}}}{\Delta v_{\text{long}}}\right) \tag{7-2}$$

$$\Delta v_{\text{total}} = \sqrt{\Delta v_{\text{lateral}}^2 + \Delta v_{\text{long}}^2} \tag{7-3}$$

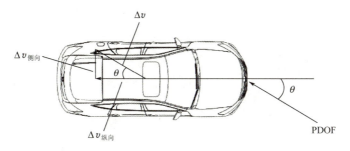

图 7.35 PDOF 分析示意

7.5.6 未锁定数据与事故的关联性

目前，事件数据记录器记录的数据基本上存储在安全气囊控制模块中，根据气囊的工作机制决定数据是否锁定。如果气囊展开，则事件数据记录器记录的数据锁定，不能被覆盖和擦除。如果气囊未展开，则数据存在被后续事件数据记录覆盖的可能。实际事故中往往存在气囊未展开的情形，特别是对于城市内汽车与两轮车、行人等碰撞时，碰撞强度不足以使安全气囊控制模块发出展开指令。对于这类事故，需要判定事件数据记录器记录的事件是否为该次事故产生，主要方法如下。一是对于部分事件数据记录器模块，查看事件记录时车辆的发动机点火循环次数和读取事件数据记录器记录的数据时的发动机点火循环次数，并将两者进行对比，若两者相同或差异很小，则基本可以确定事件数据记录器记录的事件由该次事故产生。二是采用其他方法，包括基于理论计算或监控视频重建车辆的 Delta-v 或碰撞前速度（及变化），并与事件数据记录器记录的数据进行对比，若多个时间点的数值相差均较小，可以基本确定事件数据记录器记录的事件由该次事故产生。

7.5.7 案例及应用

1. 案例 1

一辆丰田 SUV 与一辆失控侧滑的起亚牌小型轿车右侧面发生碰撞，随后旋转并于路侧边沟刮撞，丰田 SUV 气囊展开，事故现场如图 7.36 所示。图 7.37 所示为从丰田 SUV 上拆卸下来的安全气囊控制模块。

【利用事件数据记录器记录的数据辅助事故重建的应用】

采用碰撞数据读取仪读取该安全气囊控制模块的事件数据记录器记录的数据，并生成结果报告。图 7.38 所示为读取事件数据记录器记录的数据时安全气囊控制模块系统状态信息，其中，ECU Generation 为丰田汽车所采用的事件数据记录器版本，为 2004 版。Recording Status 为数据的记录状态，为完整记录。Freeze Signal 为 ON，表明记录的最后一次事件数据锁定，不再记录后续事件。Freeze Signal Factor 给出了导致锁定的原因为正面安全气囊和安全带预紧器展开。根据这些信息可知丰田 SUV 的安全气囊控制模块在碰撞中发出了气囊和安全带预紧器展开指令，与事故发生后该车气囊展开一致。

根据图 7.39 所示的碰撞前数据项 "Buckle Switch, Driver" "Seat Position, Driver" "Shift Position" 的记录值，可知驾驶人在事故发生前系了安全带，且座椅在调整滑轨上

道路交通事故重建基础

图 7.36 事故现场

图 7.37 从丰田 SUV 上拆卸下来的安全气囊控制模块

System Status at Time of Retrieval

ECU Part Number	89170-0E040
ECU Generation	04EDR
Recording Status, All Pages	Complete
Freeze Signal	ON
Freeze Signal Factor	Front Airbag Deployment Front Pretensioner Deployment
Diagnostic Trouble Codes Exist	No
Time from Previous Pre Crash TRG (msec)	16381 or greater
Latest Pre-Crash Page	1
Contains Unlinked Pre-Crash Data	No

图 7.38 读取事件数据记录器记录的数据时安全气囊控制模块系统状态信息

位于靠后位置,变速箱为前进挡位。

最近一次事件触发前的状态信息如图 7.40 所示。事件数据记录器以 1s 的间隔记录了事发 4.6s 到触发时刻车辆的状态参数,包括车速、制动状态、加速踏板踩下程度及发动机转速。根据记录数据,可知丰田 SUV 在记录触发前 0.6s、前 1.6s、前 2.6s、前 3.6s、

Pre-Crash Data, 1 Sample (Most Recent Event, TRG 3)

Recording Status, Pre-Crash/Occupant	Complete
Time from Pre-Crash to TRG (msec)	600
Buckle Switch, Driver	Buckled
Seat Position, Driver	Rearward
Shift Position	Drive

图 7.39 碰撞前数据项

前 4.6s 的速度分别为 90km/h、94km/h、94km/h、96km/h、96km/h。记录触发前 4.6s 至前 1.6s，制动状态信息为 OFF，即驾驶人未踩下制动踏板。加速踏板踩下程度可根据 Accelerator Rate 数据项的数值大小判定，当未踩下时，一般为 0.78V。

Pre-Crash Data, -5 to 0 seconds (Most Recent Event, TRG 3)

Time (sec)	-4.6	-3.6	-2.6	-1.6	-.6	0 (TRG)
Vehicle Speed (MPH [km/h])	59.7 [96]	59.7 [96]	58.4 [94]	58.4 [94]	55.9 [90]	43.5 [70]
Brake Switch	OFF	OFF	OFF	OFF	ON	ON
Accelerator Rate (V)	1.45	1.45	1.02	1.33	0.78	0.78
Engine RPM (RPM)	2,400	2,400	2,000	2,000	2,000	1,200

图 7.40 最后一次事件触发前的状态信息

根据上述事件数据记录器记录的数据，可以重现事发前 SUV 的状态：驾驶人踩下加速踏板，以 94~96km/h 的速度行驶；驾驶人系了安全带，在事发前约 0.6s 踩下制动踏板采取紧急制动，车速下降至碰撞时刻的 70km/h。

2. 案例 2

一辆雪佛兰小型轿车与一辆越野车发生正面碰撞，撞击后越野车旋转 180°，雪佛兰小型轿车气囊展开。雪佛兰小型轿车损坏情况如图 7.41 所示。雪佛兰小型轿车的安全气囊控制模块如图 7.42 所示。

图 7.41 雪佛兰小型轿车损坏情况

采用碰撞数据读取仪读取该安全气囊控制模块的事件数据记录器记录的数据，并生成结果报告。图 7.43 所示为事件数据记录器中的事件概要信息，其中 Ignition Cycles At Investigation 为读取事件数据记录器记录的数据时发动机点火循环次数（钥匙从起动发动机到关闭为 1 个循环）。Dynamic Deployment Event Counter 为约束系统展开事件次数，为 1。Dynamic Event Counter 为记录的总事件数，为 2，即共记录了 2 次事件。通用汽车

图 7.42　雪佛兰小型轿车的安全气囊控制模块

（包括雪佛兰、凯迪拉克品牌）的事件数据记录器具备记录 VIN 的功能，可以从事件数据记录器中读取出事故车辆的 VIN。由图 7.43 所示的记录项可知，案例 2 中雪佛兰 VIN 为 LSGPC54E×××。除此之外，由 Manufacturing Traceability Data 数据项还能获取安全气囊控制模块的序列号。

Event Data (General)	
Ignition Cycles At Investigation	8153
ESS # 1 Traceability Data	AU0000E000000000
ESS # 2 Traceability Data	AT0000E000000000
ESS # 3 Traceability Data	AD0000E000000000
ESS # 4 Traceability Data	000000E000000000
ESS # 5 Traceability Data	000000E000000000
ESS # 6 Traceability Data	000000E000000000
ESS # 7 Traceability Data	000000E000000000
ESS # 8 Traceability Data	000000E000000000
Dynamic Deployment Event Counter	1
Dynamic Event Counter	2
Dynamic OnStar Notification Event Counter	1
Vehicle Identification Number	LSGPC54E
System Type	Autoliv
Manufacturing Traceability Data	AS5823E000
Software Module Identifier 1	00CE151D
Software Module Identifier 2	05B7A85E
Software Module Identifier 3	0189ECCF
End Model Part Number	00CE15

图 7.43　事件数据记录器中的事件概要信息

图 7.44 所示为事件数据记录器记录的事件 1 信息。由记录的数据可知，事件 1 记录完整，事件中约束系统展开，事件数据锁定，共记录了 1 次约束系统展开事件。事件 1 中安全气囊控制模块的正面碰撞和侧面碰撞监测算法启动。事发时发动机点火循环次数为 8 154。驾驶人使用了安全带，碰撞中纵向最大 Delta-v 为 -67km/h（负值表示正面碰撞），侧向最大 Delta-v 为 -18km/h（负值表示从右向左）。

事故发生前车辆的状态参数如图 7.45 所示。事件数据记录器记录了事故发生前 2.5s 到事故发生前 0.5s 的数据，包括加速踏板踩下程度（百分比）、制动状态、发动机转速、发动机节气门开度、车速。由事件数据记录器记录的数据可知，事故发生前雪佛兰小型轿车以 145km/h 的速度高速行驶，事故发生前 2s 驾驶人开始踩下制动踏板并一直保持制动，车速逐渐下降至事故发生前 0.5s 的 107km/h。由车速变化可以计算出从事故发生前 1s 到 0.5s 车辆的减速度约为 7.2m/s²。按照该减速度推算，碰撞时刻（即 0 时刻），雪佛兰小型轿车的速度约为 94km/h。

Event Data (Event Record 1)

Event Recording Complete	Yes
Event Record Type	Deployment
Crash Record Locked	Yes
OnStar Deployment Status Data Sent	Yes
OnStar SDM Recorded Vehicle Velocity Change Data Sent	Yes
Deployment Event Counter	1
Event Counter	1
OnStar Notification Event Counter	1
Algorithm Active: Rear	No
Algorithm Active: Rollover	No
Algorithm Active: Side	Yes
Algorithm Active: Frontal	Yes
Ignition Cycles At Event	8154
Time Between Events (sec)	Data Not Available
Concurrent Event Flag Set	No
Event Severity Status: Rollover	No
Event Severity Status: Rear	No
Event Severity Status: Right Side	No
Event Severity Status: Left Side	No
Event Severity Status: Frontal Stage 2	No
Event Severity Status: Frontal Stage 1	Yes
Event Severity Status: Frontal Pretensioner	Yes
Driver 1st Stage Deployment Loop Commanded	Yes
Passenger 1st Stage Deployment Loop Commanded	Yes
Driver 2nd Stage Deployment Loop Commanded	No
Passenger 2nd Stage Deployment Loop Commanded	No
Driver Pretensioner Deployment Loop #1 Commanded	Yes
Passenger Pretensioner Deployment Loop #1 Commanded	Yes
Driver Thorax Loop Commanded	No
Passenger Thorax Loop Commanded	No
Driver Belt Switch Circuit Status	Buckled
Low Tire Pressure Warning Lamp	Off
SIR Warning Lamp Status	Off
SIR Warning Lamp ON/OFF Time Continuously (seconds)	655330
Number of Ignition Cycles SIR Warning Lamp was ON/OFF Continuously	1201
Ignition Cycles Since DTCs Were Last Cleared at Event Enable	253
Time From Algorithm Enable to Maximum SDM Recorded Vehicle Velocity Change (msec)	90
Longitudinal SDM Recorded Vehicle Velocity Change at time of Maximum SDM Recorded Vehicle Velocity Change MPH [km/h]	-42 [-67]
Lateral SDM Recorded Vehicle Velocity Change at time of Maximum SDM Recorded Vehicle Velocity Change MPH [km/h]	-11 [-18]

图 7.44 事件数据记录器记录的事件 1 信息

Pre-Crash Data -2.5 to -.5 sec (Event Record 1)

Times (sec)	Accelerator Pedal Position (percent)	Brake Switch Circuit State	Engine Speed	Throttle Position (%)	Vehicle Speed (MPH [km/h])
-2.5	48	Off	5056	98	90 [145]
-2.0	0	On	4800	28	88 [142]
-1.5	0	On	4224	19	81 [131]
-1.0	0	On	3840	19	75 [120]
-0.5	0	On	3392	19	66 [107]

图 7.45 事故发生前车辆的状态参数

雪佛兰小轿车事件数据记录器记录了碰撞前 70ms 到碰撞后 220ms 时段内纵向 Delta-v 的变化情况，如图 7.46 所示。由图 7.46 可知，碰撞后 Delta-v 迅速下降，在 80ms 时刻达到最大的 -67km/h。图中碰撞后的 Delta-v 均在横轴以下，可知碰撞类型为正面碰撞。反之，若 Delta-v 均在横轴上方，则车辆被追尾撞击。

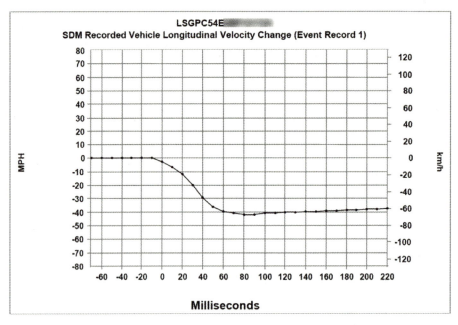

图 7.46　碰撞前 70ms 到碰撞后 220ms 时段内纵向 Delta-v 变化情况

7.6　事件数据记录器数据辅助道路交通事故重建

传统道路交通事故分析与重建利用现场勘察提取的各类痕迹物证分析交通事故过程，在汽车事故调查中曾发挥重要作用，但也存在以下突出问题。一是交通事故调查分析需要民警有丰富的工作经验；二是交通事故调查分析过分依赖物理证据；三是在交通事故调查分析中有些数据通常是主观判断的结果（如路面附着系数、汽车质心高度、材料恢复系数、地面痕迹尺寸等），这直接影响了分析结果的科学性；四是车速等十分关键的分析结果通常在一个较大的取值范围内有效；五是不同的事故调查分析专家可能得出不同的结果，而在法庭调查中说服法官为什么一个结果是正确的而另一个结果不正确却是十分困难的；六是事故调查分析专家往往根据以往类似的事故或碰撞测试结果来分析当前事故，本身存在一定的风险性和不确定性。

随着计算机技术、通信技术及存储技术的快速发展，汽车上出现了越来越多的各类电子控制单元，汽车在使用中的各类数据不断得以分析和处理，一些数据还得以存储和固化。车辆行驶事件数据记录器记录的数据大大提高了事故调查人员调查交通事故过程的速度和精度，同时也有助于提高道路交通事故重建的可信度和精度，从而提高交通事故处理过程的权威性和公信力。本节主要介绍利用 PC-Crash 进行基于事件数据记录器记录的数据的交通事故重建方法与过程。

本书第 6 章已经阐述了利用 PC-Crash 重建道路交通事故的一般步骤，在此过程中正确使用事件数据记录器记录的数据不仅可以提高事故重建的效率，还可大大提高事故重建的精度。DSD 公司在开发 PC - Crash 的过程中就注意到车载电子信息对道路交通事故重建工作的积极意义，随着碰撞数据读取仪所支持车辆品牌的不断增加，碰撞数据读取仪在事故调查与事故重建工作中不断得到普及，事故重建专家们均看到其光明的应用前景。

利用事件数据记录器记录的数据进行事故重建较传统方法有许多优点。

（1）数据项丰富，事件数据记录器记录车辆行驶中至少 15 项数据，记录与事故相关的车辆状态信息非常丰富。

（2）获取的事故数据精度高，特殊事件触发的记录结果是事故发生时车辆运行状态数据的"冻结"，车速、车速变化量、制动、节气门、灯光、安全带、发动机、ABS 等许多装置的运行参数比较客观地反应事故发生时车辆的运行状态，这是重建事故过程中最精确的数据来源。

（3）数据提取容易，事故调查人员利用专门的读取工具（如碰撞数据读取仪）组件，按照一定的操作规程可容易地获得事件数据记录器单元中记录的事故数据。

上述突出优点使得事件数据记录器记录的数据逐渐被欧美交通事故重建专家所青睐，并成为他们研究的新领域。事件数据记录器记录的数据同时也给事故调查人员提出更高的要求。首先，由于各类事件数据记录器装置均由大量的电子元器件组成，这些电子元器件易受环境（温度、湿度、振动、电磁干扰等）的影响，存储的数据如果不及时提取则容易造成数据的丢失，因此事故后应由专业人员尽快提取。其次，电子证据数据解析难度大，事件数据记录器记录的数据信息量较大，有正、负和方向的区分，根据事件数据记录器记录的数据准确理解车辆的运动状态，需要事故调查人员有丰富的事故处理经验和扎实的汽车理论等知识，以科学解析数据背后的变化，还原交通事故的真相。因此，规范的操作与专业的培训就显得十分必要。下面通过一个典型的案例介绍事件数据记录器记录的数据辅助事故重建的过程与方法。

如图 7.47 所示，在某路段转弯处一辆 2014 款 Chrysler Cherokee 与一辆 2010 款 Mercedes - Benz 汽车发生迎面相撞的交通事故，造成两车驾驶人不同程度受伤。

图 7.47　2014 款 Chrysler Cherokee 与 2010 款 Mercedes - Benz 转弯处迎面相撞事故

道路交通事故重建基础

根据执法办案的需要,通过交通事故调查需要查明以下事项。
(1) 两车碰撞事故前汽车制动系统工作是否正常?
(2) 两车发生碰撞时的车速是多少?
(3) 两车碰撞前哪一辆车越过了中央实线?
(4) 此起事故是否可以避免?

事故发生以后,地面没有遗留明显痕迹,传统的事故调查方法几乎不可能查清上述问题。本例中,2014 款 Chrysler Cherokee 的事件数据记录器记录的事故数据可以通过碰撞数据读取仪专门工具读取,而 2010 款 Mercedes-Benz 的事件数据记录器记录的事故数据尚无法通过碰撞数据读取仪读取。根据现有条件,解决上述问题的基本思路:利用碰撞数据读取仪工具读取 2014 款 Chrysler Cherokee 的安全气囊控制模块数据,获取汽车发生事故时的工作状态,根据读取的数据判定驾驶人采取的安全措施,然后利用读取的数据对事故过程进行重建,从而判定驾驶人的行驶轨迹和是否存在驾驶人驾车越过中央实线的违法行为。

利用碰撞数据读取仪读取安全气囊控制模块的数据记录结果,发现碰撞前 5s 数据中包含以下数据项:车辆行驶速度、加速踏板位置、制动状况信息、发动机转速、ABS 工作情况、ESP 工作情况、转向盘转角输入、ABS 故障信号、车辆横摆角速度及车轮转速。2014 款 Chrysler Cherokee 的安全气囊控制模块数据读取结果如图 7.48 所示。

Pre-Crash Data [10 samples/sec] (Most Recent Event - table 1 of 2)
(the most recent sampled values are recorded prior to the event)

Time Stamp (sec)	Pre-Crash Recorder Status	Speed, Vehicle Indicated (MPH [km/h])	Accelerator Pedal, % Full	Service Brake	Engine RPM	ABS Activity	Stability Control	Steering Input (deg)
-5.0	Complete	32 [51]	0.80	Off	1,718	ON	Off	-50
-4.9	Complete	31 [51]	1.20	Off	1,713	ON	Off	-50
-4.8	Complete	31 [50]	1.20	Off	1,725	ON	Off	-50
-4.7	Complete	31 [50]	2.80	Off	1,745	ON	Off	-50

图 7.48 2014 款 Chrysler Cherokee 的安全气囊控制模块数据读取结果

运用 PC-Crash 对事故过程进行重建,将碰撞数据读取仪读取的安全气囊控制模块数据输入系统重建事故过程,如图 7.49 所示。

根据车辆弯道运动的解算原理式(7-4)~式(7-8),将计算参数输入 PC-Crash 系统,可以对车辆的运行轨迹进行计算,计算结果如图 7.50 所示。通过重建结果发现,2014 款 Chrysler Cherokee 在转弯的过程中跨越了道路中央实线。

$$v_{\text{avg}}^n = \frac{v_l^n + v_r^n}{2} \quad (7-4)$$

式中,v_{avg}^n 为车辆第 n 点时的平均速度;v_l^n 为车辆第 n 点时左侧车轮速度;v_r^n 为车辆第 n 点时右侧车轮速度。

$$\omega^n = \frac{v_r^n - v_l^n}{T_{\text{W}}} \quad (7-5)$$

式中,v_l^n 为车辆第 n 点时左侧车轮速度;v_r^n 为车辆第 n 点时右侧车轮速度;ω^n 为车辆第 n 点时横摆角速度;T_{W} 为车辆轮距。

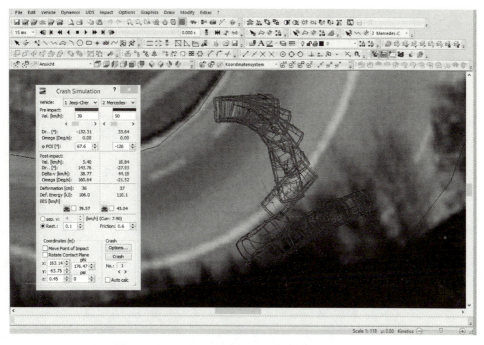

图 7.49　PC-Crash 环境下重建两车迎面相撞事故

图 7.50　重建 2014 款 Chrysler Cherokee 在事故前的运行轨迹

$$\varphi^n = \varphi^{n-1} + \omega^n \Delta t \tag{7-6}$$

式中，ω^n 为车辆第 n 点时横摆角速度；φ^n 为车辆第 n 点时车身的偏转角度。

$$R^n = \frac{v_{\text{avg}}^n}{\omega^n} \tag{7-7}$$

式中，R^n 为车辆第 n 点时的轨迹半径。

$$\begin{pmatrix} x^n \\ y^n \end{pmatrix} = \begin{pmatrix} x^{n-1} \\ y^{n-1} \end{pmatrix} + \begin{pmatrix} \cos\varphi^{n-1} & -\sin\varphi^{n-1} \\ \sin\varphi^{n-1} & \cos\varphi^{n-1} \end{pmatrix} \begin{pmatrix} \cos\left(\omega^n \Delta t + \dfrac{3\pi}{2}\right) \\ \sin\left(\omega^n \Delta t + \dfrac{3\pi}{2}\right) + 1 \end{pmatrix} \cdot R^n \quad (7-8)$$

在三维窗口中可以展示两车相撞时的情形，如图 7.51 所示。

图 7.51　三维窗口中重建两车相撞的过程

由上述分析可以判定，2014 款 Chrysler Cherokee 在碰撞前的车速可以通过读取安全气囊控制模块数据获得，本案例中车速为 39km/h；通过分析计算 2010 款 Mercedes – Benz 的车速为 50km/h。根据读取数据在 PC – Crash 环境下进行重建，发现 2014 款 Chrysler Cherokee 在右转弯时越过了中央实线，存在交通违法行为。利用 PC – Crash 重建交通事故过程发现，在图 7.47 所示的交通环境下，由于两车行驶速度过快，事故几乎难以避免。至于在事故前两车的驾驶人所采取的措施，从事件数据记录器记录的数据 ABS Activity 状态为 ON，说明 2014 款 Chrysler Cherokee 在事故前制动是失效的，至于失效的原因需进一步调查分析。

根据本案例的分析，事件数据记录器不仅记录了车辆发生碰撞前的数据，还记录了碰撞后车辆的运行姿态，在一起事故中，只要有一方车辆的事件数据记录器记录的数据可以读取，根据碰撞分析原理，就可以据此分析另一辆车的运行参数。根据事件数据记录器记录的数据，还可以对本车碰撞前及碰撞时的驾驶操作和行驶状态进行分析和还原，也可以综合利用碰撞时的记录数据对参与碰撞的车辆碰撞时的状态进行重建。事件数据记录器记录的数据在交通事故调查中的运用，给传统道路交通事故调查带来了革命性的变革，使分析调查结果更加客观和准确。

思 考 题

1. 目前碰撞数据读取仪工具可以读取的车载电子数据的类型有哪些?
2. 汽车安全气囊控制模块的工作原理是什么?
3. 事件数据记录器记录的数据有哪些特点?
4. 如何利用碰撞数据读取仪工具读取车辆碰撞事故数据?
5. 如何利用事件数据记录器记录的数据分析交通事故过程?
6. 如何利用事件数据记录器记录的数据对事故过程进行重建?

参 考 文 献

吉林交通大学交通学院编著，许洪国主编，2014. 汽车事故工程［M］. 3 版. 北京：机械工业出版社.

交通运输部公路科学研究院，中瑞交通安全研究中心，2016. 2015 年中国道路交通安全蓝皮书［M］. 北京：人民交通出版社.

刘成，李一兵，祝军，等，2005. 基于片断摆线擦痕的车速估计［J］. 汽车工程. 27(1)：50 - 53.

余志生，2009. 汽车理论［M］. 5 版. 北京：机械工业出版社.

BAKER J S，FRICKE B L，2009. Traffic crash investigation manual［M］. Evanston：Northwestern University Center For Public Safety.

BARCH R，BARCH M，2011. Vehicle accident analysis and reconstruction methods［M］. 2th ed. Warrendale：SAE Internatiinal.

FRANCK H，FRANCK D，2010. Mathematical methods for accident reconstruction［M］. Boca Roton：CRC Press.

FRICKE B L，2010. Traffic crash reconstruction［M］. Evanston：Northwestern University Center For Public Safety.

SAE International，2017. J1698 event data recorder，surface vehicle recommended practice［S］. Warrendale：SAE International.

STEFFAN H，2001. PC - Crash technical manual version 6.2［M］. Graz：Graz University of Technology Press.

STEFFAN H，2011. PC - Crash technical manual version 9.0［M］. Graz：Graz University of Technology Press.

TOMASCH E，2006. Accident reconstruction guidelines［M］. Graz：Graz University Press.

VARAT M S，HUSHER S E，KERKHOFF J F，et al，2008. Modeling of truck - car sideswipe collisions using lug patterns［J］. SAE International Journal of Passengers Cars Mechanical Systems，1(1)：124 - 141.

WACH W，2001. A simulation program for vehicle accidents example manual［M］. Warrendale：Macinis Engineering Associates.

WACH W，2012. Simulation of vehicle accidents using PC - Crash［M］. Krakow：Institute of Forensic Research Publishers.